뒤틀린 가정사, 형제 살해, 인신매매, 음모, 누명, 투옥… 이런 핵심어로 표기되는 인생이라면 '쨍하고 볕들 날'이 없어 보인다. 한껏 꼬인 운명에 무슨 낙이 있으랴. 한데 말줄임표 다음이 수상하다. 초고속 승진으로 총리 자리에 오른다. '어둠의 자식'에서 '빛의 아들'로 인생 역전이 일어난다. 그 주인공은 바로 요셉. 한국 교회에서 '성공 신화'로 포장되어 유통되기 바쁜 '꿈쟁이' 요셉이다. 저자는 요셉의 삶을 해부한다. 아니, 회고한다. 무려 1인칭 문학이라니! 저자를 보고 있으면, 독일 철학자 테오도어 아도르노의 그림자가 겹친다. 음악을 지적 모험의 주요 테마로 삼는 낭만주의자가 개념 사유에서만큼은 칼날처럼 매섭다. 언어를 벼리는 성실성과 해부학적 정밀함에 더해 따뜻한 시선마저 갖췄으니, 이 유혹적인 책은 하나의 혁명이다.

―구미정 이은교회 목사

상상력은 하나님이 인간에게 주신 가장 소중한 선물 가운데 하나이다. 상상력을 통해 우리는 현실 너머를 본다. 타자의 고통에 공감할 수 있는 것도 상상의 힘 때문이다. 성경은 이야기의 보물창고이다. 특히 구약에는 생동감 넘치는 사람들의 이야기가 많다. 이야기가 이야기로 고정되는 순간 그 이야기가 발생한 맥락은 생략되는 경우가 많다. 이 책의 저자는 요셉의 이야기 속에 감춰진 맥락을, 상상력을 통해 재구성하여 독자들에게 보여 준다. 요셉은 입체적인 인물로, 우리와 같은 성정을 가진 사람으로 우리에게 다가온다. 이야기가 요셉의 1인칭 시점으로 전개되기에 우리는 깊은 공감과 친밀감을 가지고 요셉의 내면 풍경에 다가설 수 있다. 《요셉의 회상》은 겉으로는 요셉 이야기 같지만

실은 그의 삶을 이끌어 가신 분의 이야기이다. 아브라함 조슈아 헤셸은, 하나님의 선율은 스타카토 식으로 전개되기에 여간 주의하지 않으면 알아차리기 어렵다고 말한다. 이 책은 하나님의 선율이 얼마나 아름다운지를 들려준다. 그 선율에 귀를 기울이는 순간 '요셉'의 이야기는 '나'의 이야기와 연결된다. 그 순간 삶이란 더 큰 이야기의 일부가 되는 것이라는 자각이 찾아온다.

―김기석 청파교회 은퇴목사

시간이 꽤 지났지만, 이 책의 초판을 읽었을 때의 감동이 지금도 생생하다. 나는 성서학자가 역사비평학이라는 도구로 성서 본문을 분석하는 것보다 문학가가 문학적 상상력으로 성서 본문을 리텔링(retelling)하는 것에서 더 깊은 통찰력과 감동을 받곤 한다. 이 책의 초판을 읽었을 때, 나는 저자의 문학적 상상력과 폭넓은 인간 이해에 깊은 인상을 받았다. 성서 본문에 대한 주석적 연구에 있어서도 허술함이 없다. 성서 본문에 나와 있는 파편 같은 단서 조각을 모으고 행간을 읽어 내어 등장인물들의 내면을 설득력 있게 서술함으로써 독자들로 하여금 연신 고개를 끄덕이고 무릎을 치게 만든다. 동시에 요셉과 그 가족의 이야기를 통해 우리 자신을 돌아보게 하고 우리가 사는 세상을 생각하게 한다. 이 책의 초판을 읽고 후속작이 나와 주기를 기대했으나 이 책마저도 절판되어 아쉬웠는데, 이렇게 다시 보게 되어 반갑다. 시간이 꽤 지났지만, 지금 읽어도 감동은 그대로다. 오래도록 독자의 사랑을 받을 명작이다.

―김영봉 와싱톤사귐의교회 담임목사

요셉의 회상

지강유철 지음

요셉의 회상

눈물의 사람 요셉 이야기

비전북

남을 위해 사는 삶을 진솔하게 보여 준 영신에게

머리글

"눈물의 사람 요셉 이야기"란 부제를 달고 《요셉의 회상》 개정판을 내놓는다. 절판된 지 7년, 초판이 나온 지 23년 만이다. 2002년에 출간한 이 1인칭 소설은 나의 첫 책이다. "우리말에서 '처음'이든 말치고 신선한 기분과 부드러운 감정을 일으키지 않는 말은 거의 없다"라는 김현승 시인의 말을 떠올리지 않더라도 누구에게나 첫 책은 각별하다. 그 책이 이렇게 다시 살아나지 못했다면, 출판사에 계약 해지를 요구할 수밖에 없었던 아픈 상처가 흉터로 남을 뻔했다.

스물여섯에 우리말 띄어쓰기와 맞춤법 공부를 시작한 티가 풀풀 나는 초판을 뒤적일 때마다 비루한 문장이 곳곳에서 밟혔다. 30대의 감각으로 쓴 책을 앙상한 60대의 정서로 만지면 이도 저도 아니게 될 것이기에 극히 일부만 고쳤다. 얼굴이 화끈거리는 문장을 계속 봐야 하는 게 괴롭긴 하지만 더러운 목욕물과 아이를 함께 버리는 우(愚)를 범하지 않으려고 기묘한 공존을 택했다.

30대에 요셉을 알아 가면서 하나님의 인도하심에 대한 의문을 풀었다. 하나님은 아담 이래로 지금까지 사람을 부르신다. 그분의 부르심은 동전의 양면처럼 일반적 부르심과 특별한 부르심이 짝을 이룬다. 일반적 부르심은 모든 시대, 성별, 연령에게 동일하다. 그 내용은 모두 성경에 나와 있는데 '그리스도를 더 닮아 가라'는 요청으로 수렴된다.

특별한 부르심은 '어떤 직업을 갖고, 교회에서 어떤 봉사를 하고, 누구와 결혼할 것이냐'와 연관된다. 이것이 중요한데, 특별한 부르심은 성경에 나오지 않는다. 한국 교회 관심의 80~90퍼센트는 특별한 부르심으로 쏠린다. 어디서 무엇을 하든 '그리스도를 닮으라'는 일반적 부르심은 공중을 떠다니는 레토릭일 뿐 일상의 실천으로 뿌리를 내리지 못한다. 디오게네스(BC 410~323)처럼 대낮에 등불을 들고 다니면 그리스도를 닮으려는 크리스천을 이 땅에서 만날 수 있으려나. 그랬으면 좋겠다.

요셉은 하나님이 앞서가며 위기에서 건져 주실 것이란 보장을 평생 단 한 번도 받지 못했다. 110년을 사는 동안 그에게 현현(顯現)한 적 없고, 환상이나 꿈에서 어디로 가라는 지시도 받지 못했다. 그 면에서 하나님은 요셉에겐 야박했고 늘 몸을 숨기셨다. 아버지 야곱을 그렇게 자주 만나 주셨으면서 아들 요셉은 만나 주지 않은 하나님에게 종종 차별적이라 느끼지 않았을까.

성경에 따르면, 하나님이 요셉과 함께하며 위기 때마다 돕는다는 객관적 확신의 근거는 그 어디에도 없었다. 보디발이나 파라오의 간접 증언만 있을 뿐이다. 요셉은 '하나님이 내게 여기로 가서 무엇을 하라 하셨다'는 확신을 갖고 움직인 게 아니라 열일곱 이전에 배운 하나님의 말씀에 충실했다. 저 유명한 두 차례의 꿈이 아니라 하나님을 믿었다.

그런데도 요셉은 흐트러짐 없이 자기 길을 갔다. 절체절명의 위기 순간에도 뒤로 물러서지 않았고 당당함을 잃지 않았다. 파라오의 떡 굽는 관원장의 꿈 이야기를 듣고는 '사흘 안에 파라오가 당신을 죽여 머리를 나무에 달면 새들이 뜯어 먹을 것'이라는 해몽을 면전에서 고했다. 죽을 수 있는 상황인데 쫄지 않았고, 입술이 떨려도 진실만을 말했다. 옥에 갇힌 이방 노예 신분으로 파라오 앞에 섰으나 즉석에서 당당히 왕의 꿈을 해몽했다. 어떻게 그럴 수 있었을까. 이 1인칭 소설은 그 답을 찾아 가는 여정이었다.

많은 한국 교회 성도들이 더 좋은 설교, 더 좋은 예배를 갈망한다. 그 목마름이 해갈되면 신앙생활이 이전과는 달라질 것이라고 굳게 믿는 듯하다. 그런 이들에게 요셉의 일생을 한번 따라가 보라고 제안하련다. 형들에게 버림받아 율법도 없고 안식일도 없는 이국땅에서, 겨우 목숨 하나 부지하는 외국인 노동자였으나 현실과 세상에 굴복하지 않았던 바로 그 요셉을 말이다.

2024년 9월, 서울 서대문 새길교회 요청으로 "눈물의 사람 요셉"이란 제목으로 설교했다. 올해 1월에는 "요셉에게 하나님은 왜"라는 주제로 청주 쌍샘자연교회에서 세 차례 신앙 수련회를 인도하였다. 초판 이후의 변화를 네 편의 설교에 담았고, 고쳐 쓴 프롤로그와 에필로그에 반영했다.

무명의 내 '요셉의 회상' 원고를 월간 〈복음과상황〉에 연재를 허락해 준 서재석 전 편집장, 장난감 비행기 같은 설교만 알던 나를 비행기에 태워 광활한 성경의 세계를 여행하게 하고 그 속에 존재하는 부조리에 눈을 뜨게 한 고 김형태 목사에게 먼저 머리를 숙인다. 이분들이 아니었다면 글을 써서 책을 내는 나는 세상에 없었다. 과분한 추천사를 써 준 김기석 목사와 김영봉 목사, 소수자의 인권 배려가 부족한 표현에 대안을 제안해 준, 기독교 여성학자이자 섬세한 작가인 구미정 교수, 관 두껑 못을 빼고 이 책을 살려 낸 비전북 박종태 대표와 옥명호 편집주간에게 고마운 마음을 전한다. 이분들이 없었다면 《요셉의 회상》도 없었다.

2025년 6월 서초동에서,

지강유철

차례

008　머리글
014　프롤로그 눈물의 사람 요셉 이야기

032　1　죽음 앞에서 글쓰기
038　2　삶은, 신앙은 기다림이다
046　3　하늘의 질서, 땅의 질서
053　4　꿈꾸게 하시는 하나님
060　5　벗겨진 옷, 찢긴 내 옷
067　6　입술이 떨려도 진실만은
074　7　보디발 장군
081　8　결혼식 전날 밤
088　9　인생은 해석이다
096　10　라헬을 생각하신 하나님
105　11　큰어머니 레아
112　12　보디발 부인의 유혹 앞에서: 스물여덟의 자서전 1

119	13	지하감옥에서: 스물여덟의 자서전 2
126	14	내가 믿는 하나님
133	15	아, 나의 넷째 형 유다!: 유다 형 이야기 1
141	16	더럽혀진 자신을 넘어서: 유다 형 이야기 2
149	17	용서에 이르는 머나먼 여정
166	18	언어, 하나님의 값진 선물
182	19	야곱의 예언적 축복, 그 이후
197	20	집착
211	21	사막의 신기루, 영원의 신기루: 나의 피라미드 순례기
224	22	실패한 지도력: 이집트의 종교 부패
238	23	우리가 부를 희망의 노래

252 **에필로그 남은 과제를 아쉬워하며**

프롤로그

**눈물의 사람
요셉 이야기**

요셉의 자리 찾기

낯선 외국을 오래 떠돌아다녀야 하는 여행객에게 나침판이나 지도는 필수품이다. 수천 년 전 성경 속 인물 여행을 떠나는 이들에게도 현재 위치와 어느 방향으로 가고 있는지를 체크할 수 있는 내비게이션의 중요성은 아무리 강조해도 지나치지 않다. 1인칭 관점으로 쓴 요셉 일대기를 읽기 전에 구약성경에서 그가 있던 위치와 자리를 먼저 확인해 보려는 것은 바로 그 때문이다.

일부 신학자들은 창세기란 제목이 그리 적절하지 않다고 주장한다. 창조 이야기가 전체 50장 중 3장, 분량으로는 6퍼센트에 불과하니 그런 지적을 받는 모양이다. 반면에 창세기 저자는 아브라함과 요셉 이야기에 각각 14장이나 할애했다. 창세기의 56퍼센트 분량이다.

400여 년 동안 수를 셀 수 없는 아브라함 후손이 이집트에서 태어났다 죽었고, 야곱의 열두 아들이 모두 그 땅에 안장됐다. 그러나 모세는 이집트를 탈출 직전에 350여 년 전 죽은 요셉의 유언을 기억하여 그의 유골만을 수습해 가나안으로 진군했다(출 13:18-19). 이 두 가지만 보더라도 창세기, 아니 모세 오경에서 요셉의 자리가 어디였는지 얼추 드러난다.

창세기는 하나의 서론과 열 개의 단락으로 구성된다. 서론에 해당하는 7일 간의 천지창조가 끝나면 '톨레도트'(족보, 계보)란 깃발 아래 창조, 아담, 노아, 노아의 아들들, 셈, 데라, 이스마엘, 이삭, 에서, 야곱의 이야기가 각각 전개된다.

한국 교회 신자들은 열 개의 톨레도트를 나눈 창세기 저자의 기준에서부터 눈이 휘둥그레진다. 죽음을 보지 않고 하늘로 승천한 에녹이나 요셉이 빠지고. 한국 교회 신자들에게 '듣보잡'이거나 악역에 가까운 이스마엘, 에서가 하나의 톨레도트를 이끌고 있기 때문이다. 노아란 인물의 중요성은 세상이 다 안다. 하지만 그의 세 아들과 셈이 각각 하나의 톨레도트를 대표한다는 사실은 당혹스럽다. 한국 교회에서 그렇게 배우지 않았기 때문이다.

초판 작업 때와 달리 이번에는 관련 예술 작품 공부에도 꽤 많은 시간을 쏟았다. 단순한 호기심의 발로가 아니라 예술가들의 눈에 포착된 요셉에서 실마리를 풀고 싶었다. 그만큼 절실했다는 이야기다.

우선은 관련 문학 작품이다. 볼프강 폰 괴테(1749~1832)는 구약의 요셉 이야기가 너무 아름답다고 했다. 스토리가 너무 짧은 게 흠

이긴 하다면서 말이다. 그는 요셉 스토리를 더 세세하게 그려내고 싶어했으나 실행에 옮기진 못했다. 괴테를 흠모했던 노벨 문학상 수상 작가 토마스 만(1875~1955)이 그 뜻을 이어받았다. 그는 요셉 이야기가 구약의 진주라고 극찬했고, 3천 페이지가 넘는 장편 소설 《요셉과 그 형제들》을 썼다(자세한 내용은 에필로그에서 다루기로 한다).

음악으로 눈길을 돌리면, 바로크 시대 작곡가 헨델(1685~1759)이 먼저 시야에 들어온다. 그는 요셉을 주제로 두 개의 긴 오라토리오를 썼다. 헨델이 매우 빠른 템포로 작품을 쓰는 작곡가이고, 성서를 주제로 수십 편의 오라토리오를 쓰긴 했다. 하지만 1739년과 1744년에 쓴 〈요셉과 그 형제들〉과 〈이집트의 이스라엘인〉은 모두 요셉 이야기이거나 그의 죽음을 장장 40분이나 추모한다는 점에서 주목하게 된다. 《런던의 헨델》을 쓴 제인 글로버에 의하면 〈이집트의 이스라엘인〉은 그가 가장 아끼던 오라토리오였다.

이제는 시각 예술이다. 프랑스 판화가 귀스타브 도레(1832~1883)는 〈요셉이 팔려 가다〉, 〈파라오의 꿈을 풀다〉, 〈형들을 만나다〉란 제목으로 세 개의 작품을 남겼다. 최근 번역 출판된 독일 태생의 사제 화가 지거 쾨더(1925~2015)의 《지거 쾨더, 성서의 그림들》도 〈우물 구덩이에 갇힌 요셉〉과 〈아우 베냐민과 극적으로 상봉하는 요셉〉이란 제목의 두 작품을 그렸다. 스페인의 바로크 시대 화가 무리요(Esteban Murillo, 1617~1682)가 그린 〈빈 구덩이에 던져진 요셉〉과 〈보디발의 아내 유혹을 뿌리치는 장면 요셉〉도 눈여겨볼 만하다.

요셉을 주제로 가장 인상적인 작품을 남긴 화가는 영국 출신의 건축가이자 장식 미술가인 오웬 존스(1809~1874)다. 그는 1869년

25장의 채색 석판화 연작으로 《요셉과 그의 형제들》을 출판했다. 그의 그림은 모두 각기 다르고 극도로 화려한 장식 테두리에 둘러싸여 있다. 책으로 출판되긴 했으나 그림에 제목만 있을 뿐 설명이 빠진 도록에 가까운 책이다. 그가 요셉의 일생에서 선택한 25개의 장면은 글씨가 없더라도 대번에 알아 볼 수 있다. 작품 숫자에서도 비교 불가인데다 오웬 존스만의 요셉 읽기가 돋보이기 때문에 개정판을 준비하며 자주 들여다봤다.

요셉 이야기, 어떻게 읽어야 하나

성경의 저자와 연대 문제는 학계에서만 논의될 뿐 설교나 성경 공부 모임에서는 별로 중요하게 다뤄지지 않는다. 여기서 성경 저자와 연대 문제는 단순히 창세기를 누가, 언제 집필했느냐 만을 염두에 둔 표현이 아니다. '창세기 저자와 요셉 사이에 1,000년이 넘는 간격으로 생길 수 있는 여러 오류 가능성을 어떻게 대처할 것이냐'를 묻는 것이다. 성경을 손에 든 우리와 요셉 사이의 엄청난 시간 간격으로 인해 파생되는 이슈는 또 어떻게 해결할 것인지의 문제이기도 하다.

많은 이들이 내러티브의 중요성에 공감한다고 하면서도 1,000~3,000년 간극으로 생기는 다양한 문제에 어떻게 관심을 갖지 않는지 이해하기 어려웠다. 요셉 이야기가 '산으로 가지 않으려면' 이 문제에도 관심을 가져야 한다. 그래야 중심에서 이탈하지 않는다.

17세기만 하더라도 가톨릭과 개신교는 일관되게 모세가 토라(율법서)의 저자라고 확신했다. 그러나 1670년에 유대인 철학자 스피노자가 토라는 "모세가 아니라 모세 이후에 살았던 누군가에 의해 쓰였다는 것이 정오의 태양보다도 더 명확하다"고 《신학정치론》에 쓰면서 틈이 생기기 시작했다. 신명기 34장에서 모세가 숨을 거뒀는데 어떻게 모세가 그 책의 저자일 수 있느냐는 반론이었다.

19세기 초반부터 160~170년 동안 주류 신학계는 익명의 저자 여럿에 의해 창세기가 기록, 편집되었다는 문서설의 우산 아래 있었다. 일부 복음주의와 보수주의 신학자들이 문서설이나 양식 비평에 극렬하게 저항하긴 했지만 말이다.

19세기 이래로 창세기는 J 문서, E 문서, D 문서, P 문서를 합친 것이라 이해했다. 그러나 문서설은 1970년대 후반 이후 중대한 도전에 직면했다. 문서설에 기초한 모세오경의 기록 연대는 이제 한물간 학설로 취급받는다. 지금은 이스라엘이 페르시아의 지배 아래 있던 주전 539~333년 사이에 구약성경이 완성되었다는 게 지배적 학설이다.

교회를 오래 다닌 신자들 사이에서도 구약은 말할 것 없고 신약 성경조차 단 하나의 원본도 남아 있지 않다는 사실을 아는 이들이 그리 많지 않다. 지금까지 남아 있는 파피루스에 기록된 성경은 모두 베낀 것이다. 그조차도 파피루스 사본 가운데 가장 오래된 것이 주전 2세기에서 주후 1세기 사이의 생산물이다. 창세기는 1,900~2,200년 전 사람들이 썼다고 보면 크게 틀리지 않다. 그런데 창세기를 쓴 원 저자들이 펜을 들어 기록한 인물은 그들보다 1,300~1,600년 전에 살았던 아브라함, 이삭, 야곱, 요셉과 형제들 등등이다.

그렇기에 창세기의 주요 사건은 어떤 연유로 1,300~1,600년이나 지난 뒤에야 기록되었느냐는 의문이 생긴다. 히브리어 문자가 주전 8세기에 완성됐다는 것이 가장 확실한 답이 된다. 그 이전에는 문자가 없었기에 말로 전승할 수밖에 없었다. 창세기 저자는 구전(口傳)이나 다른 이들이 기록한 문서를 참조해 요셉 이야기를 썼을 개연성이 높다.

여기서 심각한 두 개의 문제가 제기된다. 하나는 요셉과 성서 저자 사이에 흐르는 1,000년을 훌쩍 뛰어넘는 간극이고, 다른 하나는 성서 저자와 우리 사이에 가로놓인 2,000년을 넘는 또 다른 시간과 문화의 간극이다. 이는 결코 만만하게 볼 상대가 아니다.

성경 뒤에 딸린, 시중에 유통되는 여러 형태의 연대표에 따르면 요셉은 주전 1915년에 태어나 1805년까지 살았다. 모세는 주전 1526년에 태어났고, 이집트 탈출 사건은 주전 1446년에 있었다(요셉 관련 연대나 모세의 출애굽 사건 등 대다수 구약의 사건이나 출생 연대는 보수나 진보 신학계에 따라 200년씩 차이가 나기도 한다). 창세기에는 요셉에게 직접 듣지 않으면 알 수 없는 내용이 부지기수다. 요셉만 그런 게 아니고 성경의 인물 대다수가 비슷하다. 그 점을 의식하며 창세기 37장 10절과 11절을 읽어 보자.

"그가 그의 꿈을 아버지와 형들에게 말하매 아버지가 그를 꾸짖고 그에게 이르되 네가 꾼 꿈이 무엇이냐 나와 네 어머니와 네 형들이 참으로 가서 땅에 엎드려 네게 절하겠느냐 그의 형들은 시기하되 그의 아버지는 그 말을 간직해 두었더라."

요셉보다 최소 1,000년이나 늦게 태어난 창세기 저자가 "야곱이 요셉의 이야기를 간직해 두었다"라고 성경에 기록하려면, 야곱으로부터 직접 그 얘기를 듣거나 야곱을 만난 사람의 기록을 참고하는 일이 필수다. 그게 상식이다. 그렇지 않다면 픽션이지 역사일 수 없다. 창세기 39장 3절을 다시 읽어 보자.

"그의 주인이 여호와께서 그와 함께하심을 보며 또 여호와께서 그의 범사에 형통하게 하심을 보았더라."

이렇게 쓰려면 창세기 저자가 보디발에게 직접 들었거나 그를 만난 사람을 취재가 전제되어야 한다. 그렇기에 요셉 이야기를 읽을 때 성경 저자와 요셉, 그리고 성경 저자와 우리 사이를 가로막고 선 수천 년의 간극은 매우 난감한 문제이다.

하나님의 말씀이 전해졌을 당시로 가서 그것이 본래 무슨 뜻이었는지, 그 말씀이 전해지는 과정에서 어떤 오류나 오해가 생겼는지를 확인해 보는 일은 결코 간단하지 않다. 우리와 창세기 저자, 그리고 창세기 저자와 요셉 사이의 엄청난 간극을 의식하며 성경 인물에 접근하는 교인이나 설교하는 목회자가 얼마나 될까. 성경을 읽기 전에 잘 깨닫게 해 달라는 기도도 중요하다. 하지만 학생이 공부는 하지 않고 펑펑 놀다가 철야 기도를 했다고 해서 좋은 성적이 나올 수 없듯, 몇 달 전에 기록된 글처럼 요셉 이야기를 읽어서는 말씀의 온전한 이해에 도달하기가 요원하다.

하나님은 전능하시다. 문맹이라서 글자를 읽을 수 없거나, 저자와 요셉, 우리와 저자 사이에 생길 수 있는 복잡한 문제를 몰라도 우리를 올바른 길로 인도할 수 있는 분이시다. 그러나 매번 그리고 누구에게나 그렇게 자신을 보여 주는 하나님을 기대할 수는 없다는 것도 엄연하다. 그렇지 않은가.

요셉의 꿈은 하나님이 주셨나

34년 전 맡고 있던 고등부 학생들에게 연속 설교를 하면서 가장 공을 들였던 문제는, 요셉이 거론될 때마다 약방의 감초처럼 빠지지 않았던 꿈 이야기였다. 요셉처럼 비전을 가지라는 잘못된 가르침으로부터 아이들을 빼내고 싶었다. 한국 교회가 요셉을 내세워 성경과 무관한 성공 이데올로기를 강요하고 있다고 판단했기 때문이다. 그렇기에 창세기, 그중에서도 요셉과 관련된 본문이 꿈에 대해 무엇을 말하고 밝히 드러내고 싶었다. 그 목적으로 《요셉의 회상》을 썼다고 봐도 무방하다.

우리나라의 대다수 기독교인들은 요셉이 꿈 때문에 이집트 총리가 될 수 있었다는 확신에 한 치의 망설임도 없는 듯하다. 요셉처럼 원대한 비전을 가져야 한다는 설교는 차고 넘친다. 지나치다 싶을 정도로 요셉을 이야기할 때 꿈과 비전을 강조한다. 한국 교회에서 비전은 요셉을 푸는 만능키에 가깝다. 그리 내세우는 근거는 요셉이 열일곱에 꾼 두 번의 꿈 이야기다.

과연 그것이 정답이라 말할 수 있나. 창세기 37-50장은 요셉을 '꿈의 사람'으로 소개하거나 성공을 위해 꿈과 비전을 가지라고 권한 적이 없다. 그런데 한국 교회 강단에서는 어찌하여 허구한 날 그 소리인가. 요셉은 늘 자기가 꾼 꿈이나 비전이 아니라 하나님을 강조했다. 하나님이 악을 선으로 바꿔 주셨고, (형들이 아니라) 하나님이 자기를 먼저 이집트로 보냈다고 고백했다.

요셉이 자기 꿈을 하나님이 주셨다고 말한 적이 있던가. 물론 성경엔 그런 내용은 없다. 심지어 요셉의 두 번 꿈에는 하나님이 나오지도 않는다. 그 꿈에 어떤 의미가 있는지 요셉이 직접 말한 적도 없다. 그래도 파라오의 꿈은 하나님이 주셨음을 요셉이 보장했다. 하나님이 파라오에게 두 번 꿈을 꾸게 한 이유는 속히 그 일을 진행하겠다는 사인이었음을 요셉은 입증했다. 하지만 요셉은 열일곱에 꾼 자기 꿈을 하나님이 주셨다는 말을 어디서도 하지 않았다. 따라서 요셉이 꾼 꿈을 하나님이 주셨다는 것은 일방적 주장일 뿐 결코 사실이 아니다.

요셉은 꿈의 내용만 이야기했을 뿐 그 의미를 해석하지 않았다는 점도 대충 지나갈 사안이 아니다. 요셉이 해석까지 할 참이었으나 형들이 틈을 주지 않고 해몽을 선수 친 것일 수는 있다. 우리가 진실은 알 수 없겠지만 말이다. 요셉은 첫 번째 꿈을 꾸고 이렇게 말했다.

"우리가 밭에서 곡식 단을 묶더니 내 단은 일어서고 당신들의 단은 내 단을 둘러서서 절하더이다"(창 37:7).

두 번째 꿈도 요셉은 팩트만을 이야기했다.

"내가 또 꿈을 꾼즉 해와 달과 열한 별이 내게 절하더이다"(창 37:9).

요셉 이전까지, 꿈의 해몽은 언제나 하나님 몫이었다. 그런데 요셉이 꿈 이야기를 꺼내자 형들이 해몽을 자처하고 나섰다! 당시 관점에서 형들의 해몽은 엄청난 파격이다. 더 놀라운 점은 저들의 집안에서는 그게 당연하다는 야곱이 형들의 해몽을 저지하거나 책망하지 않았다는 것이다. 이런 관점으로 보자면 형들이 요셉의 꿈 이야기를 듣자마자 곧바로 해석이 튀어나왔다는 것은 놀랍다.

"네가 참으로 우리의 왕이 되겠느냐 참으로 우리를 다스리게 되겠느냐"(창 37:8).

야곱은 요셉이 첫 번째 꿈 이야기를 들을 때는 침묵했다. 그러나 두 번째 이야기를 듣고는 그를 꾸짖었다.

"네가 꾼 꿈이 무엇이냐 나와 네 어머니와 네 형들이 참으로 가서 땅에 엎드려 네게 절하겠느냐"(창 37:10).

그 사건이 있고 21년 만에 형들은 이집트에서 요셉과 극적 상봉을 했다. 그 역사적 순간에 형들은 '요셉이 그들에게 대하여 꾼 꿈을 생각'했다.

요셉에게 하나님은 왜?

하나님은 그 이전 시대를 살다 간 어떤 인물하고도 겹치지 않는 방식으로 요셉을 대했다. 여전히 야곱은 이삭이나 아브라함처럼 꿈이나 환상 가운데 만나 주면서 요셉에게는 끝까지 야박하셨다. 독자들에게는 이 주장이 대수롭지 않게 다가올지 모르겠으나 요섭이 하늘에서 이 글을 읽는다면 매우 기뻐하지 싶다. 젊을 때 자기 심정을 잘 대변해 주었다고 말이다.

창세기에서 우리는 아담 이래로 사람을 부르시고 계신 하나님을 만난다. 믿음의 조상 아브라함을 부르신 목적은 그를 복의 근원으로 삼아 온 세상이 복을 받게 하려는 데 있었다. 아브라함을 기점으로 하나님은 꿈과 환상으로 사람들에게 자기 뜻을 알리고, 저들을 위기에게 건져 내셨다.

인류 최초로 성경에 등장한 꿈의 주인공은 그랄 왕 아비멜렉이다. 물론 그 이전에도 사람들은 '개꿈'을 꾸었으리라. 아비멜렉은 절세미인이었던 아브라함의 아내 사라를 취하려다 그만두지 않으면 죽게 되리라는 하나님의 엄중한 경고를 받고 하려던 짓을 멈췄다. 두 번째는 하늘에 닿은 사다리로 천사가 오르락내리락하던 야곱의 꿈이다. 이 꿈은 너무 잘 아니 생략하기로 하자. 창세기 31장 상반부에서 언급된 세 번째 꿈도 야곱의 것이다. 하나님이 꿈에 알려 준 대로 양들을 교미시켰더니 야곱은 엄청난 부를 획득했다. 창세기 31장 후반부에 소개된 네 번째 꿈은 야곱의 장인 라반의 것이다. 야곱 무리를 죽이겠다고 추격하던 중 하나님이 꿈에 나타나 그를 해하면 무사하지 못할 것이라고 경고했다.

요셉에 이르자 하나님은 다른 방법으로 꿈에 개입하신다. 창세기 37장의 요셉, 40장의 이집트 제국 술과 떡 굽는 관원장, 41장의 파라오가 꾼, 각각 두 개씩 짝을 이룬 총 여섯 개의 꿈은 이전과 다른 차원에서 접근해야 그 의미가 드러난다. 하나님은 이 여섯 꿈에서 몸을 숨기셨다. 그 결과, 요셉은 110년을 세상에 살면서 단

한 차례도 꿈에서 하나님을 대면하거나 음성을 듣지 못했다. 반면에 하나님은 아브라함과 평생에 열두 차례, 이삭과 세 차례, 야곱과 아홉 차례나 만나 주셨다. 심지어 요셉의 요청으로 야곱이 70명의 가족과 가축을 거느리고 이집트로 내려갈 때도 브엘세바에서 환상 중에 그를 만나 두려워하지 말라고 안심시켰다.

이제까지 살펴본 바와 같이, 요셉은 현대를 사는 보통 사람들처럼 평생 하나님을 보지도, 그 음성을 듣지도 못했다. 그는 어떤 순간에도 아브라함이나 이삭이나 야곱처럼 하나님께 제단을 쌓거나 희생 제사를 드린 적이 없다. 그런 까닭에 요셉에게는 그를 기념할 만한 성지가 딱히 떠오르지 않는다. 어디 그뿐인가. 창세기 37-50장에서 요셉이 하나님께 기도하는 걸 본 적이 있는가. 찬송을 부르거나 공적 예배를 드리는 장면이 나오던가. 장장 4개월에 걸쳐 치러진 야곱의 긴 장례 절차가 예외일 수는 있겠다. 그래서 그런지 요셉 이야기는 아이들 교과서에 실려도 이상하지 않을 만큼 종교색이 옅다. 무신론자나 타 종교인들이 부담 없이 읽고 감동할 정도로 말이다.

요셉은 어디로 가야 할지 무엇을 해야 할지 가르쳐 주는 이가 없었지만, 흔들림 없이 자기 길을 갔다. 팔려 온 노예로서 모함으로 2년 동안이나 옥에 갇혀 있었으나, 그런 악조건 속에서 오히려 악을 선으로 바꾸는 하나님의 섭리에 눈을 떴다. 하나님은 그런 요셉을 위해 숨어서 돕고, 주변 사람들을 감동시켜 그가 누구이고 얼마나 신실한 사람인지를 세상에 드러내셨다. 요셉 스토리를 두고 신학자들이 긍정적 의미에서 세속화된 이야기라고 주장하는 것은 바로 그 때문이다.

정치가 요셉

우리나라에서 나온 대다수 요셉 관련 저서 중에서 '정치가 요셉'을 심도 있게 다룬 책이 있는지 의문이다. 교인 중 상당수는 다른 교우에 관해 교회에서 눈에 보이는 모습 외에는 별 관심을 갖지 않는다. 교회 빠지지 않고, 헌금 잘 하고, 봉사 열심히 하면 그만이다. 평소 칭찬 듣는 그 교인이 직장과 사회에서 어떻게 일을 하고 관계를 맺고 살아가는지 그다지 관심이 없다. 그의 일상생활, 곧 어떤 직업관으로 어떻게 일을 하고, 사회와 어떤 관계를 맺고 살아가는지를 알려고 하지 않는다. 그런 교회 분위기 때문인지 요셉을 배우거나 설교를 들을 때 과도할 정도로 신앙의 틀 안에서만 해석하려는 경향이 도드라진다.

분명히 말하지만 요셉은 선지자가 아니었다. 제사장이나 율법사도 아니었다. 70~80년 동안 이집트 정치의 정점에 서 있던 정치가였다.

오늘 우리 기준으로 말해 보자면, 요셉은 교회 직분이 없었던 듯하다. 십중팔구 총리직 때문에 밥 먹듯 빠지며 주일 성수를 하지 못했던 게 아닌가 싶다. 요셉은 관심사로 보나 현실적으로 보나 종교 문제보다 역사와 현실 세계에 더 정통했다. 그렇기에 역사 속에서 이루어졌거나 이루어지고 있는 일들에 하나님이 어떻게 개입하는지에 대해 누구보다 예민했고 할 말도 많았을 테다.

'하나님이 온 땅의 통치자'란 사실을 요셉만큼 책임 있게 말할 수 있는 사람이 얼마나 되겠는가. 요셉말고는 다니엘 정도가 아닐까.

   이 책에서는 창세기 본문에는 언급조차 안 된 피라미드를 비롯해 이스라엘과 이집트의 언어 비교, 이집트 종교 부패에 대해 역사적 자료를 바탕으로 인문학적 상상력을 펼친 장을 따로 두었다. 그렇게 한 것은 현실 정치가인 요셉의 역할과 그 의미를 강조하고 싶었기 때문이다. 소위 예배만 안 빠지고 헌금과 봉사만 잘한다고 좋은 신앙인이 될 수 있는 게 아님을, 하나님은 일상에서 성과 속의 이원론적 가치관을 깨고 다양한 영역을 책임질 사람으로 사용하기 위해 우릴 부르셨다는 사실을 알리는 데 이 작은 책이 조금이나마 기여할 수 있다면 더 바랄 게 없겠다.

   요셉은 30세부터 110세에 죽기 직전까지 이집트 제국 총리로 국정을 이끌었다. 아침에 눈을 뜨면서부터 저녁에 눈을 감기까지 이집트의 과학, 문학, 법률, 건축, 종교, 농업 등의 정책을 총괄했다. 대 제국의 심장부에서 이집트의 전통과 사고방식에 입각해 다양한 정책을 결정하며 80년 이상을 살았다. 파라오가 지어준 사브낫바네아라는 이집트 이름을 받아들였고, 수염과 머리를 밀었다. 아브라함, 이삭, 야곱 가문의 불문율이었던 금기를 어기고 이방 여인, 그것도 태양신을 섬기는 대제사장의 딸과 결혼했다. 요셉이 평생 가깝게 모신 왕은 사람들로부터 신으로 추앙받던 파라오였다.

   그러나 요셉의 시선은 언제나 하나님이 아브라함과 이삭과 야곱에게 유업으로 주겠다고 약속하신 가나안에 고정돼 있었고, 하나님이 온 세상을 다스린다는 선명한 역사 의식을 잃지 않았다. 요셉이 이집트에서 순결한 영혼을 지키기 위해 얼마나 몸부림치며 살았을지를 생각하면 절로 고개가 숙여진다.

눈물의 사람 요셉

이제부터는 요셉을 꿈의 사람이나 비전의 사람이 아니라 눈물의 사람이라 쓰자. 토마스 만이 요셉 이야기를 구약 성서의 진주라 표현할 수 있던 것은 용서와 화해를 위해 그가 흘린, 값으로 매길 수 없는 그의 눈물 때문이 아니었을까! 개정판 부제로 "눈물의 사람 요셉 이야기"를 붙인 이유다.

창세기 저자는 분명한 의도를 갖고 요셉의 눈물을 기록한 게 분명해 보인다. 110년 동안의 요셉 평생을 기록하며 36세부터 56세 때까지 흘린 눈물만을 선별했기 때문이다. 17세 때 이야기가 시작되지만 그 이전에도 그리고 56세 이후 64년을 더 살면서도 요셉에게도 눈물 흘릴 일은 많았으리라.

6세에 어머니가 동생 베냐민을 낳다가 돌아가셨고, 그 슬픈 사건이 희미해지기도 전에 이복 누나 디나가 성폭행을 당했다. 그때 시므온과 레위 형은 세겜 남자들을 몰살시켰고 나머지 형들은 성내의 여자와 재물을 노략했다. 어린 요셉은 슬퍼서, 억울해서, 무서워서 울고 또 울었을 테다. 급기야 요셉도 형들로부터 살해될 뻔하다가 이집트 노예로 팔렸다. 그 기막힌 일을 불과 17세에 당했는데 창세기 저자는 요셉의 반응에 너무 쿨하다. 울며 애걸복걸하는 요셉 모습을 전혀 보여 주지 않았기 때문이다. 그때로부터

20년도 더 지나 창세기 저자는 형들의 말로 이집트 노예로 팔리던 당시 요셉의 반응을 슬쩍 흘린다.

"그가 우리에게 애걸할 때에 그 마음의 괴로움을 보고도 듣지 아니하였으므로 이 괴로움이 우리에게 임하도다"(창 42:21).

외국인 노예로 감옥에 갇혀 있다가 졸지에 이집트 총리로 급부상했으니 시기와 질투야 당연지사이고, 14년 동안 이집트에 닥칠 풍년과 흉년을 총감독해야 했으니 긴장하고 눈물 흘릴 일이 왜 없었겠는가. 그러나 창세기는 요셉이 특정 기간 동안 흘린 여덟 차례의 눈물만을 성경에 남겼다.

요셉의 첫 번째 눈물은 창세기 42장 24절에 나온다. 요셉은 큰형 르우벤이 20여 년 전 도단에서 요셉에게 죄를 짓지 말자고 한 자기 호소를 듣지 않았기에 피 값을 치르게 되었다고 한 말을 들었다. 그러자 즉시 자리를 떠나 혼자 울다가 돌아왔다. 두 번째 눈물은 동생 베냐민을 22년 만에 처음 보았을 때 마음이 복받쳐 급하게 안방으로 들어가 흘린 눈물이다. 이때 요셉은 형들에게 자기가 누군지 밝히며 파라오 궁에 들릴 만큼 크게 울었다. 이것이 세 번째 눈물이다. 네 번째는 베냐민을 위해, 다섯 번째는 야곱의 모든 형제가 서로 부둥켜안았을 때 흘렸던 눈물이다. 여섯 번째 눈물은 아버지를 22년 만에 만났을 때 흘렸다. 창세기 46장 23절에 나온다. 이때 요셉은 눈이 이미 잘 보이지 않는 아버지에게 자기 얼굴을 보이고 목을 끌어안고 울었다. 일곱 번째 눈물은 아버지 장례식 때 흘렸던 7일 동안의 애곡이다. 마지막 눈물은 창세기 50

장 17절에 나온다. 형들이 사람을 보내 자신들의 허물과 죄를 용서해 달라는 말을 들을 때 요셉은 울었다. 그때 요셉은 아마도 피눈물을 흘렸을 것이다.

김현승 시인은 1959년 6월에 쓴 "슬픔"이란 제목의 시 마지막 연을 이렇게 끝냈다.

슬픔 안에 있으면
나는 바르다!

요셉의 바름이 생명을 살리고 용서와 화합을 일구어 냈다. 김현승 시가 요셉을 만나니 임신한 마리아와 엘리사벳의 만남을 보는 듯하다. 저들이 격하게 서로를 알아본다. 요셉의 바름이, 그의 눈물이 춤을 춘다. 그걸 보며 너도나도 덩달아 일어난다. 모두 함께 춤을 추자.

1.
죽음 앞에서 글쓰기

 화살처럼 날아가는 것이 세월이라더니, 내 나이가 100을 넘어섰다. 몇 개월이 지나면 그 위에 10이란 숫자가 더 얹힐 예정이다.
 백열 살!
 '꿈쟁이 소년 요셉'으로 더 잘 알려진 나도 내년이면 어느덧 백열 살이다. 어허 내 참…….
 성경에 쓰여 있듯, 나의 아버지 야곱은 백마흔일곱 살에 하나님의 품에 안기셨다. 이삭 할아버지는 그보다 33년을 더 사셨다고 한다. 거기에 비한다면 백열 살은 나이도 아니다. 그렇지만 이 땅에서의 삶이 얼마 남지 않았음을 몸으로 느낀다. 사막에서 들려오는 바람 소리마저도 하늘로 날 부르시는 그분의 음성으로 착각할 정도니까.
 올해 들어 종종 경험하는 이런 느낌들이 단순한 육감인지 아니면 하늘로부터 온 영감인지, 나로서는 분명치 않다. 그런 것들은 내 관심사가 아니다. 더 중요한 것들에 우선순위를 두고 싶기 때문이다. 그래서 나는 지금의 시점에서 가장 중요하다고 생각되는 죽음의 문제에 매달리는 것이다.

그러나 분명히 해 두자. 죽음의 문제에 내가 남다른 관심을 보이는 것이 불안이나 초조 때문은 아니다. 두려움 때문은 더더욱 아니다. 그 반대다! 나는 어려서부터 어떻게 죽어야 하는지를 제법 심각하게 생각했다. 처한 환경이 자연스럽게 그런 문제들을 생각하게 했기 때문이다. 죽음 앞에서 당당하셨고, 그것을 끝이 아니라 시작으로, 절망이 아니라 복스러운 소망으로 받아들이셨던 아버지의 영향이 컸던 것 같다. 또한 그렇게 하나님께로 돌아가셨다는 아브라함과 이삭 할아버지에 대한 이야기도 내 사고에 깊은 인상을 남긴 것 같고.

요즘 들어 아버지 꿈을 몇 번 꾸었다. 이 나이에 아버지 꿈을 꾸다니……. 오래 살다 보니 별일도 다 있다. 총리가 되고는 한 번도 그런 꿈을 꾸지 않았으니, 꿈을 꾸어 본 지 한 80년쯤 된 듯하다. 내 기억으로는 그렇다는 얘기다. 그 탓인지 요즘은 생각을 많이 하게 된다. 아버지를 뵌 꿈들은 두 가지로 내 상상을 자극했다. 먼저는 내 죽음의 문제를 깊이 생각하게 되었다는 것이고, 다음으로는 선지자적인 통찰력으로 빛났던 아버지 야곱의 말년을 다시 생각하게 되었다는 점이다.

젊은 시절에는 잘 몰랐다. 그러나 이젠 다르다. 그렇다. 이 세상 어디에도, '아브라함 패밀리', 즉 아브라함, 이삭, 야곱처럼 죽음을 넘어섰던 사람들은 없었다. 대 이집트 제국의 총리로 내로라하는 수많은 사람의 임종을 보았지만 아버지 야곱의 죽음과 같은 죽음은 아니었다. 나는 죽음을 이기게 하신 '아브라함 패밀리'의 하나님만이 참 신이시며 온 우주의 대 주재이심을 확신한다. 이 또한 자랑한다.

정도의 차이는 있겠지만 누구든지 자신의 죽음을 예감할 수 있다고 믿는다. 그러나 중요한 것은 그게 아니다. 그 예감이 육감인지 아니면 하늘로부터 온 계시인지의 여부도 마찬가지다.

나의 이 말을, 그런 것들을 무시해도 된다는 쪽으로 몰아가지 않았으면 좋겠다. 단언컨대 그런 뜻이 아니다. 내가 강조하고자 하는 것은, 유일하신 참 하나님을 믿는 우리라면 그보다는 높은 차원이어야 한다는 생각이다. 지금 내 경우처럼, 자신을 노려보고 있는 죽음에 어떻게 반응하느냐, 즉 죽음을 어떻게 받아들이며 준비하느냐가 삶의 핵심적인 문제라 주장하고 싶은 것이다. 바로 이 점에서 '아브라함 패밀리'는 특별했고 돋보였다.

내가 야곱을 아버지로서만이 아니라 한 사람의 신앙인으로 더 존경하는 건 그분이 말년에 보여 준, 모든 사람의 영혼을 다 들여다볼 것만 같던 투명한 영혼 때문이다. 그분은 나이가 들면서 허물어져 내리지 않았다. 추해지지도 않았다, 결코. 구부정해지는 허리와 침침해지는 눈은 어쩔 수 없었지만, 그분의 정신과 신앙은 점점 더 밝고 곧고 높아지셨다. 젊은 시절의 아버님 행적을 익히 알고 있는 우리로서는 하나님의 형상으로 더욱 성숙해지는 그분의 인격과 신앙에 눈이 부실 정도였다.

우리 가문은 눈이 안 좋기로 유명하다. 큰아버지 에서와 우리 아버지 사이에 있었던 유명한 장자권 쟁탈전이 어떻게 가능했던 가. 이삭 할아버지의 눈이 성했더라면 어찌 리브가 할머니의 서투른 변장술로 할아버지를 속일 수 있었겠는가. 아버지께서 임종 전 나의 두 아들 에브라임과 므낫세에게 축복하실 때 그분의 눈이 실명 상태가 아니었다면 내가 왜 말했겠는가. "아버지, 아닙니다. 이 아이가 큰아이예요. 오른손을 이 아이 머리 위에 얹으셔야지요"라고.

그렇다. 대 이집트 제국 총리의 아버지는 두 눈이 실명된 분이었다. 그러나 나는 하나도 부끄럽지 않았다. 부끄럽다니, 그게 무슨 말인가! 살인을 한 것도, 흠 있는 제물로 번제를 드린 것도 아니다. 도덕적으로나 신앙적으로 문제 될 게 없다. 늙어서 실명했거나 태어났을 때부터 소아마비였다는 사실 때문에 부끄러워해야 한다? 그런 법은 없다. 아니, 그래서는 안 된다.

나는 말년에 실명하신 내 아버지가 오히려 자랑스러웠다. 두 눈이 멀쩡한 나도 보지 못한 것을 그분은 보셨기 때문이다. 그분은 눈을 감고서도 나의 둘째 에브라임이 장자 므낫세보다 크게 될 것을 정확히 보셨다. 그것도 한집에서 같이 산 손주들이 아니라서, 그들의 행실이며 성품을 볼 수 없었던 초면에 말이다.

병에 걸려 이제 다시 못 일어나실 것 같아 두 아들을 데리고 마지막으로 아버지를 찾아뵈었을 때였다.

"이 애들은 누구냐?"

"하나님께서 이집트에서 제게 주신 아들들입니다."

"오, 그렇구나. 그 아이들을 이리로 좀 가까이 오라고 일러라. 내가 축복해 주어야겠다."

아버지의 영적 투명함은 그분의 임종 시, 우리 열두 아들에게 축복하시는 그 시간에 가장 돋보였다. 그건 단순히 엄숙한 유언이 아니었다. 아들이 잘되기를 바라는 늙은 아비의 간절한 소망도 아니었다. 아버지 야곱은 그 순간만큼은 하늘에서 복을 가져오는 하나님의 대리자셨다. 그뿐이 아니다. 그분의 축복은 예언이었다.

우리 가정의 장래사에 대한 예언 정도였다면 내가 이렇게 흥분하지 않는다. 그분의 눈은 우리 가정과 민족을 넘어 세계를, 역사의 끝을 바라보셨다. 우리 열두 형제에게 주신 축복의 말씀이란 다름 아닌 선민(選民) 이스라엘의 투시도요 이정표였다. 또한 인류를 구원하실 '하나님의 시나리오'이기도 했다.

인생을 돌아보며 죽음을 준비해야 할 이 시점에서, 나는 생각해 본다. 어떤 준비를 해야 할 것인가. 분명한 것은 나는 야곱이 아니라 요셉이란 점이다. 나는 여기서부터 시작할 것이다.

아버지와 나 사이에는 적어도 세 가지 차이가 있다. 그분의 삶은 파란만장했다. 하나님께서는 그 누구보다 아버지 야곱에게 당신 자신을 많이 나타내 보이셨다. 그래서일까? 나는 그분의 영성 앞에서 늘 기가 눌렸다. 그분은 정치나 역사와는 무관(?)한 시골의 목축 재벌이었다. 이게 아버지였다. 고생은 나도 한때 좀 했다. 그러나 내 삶은 '험악한 세월'보다는 안정된 것이었다. 감사할 따름이다.

이미 밝혔듯이 나는 선지자가 아니라 정치가다. 성경보다는 역사와 현실 세계에 더 익숙하다. 이후 세대에 축복과 예언은 할 수 없으나, 역사 속에서 이루어졌거나 이루어지고 있는 일들에 하나님께서 어떻게 개입하시는지에 대해서는 할 말이 많다. 대 이집트 제국의 총리였기 때문이다.

사실 '하나님께서는 온 땅의 통치자시다'라는 말은 아무나 할 수 있는 게 아니다. 아니, 오히려 해서는 안 되는 말이다. 우리 조상 중에서도 이런 얘기를 나만큼 책임 있고 실감 나게 할 수 있는 사람은 없다. 적어도 내가 아는 한은. 왜냐하면 그들은 나처럼 전 세계를 한눈에 볼 수 있는 정치가가 아니었으니까.

생각이 여기까지 이르니 앞으로 내가 무엇을 해야 할지는 선택의 여지가 없어 보인다. 역사를 쓰자. 그러나 통치 행위의 연장으로 그렇게 하지는 말자. 파라오의 하교(下敎)가 있었던 것도 아니고 나 또한 총리로 그런 건의를 받지도 않았다. 그래서 나는 한 개인으로서 신앙고백을 하기로 마음먹은 것이다.

자연스럽게 삶을 회상해 나가고 싶다. 하나님께서 내게 주신 총리란 직책을 통해 얻은 교훈들을 신중하게 고려하면서 말이다.

정직하게 쓰고 싶다. 그러면서도 내 삶 속에 함께하셨던 하나님을 즐겁게 해 드리는 글이었으면 좋겠다. 조그만 바람이 있다면, 내 삶을 모두 고백한 후에 나를 불러가셨으면 하는 것이다.

어이구, 이건 또 무슨 주제넘은 소린가!

2.
삶은, 신앙은 기다림이다

 인생의 쓴맛이라면 나도 알 만큼 안다. '험악한 세월'을 보냈다고 말씀하신 아버지에 비할 수는 없지만, 평탄하지 못한 삶이었다. 아니, 다시 말하겠다. 아버지와 나, 그중에서 누가 더 고통스러운 삶을 살았느냐를 가려내는 게 뭐 그리 대수겠는가. 중요한 것은 고통의 크기가 아니라 고통의 이유이고, 그 상황 속에서 얻은 교훈이 아니겠는가?

 불행하게도 나는 어머니 라헬의 얼굴을 잘 모른다. 얼굴조차 모르니 그 품의 따뜻함 역시 생소하다. 어머니의 위로가 절실할 때마다 어머니는 거기 계시지 않았다. 내 나이 겨우 여섯 살에 그분이 세상을 뜨셨기 때문이다. 그러나 그 아픔은 끝이 아니라 시작이었고, 전부가 아니라 일부였다. 아버지는 그래도 나보다는 좋은 편이었다. 그분이 겪었던 고생은 대부분 장성한 뒤의 일이 아니던가.

아버지 야곱의 고생은 일흔일곱 살부터였다. 큰아버지 에서의 축복을 가로챈 후, 후환이 두려워 하란으로 줄행랑을 치신 때가 일흔일곱 살이었으니까. 나는 어떤가. 우리 가족 모두를 몰살하겠다는, 얍복 강 나루터에서 살벌했던 큰아버지의 위협은 그렇다 치자. 겨우 여섯 살 난 어린애가 알면 얼마나 알았겠는가. 그걸 뺀다 해도 내 청소년기에 겪었던 일들은 너무나 가혹했다.

불쌍한 나의 이복누님 디나. 여섯 살이던 나는, 디나가 개만도 못한 세겜 땅 추장의 아들에게 당한 성폭행을 돌이킬 수 없는 현실로 받아들여야 했다. 누님의 나이가 겨우 열다섯이었는데 말이다. 그로 인한 우리 가정의 슬픔이야 어찌 말로 다 할 수 있겠는가. 접어 두련다.

나는 시므온과 레위 형이 세겜 성의 모든 남자를 모조리 살육하는 광란의 피의 복수를 보았다. 그것으로도 모자라 성에 불을 지르고 노략질까지 하는 광경도 목도했다. 그걸 통해 분노가 어떻게 인간을 파괴하는지를 알았다.

그보다 곤혹스럽고 고통스러웠던 것은 디나의 변화였다. 디나는 본능적으로 사람을 무서워했다. 그 누구도 믿지 못하고 늘 경계했다. 누님의 그런 행동은 가족 모두의 아픔이고 한숨 거리였다. 그럴수록 디나의 상태는 점점 나빠졌고, 급기야 가족들마저도 보호받아야 할 그 아이를 벌레 쳐다보듯 하기에 이르렀다.

이런 식구들의 비정함에 나는 또 얼마나 깊은 상처를 받았던가. 또한 분노했던가. 이 상처가 내 성격과 사람을 보는 시각에 끼친 영향이 얼마나 컸는지는 당사자인 나도 가늠할 수 없을 정도다. 그 일이 그렇게 충격일 수밖에 없던 것은 내가 어머니를 잃은 상처가 채 아물기도 전에 일어났기 때문이다. 아마 1년도 안 되었던 모양이다. 나의 여섯 살은 그렇게 잔인했다.

그뿐이 아니다. 리브가 할머니의 유모였던, 우리 모두가 친할머니 이상으로 따랐던 드보라 할머니께서도 바로 이 무렵에 세상을 뜨셨다. 그때는 천수(天壽)를 다한 죽음이라 생각했다. 그러나 이제 와서 생각해 보면 만약 그런 상황에서 천수를 다하셨다면 그게 이상할 정도다. 쇼크사로 보는 것이 훨씬 더 설득력이 있어 보인다. 그만큼 힘든 시절이었다.

'아브라함 패밀리' 역사상 누가 강간을 당했던가! 없었다. 겁탈당하려는 순간, 그것도 이집트 왕 파라오나 그랄 왕 아비멜렉 같은 절대 권력자의 손아귀에서 우리 조상의 여인들은 보란 듯 빠져나왔다. 우리가 믿는 하나님은 그렇게 원수의 손에서 우릴 지켜 주시는 분이다.

그러니까, 디나가 당한 일이나 시므온과 레위 형이 보여 준 집단 살인극은, 어린 나 디나뿐 아니라 연로하신 할머니가 받아들이기에는 너무 크고 무거운 고통이었나 보다. 형언하기 어려운 고통과 충격은 할머니의 건강을 해쳤고, 연로한 그분은 끝내 회복되지 못하셨다.

이러한 사건의 틈바구니에서 나는 일곱 살이 되었다. 그러나 흘러가는 시간은 전혀 우리 편이 아니었다. 가족의 상처 치유에 아무런 도움이 되질 못했으니까. '세월이 해결책'이라는 옛말은 우리 가족과 무관한 것처럼 보였다. 아니, 오히려 시간은 우릴 조롱하고 기만하는 것 같았다.

원래 사이가 나빴던 우리 형제는 겹치는 가정의 우환 속에서 점점 더 거칠어지고 살벌해졌다. 어린 나는 형들이 무서웠다. 그들이 화를 내거나 소리를 크게 지르면 나는 그 자리에서 꼼짝도 못 하고 엉엉 울었다. 형들의 눈동자 속에서 나는 종종 세겜을 쑥대밭으로 만들던 그때 당시의 살기를 느꼈기 때문이다.

그래서 나는 집이 싫었다. 칙칙하고 숨이 막히는 집보다는 산이 좋고 양들과 노는 게 더 즐거웠다. 더군다나 어머니의 죽음 이후 한층 노골화된 아버지의 편애는 형들 가슴에다 시기와 분노의 불을 당기는 격이 됐다. '그러지 마시라'고 아무리 부탁드려도, '그렇게 하실수록 내 입장만 더 난처해질 뿐'이라고 아무리 애원하여도 아버지는 막무가내였다.

이렇게 상처만을 주고받는 가족으로 전락하던 바로 그 무렵, 우리 집에는 다른 사건이 또 터졌다. 입에 담기조차 민망한 간통 사건이었다. 이번에는 이방인이 아니었다. 남도 아니었다. 고개를 들고 다닐 수도 없을 정도의 일을 저지른 장본인은 식구 중 하나였다.

이런 내용을 여기에 이렇게 쓸지 말지를 놓고 나는 또 얼마나 많은 생각을 했던가. 패밀리 내에서도 행여 어린 것들이 알까 봐 쉬쉬했던 문제였기 때문이다.

그러나 결론은 생각보다 쉽고 분명했다. 성경이 이미 숱에 곯아

떨어져서 벌거숭이가 되었던 노아 할아버지의 수치를 기록했고, 아브라함 할아버지가 자기 목숨을 위하여 아내를 어떻게 이용해 먹었는지도 적나라하게 보여 주었기 때문이다. 그래서 나 또한 주저 없이 말하고자 한다.

르우벤 형이 우리의 작은어머니인 빌하와 잠자리를 같이했다는 세간의 루머는, 인정하고 싶지 않지만 사실이다. 이집트인에게서도 흔치 않은 이런 근친상간이 하나님의 거룩한 '아브라함 패밀리' 안에서 일어났다. 별다른 양심의 가책 없이 이복동생을 노예로 팔아먹을 정도의 형들을 포함해 우리 모든 식구는 충격을 받았다. 그것도 아주 크게.

이것이 당시의 우리 형들이었고, 우리 가정의 분위기였다. 야곱의 가문은 그렇게 무너지고 있었다.

이 정도를 가지고 사람들이 세상에서 당하는 가장 쓰고 가혹한 인생의 쓴맛이라고는 생각하지 않는다. 동의할 수 없다. 깊이 들어가 보면 훨씬 더 불행한 사람들이 여기 이집트 서민들 가운데도 적지 않기 때문이다.

그럼에도 나는, 어린 시절의 그 어려웠던 순간들을 스스로 들추어내고 싶었다. 이런 사건들이 나의 청소년기에 일어났음을 말하기 위해, 바로 그런 연유로 그 사건들이 남긴 상처도 치유도 크고 어려웠음을 말하기 위해.

백십 평생을 돌아보면서, 나는 이제 중대 선언의 필요성을 절감한다. 내가 인생의 쓴맛이라 표현한 것보다 더 어려운 문제가 있다는 사실이다. 사람들은 나의 얘기를 다 듣기도 전에 그게 뭐 그렇게 어렵냐고 반문할는지 모르겠다.

기다림! 내게 이것보다 어려운 문제는 없었다. 그렇다. 나를 거의 유일하게 넘어뜨릴 수 있는 상대는 기다림뿐이었다. 내 삶과 신앙의 급소가 바로 거기였던 것이다. 그러나 나는 보았다. 우리 아브라함 패밀리가 습관처럼 혹은 유전처럼 기다림에 얼마나 약했는지를 말이다.

자기 아들을 번제단에서 짐승을 잡듯 바치려 했던, '사람이면 그럴 수 없을 것 같은' 믿음의 경지를 보여 주었던 아브라함 할아버지. 그분이 어떤 시험에 무릎을 꿇었던가.

기다림이었다. 아들을 주되 그 씨를 통하여 하늘의 뭇별같이, 바닷가의 모래알같이 창대하게 하리란 하나님의 음성과 환상을 직접 보고 들은 이가 그 어른이시다. 하지만 10년을 기다리고는 나가떨어지셨다. 사라 할머니의 생리가 끊기자, 하갈을 통해 대를 잇자는 감언이설에 이스마엘 큰아버지를 덜컥 만들어 내셨던 것. 15년의 세월을 기다리는 것이 결코 쉬운 일은 아니다. 하지만 15년만 더 기다렸더라면 하는 아쉬움이 아주 강하게 밀려오는 것도 사실이다.

나의 아버지 야곱은 또 어떠하셨는가.

"따 놓은 당상"이란 말이 있다. 그렇다. 장자권은 가만히 있어도 아버지의 몫이었다. 그저 "두 국민이 네 태 중에 있구나. 두 민족이 네 복중에서부터 나뉘리라. 이 족속이 저 족속보다 강하겠고, 큰 자는 어린 자를 섬기리라"라는 말씀을 우직하게 믿고 기다리면 그만이었다.

　문제는 할머니였다. 그분의 조급함과 얕은 생각이 일을 저질러 버렸기 때문이다. 그러지 않았다면 가정불화와 20년에 걸친 도피 행각, 그로 인한 부모 자식 간의 생이별, 피나는 고생과 타향살이는 안 할 수도 있었다. 아쉬운 일이다.

　기간으로만 친다면 나의 기다림은 짧았다. 햇수로 겨우 3년이었으니까. 그러나 내게는 너무도 긴 시간이었다. 시간의 상대적 속성이 내 느낌을 그리로 몰고 갔다.

　야속하게도 하나님은 보디발 장군의 옥중에 있던 3년 동안 단 한 번도 나타나지 않으셨다. 음성으로든, 꿈으로든, 환상으로든……. 나를 그토록 사랑하던 아버지도 어머니도 야속하기는 마찬가지였다. 하나님이든 부모님이든 단 한 번만이라도 내가 왜 감옥에 있고 얼마 동안 있어야 하는지, 그리고 죄 없이 받는 이런 형벌에 어떤 의미가 있는지 말씀해 주셨다면 3년은 결코 길지 않았으리라.

　이 세상에서 가장 긴 시간은 '침묵'의 시간이다. 그런 위기의 시간 속에서 내가 아브라함이나 야곱처럼 포기하지 않고 기다릴 수 있었던 것은 기적이었다. 이 나이에도 풀리지 않는 신비라 말하고 싶을 정도로 말이다.

　지금보다 젊었을 때는 그 비결을 어떻게든 캐 보려고 안달도 하고 기도도 했다. 그러나 이젠 아니다. 사람이 모든 걸 알 수 없다는 진리를 터득했기 때문이다. 그럴 필요 또한 없음을 깨달았기 때문이기도 하다. 그래서 나는 오랜 시간 동안 그것을 빈칸으로 남겨 두었다. 그것이 하나님을 전적으로 의지하는 신앙의 모습이고, 그분 앞에서 우리가 가져야 할 겸손한 태도라 확신했기 때문이다.

그러나 죽음을 앞둔 지금, 나는 이제 조심스럽게 그 칸을 채우려고 한다. 내가 나 된 것은, 그리고 그 기다림에 승리할 수 있었던 것은 하나님의 은혜 때문이었노라고 말이다. 감사할 따름이다. 아멘, 아멘!

3.
하늘의 질서,
땅의 질서

기억이란 참 이상하다. 내 머릿속에 있음이 분명한데, 따라서 나를 도와야 하는 게 마땅한데 이 녀석이 가끔은 제멋대로다. 허구한 날 이런 식이다. '깜박했습니다. 중요하지 않은 줄 알았죠. 그런 것도 기억해 두었어야 했는가 보죠? 그렇다면 죄송해요.'

이게 무슨 말인가. '그런 것도 기억해 두어야 하느냐'니, 이런 뻔뻔한 변명이 어디 있는가. 괘씸한 기억 주머니! 덕분에 죽어나는 것은 항상 나다.

어디 그뿐인가. 기억이란 녀석에게는 엉뚱한 습관마저 있다. 별로 중요하지 않은 것을 허락 없이 입력해 두었다가 슬그머니 꺼내 놓는다. 그런데 신기하게도 이런 기억들은 너무도 생생하다. 10년이 지나도 늘 또렷하고 선명하다. 마치 그 광경을 처음 보는 것처럼, 그렇게 말이다. 그래서 나는 적잖게 놀란다. 이런 현상이 왜 생기는지, 항상 그렇지는 않겠지만 꼭 기억해 두어야 할 것은 그렇게도 잘 잊어버리면서 하찮아서 기억할 필요가 없는 것은 어찌 그리도 잘 기억하는지 도무지 이해되지 않았기 때문이다. 이런 현상을 이해하기 위하여 나름대로는 생각을 꽤나 여러 번 했다. 그런데도 뭐가 뭔지 모르겠다. 아직도 말이다.

오늘 내가 쓰려고 하는 이야기는 한마디로 엉뚱한 기억 때문에 생긴 에피소드다. 내 인생에서 겪은 많은 일들 중에서 그 일이 왜 그렇게도 선명하게 기억되는지, 나로서는 설명할 수 없다. 그러니 오늘의 이야기를 확대 해석하는 것은 곤란하다. 그런 일이 없었으면 좋겠다. 쓸데없는 염려라는 생각을 하면서도 나는 이런 생각의 언저리를 서성이고 있다. 그래야 안심이 되고 마음이 편해지기 때문이다. 어허, 나도 늙었는가 보다. 인정하고 싶지는 않지만…….

내 생애에 그렇게 불쾌한 다른 일도 있었을까?

아마 있었을 것이다. 지나 놓고 보면 별것 아닌 일이라도 당시에는 하나같이 크고 심각하게 느껴지는 법이니까. 우리의 감정만큼 엄살이 심하고 과장을 잘하는 녀석도 흔치 않은 법이니까.

그러나 그것들 중 시간의 테스트를 거친 연후에도 위기로 남아 있는 것이 얼마나 되던가? 별로 없다. 아니, 오히려 대개의 위기는 별일 아닌 것에 그렇게 흥분했던 자신을 부끄럽게 만든다. "그때는 내가 정말 어렸지!"라는 자조를 낳게 할 뿐이다. 내게도 그런 일이 있다. 부지기수로 말이다. 오늘 하려는 이야기도 그런 일이고.

그렇기에 내가 무엇을 이야기하더라도 그 기저에는 부끄러운 감정이 깔려 있다. 물론 지금이라면 그렇게 행동하지 않았을 테지만.

　불행하게도 나는 이삭 할아버지의 임종을 볼 수 없었다. 이집트에 있었기 때문이다. 나중에 안 일이지만 할아버지는 내가 스물아홉 살 때, 그러니까 보디발 장군의 지하감옥에 있을 때 임종하셨다고 한다. 내가 헤브론 땅을 떠나올 때 할아버지의 연세가 168세였으니, 12년을 더 사신 셈이다. 그 후로 10년만 더 사셨으면 대 이집트 제국의 총리가 된 손자의 큰절을 받으실 수 있었을 텐데……. 그걸 생각하면 80년이 지난 지금도 아쉽다.

　내가 할아버지의 임종을 지켜보지 못한 것을 이렇게 아쉬워하는 것은 총리가 된 나를 보시지 못했기 때문이 아니다. 우리 아브라함 패밀리는 임종에 관한 한 매우 독특하고 엄숙한 전통을 가지고 있다. 하나님께로 돌아가시는 어른은 일생에 단 한 번뿐인 축복을 하신다. 그 순간 그분은 자신이 하나님의 대리자임을 강하게 의식하신다. 그 느낌은 축복하는 아버지로부터 온 가족에 전달된다. 우리는 그분의 모습 속에서 하나님의 충만한 임재를 본다. 그 임재 안에서 형언하기 어려운 신비를 느낀다.

　또한 먼 옛날, 할아버지께서 축복하신 그대로 이루어진 것을 감격스럽게 회상하시는 아버지의 숙연한 모습을 본다. 눈물로 범벅이 된, 그러면서도 해처럼 빛나는 얼굴이며 눈동자를 지켜보는 것이다.

　마침내 그분의 손이 우리의 머리에 얹힌다. 그분의 입은 거침없이 하늘의 축복을 쏟아 놓으신다. 바로 그때, 우리 몸은 불덩이가 된다. 순간이기는 하나 우리는 영안(靈眼)이 열려 자신의 장래는 물론 온 우주의 비밀을 훤히 본다. 그 감격과 신비는 어떤 것보다 강렬하다. 지금까지 보거나 들은 그 어떤 영적 체험도 거기에 견줄 수 없을 정도로.

여기서 중요한 것은, 축복하시는 어른이 비는 복이 하나님의 것이라는 점이다. 그분은 자기 것이 아니라 거룩하고 신령한 하나님의 것으로 축복하신다. 우리도 그걸 잘 알고 있다! 그래서 우리는 할아버지나 아버지의 임종을 두려워하지 않는다. 마냥 슬퍼하거나 낙담하지도 않는다. 오히려 우리는 그 시간을 사모하며 기다린다. 아버지가 빨리 죽기를 기다리는 불효자라서가 아니다. 아버지의 재산에 눈이 멀어서도 아니다. 떳떳하고 경건하게 그 순간을 준비하며 기다리는 것이다. 조상의 임종을 지켜보면서 우리는 죽음이란 절망이 아니라 새로운 시작이며, 슬픔이 아니라 거룩하신 하나님의 임재와 축복 그리고 영원한 세계로 들어가는 것임을 배우기 때문이다.

이 경험을 통하여 우리는 비로소 선민 됨의 진정한 의미를 몸으로 배운다. 바로 이 체험이 죽음을 이기게 하는 우리의 원동력이다. 사실 우리가 다른 민족들보다 죽음을 그렇게 두려워하거나 부정적으로만 보지 않는 것은 바로 이런 경험이 일상사 속에서 계속되고 있기 때문이리라.

이렇듯 선민 됨에 무한한 긍지를 느끼며 살아온 내가 할아버지의 임종 순간을 지켜보지 못한 것에 대하여 태연할 수 없는 것은 당연한 일이다. 그건 이 요셉의 편에서 볼 때 엄청난 영적 손실이었다. 또한 가슴속 깊이 묻어 둔 콤플렉스였다. 적어도 아버지의 임종을 지켜보았던 쉰여섯 살 전까지는.

사람들이 나를 대할 때마다 많이 놀란다는 것을 들어서 알고 있다. 처음엔 그들이 외국인 노예라는 내 출신 성분과 주인마님 강간 미수범이라는 전과 경력에도 불구하고 세계 제일의 대제국 이집트 총리가 되었다는 사실과, 그럼에도 80년씩이나 그 자리에 있었다는 점 때문에 놀라는 줄 알았다.

그런데 그게 아니었다. 그들이 나를 보며 혀를 내두른 것은, 공적이든 사적이든 책잡힐 만한 아무런 죄도 발견할 수 없다는 점 때문이었다는 것이다. 그들이 나를 가리켜 "사람이 아니다"라고 했다던가.

그런 예는 또 있다. 내가 화내는 모습을 한 번도 보지 못했음을 그들이 신기해하였다고 한다. 사람들은 그런 이야기들을 수군거리며, 내가 형님들을 만날 때 엄하게 굴었던 것이 화난 것처럼 보이기 위한 제스처라고 생각했다는 것이다. 내 참…….

그런 이야기를 듣고 생각해 보니, 누구에게든 표나게 화를 내거나 섭섭한 표정을 지은 적이 있는 것 같지는 않다. 내 기억으로 그렇다는 얘기니까 이 말을 꼼꼼히 따지려 들지는 말았으면 좋겠다. 나도 '어찌할 수 없는 육신'을 가진 사람이다. 그러니 한평생 화를 내지 않고 산다는 것은 불가능했다. 내가 좀 돋보였다면 그건 다른 사람보다 감정의 조절에서 실수가 적었다는 의미이지 그 이상은 아닐 터!

이러한 나도 어쩔 수 없는 상황이 있었다. 그것도 내가 그토록 사모하던 아버지의 임종 무렵에 말이다. 그러니 그 실수(?)로 인한 교훈은 클 수밖에 없었다.

솔직히 나는 아버지의 처사가 불쾌했고, 그 감정을 감출 수가 없었다. 아버지께서 에브라임과 므낫세를 몰라보고, "애들이 누구냐"고 물으신 것까지는 이해할 수 있었다. 거의 실명 상태셨으니까. 그렇지만, 일생에 단 한 번뿐인 일에 어떻게 실수하실 수가 있단 말인가.

장남 므낫세의 축복을 어찌 에브라임이 받을 수 있겠는가. 장자권이 우리 민족에게 생명처럼 귀하다는 사실을 아버지는 누구보다 잘 아시는 분이 아니던가. 더구나 아버지는 장자권 문제로 인해 형님한테 목숨을 잃을 뻔했다. 아버지의 험악한 세월과 그로 인한 가족들의 고통은 모두 그 장자권 분쟁(?)에서 비롯되었다 해도 과언이 아니다.

그렇다면 그 고생은 장남과 차남이라는 자연의 순리를 역행하려 한 대가임에 틀림없다. 땅의 질서를 무시했기 때문에 받은 형벌로서의 갈등과 고통을 나는 내 자식 대에서 재연하고 싶지 않았다. 에브라임과 므낫세가 제2의 에서와 야곱이 된다? 그렇게 내버려둘 수는 없었다. 그래서 장남과 차남의 자리를 정해서 아버지 앞에 무릎을 꿇게 했는데, 아버지는 팔을 어긋나게 해서 축복을 하려 했으니 내 어찌 가만있을 수 있었겠는가. 내 평생을 통해 잊히지 않는 그 흥분은 그렇게 예기치 못한 순간 나를 기습했다.

나는 아버지께 대든 그 무례와 실수(?)를 잊을 수가 없다. 그토록 흥분했던 이유에 대하여 분명하게 알고 싶었다. 인제 와서야 나는 그 이유를 선명하게 느낀다.

내게는 땅의 질서가 우선이었고 더 소중했던 것 같다. 노인과 선배와 장남은 그 이유만으로도 존중받아야 한다고 생각했던가 보다. 아버지를 보면서 그런 질서를 더 존중하는 삶을 다짐했는지도 모르겠다.

지금도 그 자체에 문제가 있다고 보지는 않는다. 문제는 집착이었고 치우침이었다. 나의 실수는 그것에 얽매여 영적인 질서가 있다는 사실을 망각했다는 데 있었다.

이 땅에는 엄연히 하늘의 질서가 공존하고 있다. 나의 신앙은 하늘의 질서와 땅의 질서 사이에 충돌이 없는 상황에서만 문제가 없는 그런 신앙이었던 것이다. 선배와 노인을 존경한다는 것, 그분들을 위해 희생하고 양보한다는 것은 아름답고 합당하다. 그러나 나의 경우처럼 그것이 하나님의 질서를 못 받아들이게 하는 방해물이 된다면 그건 분명 문제다. 그래서는 안 된다.

온전한 신앙이란 이 땅에 공존하고 있는 하늘의 질서를 의식할 때만 가능하다. 그 질서를 따라 사는 자만이 거기에 도달할 수 있다. 따라서 어떻게 하늘의 질서와 땅의 질서를 분별할지, 그리고 조화를 이룰지를 아는 것, 나는 그것이 오늘의 우리에게 꼭 필요한 지혜가 아닐까 반문해 본다.

4.
꿈꾸게 하시는 하나님

에덴동산의 아담과 하와도 피곤할 땐 졸았을까. 밤에는 우리처럼 잤을까. 아마 그랬을 것이다.

이런 질문 같지 않은 질문으로 나의 소년 시절은 꽤나 심각했다. 천국과 다를 바 없는 에덴동산 안에서도 피곤하면 졸리고 밤이 되면 잔다는 사실이 어린 내게는 너무 신기했다. 죄가 없는 아담도 꾸벅꾸벅 졸 수 있다는 사실을 처음 알았을 때, 나는 놀랐다. 너무!

"그렇다면 자거나 조는 건 죄가 아니란 말인가?……"

그러나 나의 진짜 관심은 그게 아니었다. 천국에서도 잠을 잤다는 사실이 놀랍기는 하지만, 내 호기심은 그 정도로 만족할 수는 없었다. 그보다 꿈에 더 큰 흥미를 느꼈기 때문이다.

꿈속에서 실컷 오줌을 누다가 이불에 세계지도를 그리는 날에는, 그래서 호된 꾸지람을 듣는 날에는 늘 이런 생각을 했다.

'노아 할아버지나 에녹 할아버지도 꿈을 꾸었을까? 그분들도 어렸을 때는 나처럼 꿈 때문에 오줌을 쌌을까? 도대체 사람들은 언제부터 꿈을 꾼 것일까? 혹시 바벨탑 사건으로 화가 난 하나님이 인간에게 벌로 꿈을 내리신 것은 아닐까? 아아, 꿈 없는 세상에서 한번 살아 봤으면……'

이 문제에 대한 답은 쉽게 얻을 수 없었다. 아버지는 물론 이삭 할아버지께도 귀찮을 정도로 물었다. 그러나 두 분의 대답은 언제나 신통치 않았다.

모든 얘기들을 종합한 결과, 내가 내린 결론은 이렇다.

첫째, 아담으로부터 고조부 데라 할아버지까지는 꿈을 꾸지 않으셨다. 적어도 신앙과 관련되거나, 비전 또는 하나님의 섭리를 나타내는 도구로 꿈이 사용된 흔적이나 기록은 없다. 그 결론을 개꿈에까지 적용하여, "데라 할아버지 이전까지 인류는 어떤 꿈도 꾸지 않았다"라고 주장해도 될는지는 모르겠다.

둘째, 이건 대단히 중요한 발견인데, 인류 역사상 최초로 꿈과 관련된 사람은 믿음의 조상이며 나의 증조할아버지이신 아브라함이다. 그것도 극적이며 결정적인 상황에서 꿈을 꾸셨다.

오해를 피하기 위해서 부연하자면, 인류 최초로 꿈을 꾼 사람은 그랄 왕 아비멜렉이다. 그럼에도 아브라함 할아버지를 앞자리에 놓는 것은, 하나님이 그 꿈을 통해 사라를 아비멜렉에게서 빼앗아 아브라함에게 되돌려주셨기 때문이다. 세계 최고의 절세미인을 품에 안을 수 있다는 행복감에 취해 잠자리에 든 아비멜렉 왕에게 하나님은 죽음의 사자로 직접 나타나셨다. 눈을 부릅뜨시고!

"너는 죽어야 하리라. 함부로 다른 이의 아내를 데리고 와 잠자리를 같이하려고 하다니, 이 여인이 결혼한 몸이란 사실을 넌 몰랐단 말이냐!"

"주님. 주께서는 아무런 잘못도 하지 않은 사람까지 죽이시렵니까? 아브라함이 제게 분명히 말했습니다. 이 여인이 자기 누이동생이라고 말입니다. 또 이 여인도 그를 자기 오라비라고 했습니다. 그리고 아직은 사라를 범하지 않았습니다. 정말입니다. 제겐 잘못이 없다구요."

"그래, 내가 그걸 알기에 이렇게 나서지 않았느냐. 그러니 여인을 남편에게 돌려보내라, 지체 없이! 예언자인 남편이 너를 위해 기도할 것이다. 그 기도를 듣고서야 너를 살려 줄 것이야."

마지막으로, 꿈이란 하나님이 주시는 것이다. 나는 이 점을 특히 강조하고자 한다. 꿈에 관한 한은 '원조'라 해야 할 아비멜렉의 입장에서 보아야 한다. 그는 그 꿈을 결코 원치 않았다. 오히려 정반대였다. 꿈은 그의 핑크빛 바람에 대한 저주였다. 꿈에는 원래부터 이렇게 인간의 기대와 계획을 좌절시키는 속성이 있다.

꿈이 전적으로 인간의 것이라면 아비멜렉의 경우처럼 황당무계한 낭패란 절대 없었을 것이다. 하나님은 꿈이 그분 자신으로부터 주어지는 것임을 보이기 위해 인간의 계획이나 소망을 때때로 밀쳐 버리신다.

첫째, 둘째, 그리고 마지막이라…… 나도 늙긴 늙었나 보다. 치매 증상이 없는 것은 분명한데 이렇게 설교조로 한 주제를 장황하게 늘어놓다니!

내가 어려서부터 꿈에 지대한 관심이 있었던 것은 순전히 아버지 때문이다. 오줌으로 세계지도를 그리던 코흘리개 시절부터 나는 아버지가 들려주시는 꿈 이야기를 들으며 컸다. 그렇지 않고서야 어떻게 내가 태어나기도 전, 그것도 그랄 왕 아비멜렉이 꾼 꿈의 내용까지 속속들이 알 수 있었겠는가.

꿈! 그건 우리 아버지의 마르지 않는 이야기 샘이었다. 꿈 이야기를 하실 때면 아버지는 항상 흥분해 계셨다. 우리 형제들은 집 밖에서도 그걸 알아차릴 수 있었다. 아버지의 목소리가 워낙 컸기 때문이다. 신기한 것은 아버지가 술에 취하지 않고서도 (꿈 이야기에 관한 한) 같은 이야기를 계속해서 반복하셨다는 사실이다. 마치 '싫증'이란 두 글자를 전혀 모르는 분처럼.

하나님께서 꿈을 통해 당신이 장차 하실 일을 아브라함에게서 직접 나타내셨음을 우리는 알고 있다. 그러나 아브라함 증조할아버지께서 직접 꿈을 꾼 것이 아니기 때문에 아버지에 비할 수는 없다. 아버지 야곱은 하나님이 주신 꿈을 몸소 체험했고, 더군다나 꿈속에서 천사를, 하늘에까지 닿는 사다리를 보았다. 하나님의 음성을 들었고, 그분의 영광스러운 모습도 보았다. 이런 일이 생애 단 한 번이 아니었다.

복도 많은 우리 아버지! 하나님은 어쩌자고(?) 다른 사람에게는 한 번도 주시지 않은 꿈을 아버지에게는 그렇게도 여러 번 주셨는지. 그것도 하나님이나 그분이 보낸 천사가 등장하는, 누가 보아도 신령한 영적 꿈을 말이다.

내가 아는 한 하나님께서 주신 것이 분명한 꿈은 아담으로부터 우리 아버지 야곱에 이르기까지, 그러니까 약 2천 년 동안 단 다섯 차례뿐이었다. 그중 네 번이 아버지와 직·간접으로 연관된다. 사정이 이러하기에 내가 '꿈쟁이 요셉'을 사양하는 데는 이견의 여지가 없다.

내가 열일곱 살 때 꿈을 꾸고 그렇게 흥분해서 형들이나 아버지에게 그 사실을 알리는 데 열을 올렸던 것은, 인류 역사상 하나님이 주신 꿈을 꾼 세 번째 사람이 되었기 때문이다. 아비멜렉, 우리 아버지, 그다음이 나다. 꿈의 횟수로 따지자면 여섯 번째 꿈을 꾼 주인공이 되는 것이고.

나도 다른 사람들처럼 소위 개꿈은 수없이 꾸었다. 그러나 이 꿈은 달랐다. 사람들이 내가 꾼 꿈 때문에 나를 부러워함을 알고 있다. 그들은 내가 꾼 꿈에 무슨 신통력이 있어서 그 꿈이 나를 대 이집트 제국의 총리로 만들었다고 굳게 믿고 있음도 알고 있다. 그러나 내가 흥분한 진짜 이유는 단언컨대 꿈의 내용이 아니다. 따라서 내가 이 꿈을 소중하게 품고 평생을 살았던 것도 꿈의 내용 때문이 아니었다. 극단적으로 말하면 하나님이 주신 꿈의 내용이나 이유를 모른다 해도 나에게는 별 상관이 없었다. 왜냐하면 내가 꾼 꿈의 역사성과 희소성의 가치만으로도 하나님의 특별하신 부르심에 선택된 것이 분명했고, 그것만으로도 세상을 가치 있게 살아가기에 충분했기 때문이다.

그러나 그 꿈의 내용에 감격하여 자랑했을 때, 그 결과는 의외였다. 형들은 폭발 일보 직전 그 자체였다.

"네가 정말 우리 왕 노릇을 할 셈이냐? 다시 한번 말해 봐라. 우리들이 묶은 곡식 단이 네 곡식 단에 절을 했다고? 그게 무슨 뜻이냐. 우리가 왕에게 하듯 네게 절을 한다 이거야? 기가 막혀서. 저놈의 새끼가 아버지를 믿고 간덩이가 완전히 부었네, 부었어!"

그러나 그때는 몰랐다. 나에 대한 아버지의 편애 때문에 형들이 그렇게 깊은 상처와 분노를 느끼고 있었는지는. 그도 그럴 것이 평소에 형들은 내 인사도 받아 주지 않을 정도로 냉담했으니까. 그게 다반사였으니까. 그 때문에 난 내 꿈 얘기에 대한 형들의 반응을 보며, '저러다 말겠지' 했다.

그 일이 있고 한 달이 지난 어느 날, 나는 또 꿈을 꾸었다! 전에 보였던 형들의 반응이 마음에 걸리긴 했지만, 나는 꿈에서 깨어난 바로 그날 아침 식사 때 꿈 이야기를 했다. 가족이 모두 모인 바로 그 자리에서. 제일 먼저 반응을 보인 건 성미 급하기로 둘째가라면 서러워할 시므온 형이었다. 내 얘기가 끝나기도 전에 형은 숟가락을 내동댕이치며 일어섰다.

"이런 씨팔, 저놈의 새끼, 또 그 꿈 타령이네. 야, 이 새끼야! 밥맛 잡치게 아침부터 그 개소릴 해대지 않으면 난리라도 나냐! 그따위 소리 한 번만 더 해 봐. 아가리를 콱 찢어 버릴 테니까……."

아버지도 이번만은 내 편이 아니었다. 나는 내게 그토록 화를 내시는 아버지를 일찍이 본 일이 없었다.

"이놈의 자식. 네가 꾼 꿈이 무엇이냐. 그래, 나와 네 형들이 네게 절을 해? 그것도 땅에 엎드려서? 아무리 철이 없어도 그렇지, 원……."

그러나 시므온 형을 비롯한 형들과 아버지께서 보인 그날 아침의 반응은 약과였다. 형들이 있는 도단(Dothan)까지 찾아간 나에게 이를 갈며 던진 그 소름 끼치는 말을 나는 참으로 오랫동안 잊을 수 없었다. 수많은 나날을 나는 살기 어린 형들의 그 표정과 말투에 시달렸다.

"어이구, 우리 꿈쟁이 아우님이 이 먼 곳까지 웬 행차셔!"

"잇사갈! 집어치워 이 새끼야. 아우님은 무슨 말라비틀어진 아우님! 꿈쟁이, 너 잘 만났다. 오늘 내 손에 죽어 주는 거야. 알겠어? 어디, 아버지를 한번 불러 보시지!"

경호실장 보디발 장군 집의 노예로, 그리고 죄수로 있던 13년 동안 나는 얼굴도 모르는 아비멜렉 왕을 자주 생각했다. 그럴 때마다 내 기분은 '영 아니었다.' 꿈은 실제와 정반대라는 한마디가 얼마나 나를 갖고 놀았던지! 그 시절, 꿈은 내 희망이 아니었다.

꿈을 믿고 현실을 이겨 내기에는 고통 그리고 연단의 시간이 너무나 길었다. 그렇기 때문에 나는 하나님께만 감사를 올리고 싶다. 그 인고의 시간 동안 나를 세운 것은 내가 아니었다. 꿈도 아니었다. 꿈보다는 꿈을 주신 하나님이 나를 지켜 주시고 견딜 힘을 주셨던 것이다. 꿈이 필요 없다거나, 꿈이 아무런 도움이 안 되었다는 말은 아니지만, 꿈이 불가능해 보이는 그때에도 하나님께 소망을 두는 것이 얼마나 소중한지를 말하고 싶은 것이다. 또한 하나님이 주신 꿈만이 마침내 이루어진다는 사실을 힘주어 말하고 싶은 것이다.

5.
벗겨진 옷,
찢긴 내 옷

가슴이 뭉클해지지 않고서는 입에 담을 수 없는 단어 하나가 나에게 있다. 내 비록 열일곱 살에 모국어를 빼앗기고 한평생을 이집트어로 말하며 살아왔지만, 그래서 유창하게 히브리어를 구사하지 못하지만, 그 단어만큼은 또렷이 기억한다.

케토넷!

그렇다. '옷'이라는 뜻의 히브리말이다. 나는 그 '옷'이란 단어 앞에서는 본능적으로 예민해진다. 나를 눈여겨본 사람은 '케토넷'을 발음할 때 나의 표정이 순간적으로 굳어짐을 보았을 것이다. '옷'에 대해서라면 밤을 새워도 모자랄 만큼 내게는 할 말이 많다.

우리 히브리인들에게 옷이란 몸의 수치스러운 데를 가리거나 추위를 막아 주는 용도 그 이상이다. 어느 민족이 안 그렇겠느냐만, 우리들에게는 특히 더 중요하다.

따지고 보면 나에 대한 형들의 미움과 질시도 그 소매 달린 긴 채색옷 때문이었다. 물론 그 발단은 아버지의 눈에 띄는 편애였지만, 형들의 심기는 그 옷 때문에 더욱 불편해졌다. 만약 아버지가 그 값비싼 옷을 내게 지어 주지 않으셨다면 우리 형제들의 골 깊은 갈등과 좌절은 없었거나, 설혹 있었다 해도 갈 데까지 가는 일은 없었을 것이다.

솔직히 그때는 몰랐다. 너무 어렸던 나는 그 화려한 채색옷이 마냥 좋기만 했다. 그러나 형들은 달랐던 모양이다. 특히 르우벤 형과 시므온 형은 내 옷에 더 민감한 반응을 보였다. 왜냐하면 그들은 장남이었기 때문이다.

'그들은 장남이다'란 표현이 이상할 것이다. 착각한 게 아니냐고? 그렇지 않다. 우리 집 장남인 르우벤 형. 그에게는 절대로 저지르지 말았어야 하는 과거의 실수가 있다. 단과 납달리 형의 엄마요 아버지의 아내인 빌하 작은어머니와 넘어서는 안 될 선을 넘었기 때문이다. 그 뒤 굳이 형을 대하는 아버지의 냉담함이 아니더라도 우리 식구들은 알고 있었다. 르우벤 형의 장자권은 물 건너간 것이라고! 그렇다면 그 장자권이 누구에게 가겠는가. 물어보나 마나 시므온 형이다. 르우벤 형은 '그래도 설마……' 하고 있고 시므온 형은 나름대로 장자 행세가 익숙해질 무렵, 그들 앞에 강력한 장남 후보로 내가 나타난 것이다.

아버지가 내게만 소매 달린 긴 채색옷을 해 주었을 때, 아버지는 무심결에 장자권을 누구에게 물려줄 것인지를 드러내고 마셨다. 물론 아버지는 별 의도 없이 그랬을 수 있다. 그렇지만 아버지의 행동은 오해의 소지가 충분히 있어 보였다.

소매 달린 긴 채색옷이 어떤 의미인가. 우선 그 옷은 작업복이 아니다. 평상복도 아니다. 굳이 이름을 붙이자면 정장이고 외출복이다. 그러나 아버지께서 내게 해 주신 그 옷은 용도가 중요한 게 아니다. 소매가 달린 옷은 아무나 입을 수 있는 옷이 아니기 때문이다. 그건 왕이나 주인(Lord)의 옷이다. 따라서 그 옷은 신분과 직결된다. 왕이 즉위하거나 신하가 큰 공을 세웠을 때는 어김없이 소매 달린 긴 옷을 입혔다. 물론 왕의 옷과 신하의 옷이 다르긴 했지만.

이렇게 볼 때 형들의 반응은 결코 무리가 아니었다. 더구나 나의 채색옷은 저 멀리 중국에서 수입된 것이었고, 한 벌이 아니라 여러 벌이기까지 했으니 어찌 안 그랬겠는가. 장자권을 위해 목숨까지 건 아버지의 옛날얘기를 들으면서 뼈가 굵어진 우리 형님들이, 어찌 막내나 다름없는 열한 번째에게 장자권을 날로 빼앗길 수 있었겠는가.

언제부터인가 우리 민족에게는 참 이상한 관습이 생겼다. 이런 면에서 이집트 사람들은 우리와 많이 다르다. 우리는 너무 기가 막힌 일을 당하거나 슬픔이 극에 달하면 옷을 찢는다.

잘 알겠지만 우리 집안은 목축업을 한다. 그래서 집을 떠나 사막이나 들에서 잘 때가 많다. 그때 우리는 입고 있던 옷을 이불 대신 덮고 잔다. 우리의 옷은 펼쳐 놓으면 이불처럼 네모반듯해지니까. 그래서 우리 옷은 이불 역할을 고려해 천이 투박하고 두껍다. 바로 그 옷을 찢는 것이다!

엉큼한 상상은 그만두시라. 아슬아슬할 정도까지 찢는 것은 아니니까. 이곳 이집트와 달리 속옷 문화를 가지고 있지 않은, 그러면서도 엄격한 법도를 지키는 우리가 속살을 내보이겠는가. 더욱이 그 옷을 갈기갈기 찢고는 외출도 못 하고(여벌 옷이 없으니까), 잠을 잘 수도 없다(이불이 없으니까). 그래서 우리는 옷을 찢을 때 목부분을 잡고 아래로 약간 찢는다.

내가 평생을 두고 하나님께 감사하는 것은 백십 평생 단 한 번도 옷을 찢을 일이 없었다는 것이다. 아니, 그럴 만한 극한 상황이나 슬픔 속에 나를 쑤셔 넣지 않으셨다. 히브리인으로 한평생을 살면서 옷을 찢을 일이 단 한 번도 없다는 건 말처럼 쉬운 일이 아니다. 위치나 일의 성격으로만 본다면 이집트의 총리로 평생을 산 나에게 옷을 찢을 일이 더 많았어야 옳다. 그러나 하나님은 내 인생을 그렇게 방치하지 않으셨다. 하기야 고생은 좀 했다. 버림을 받고 노예로 팔리기도 했고, 강간 미수범이라는 수치스러운 죄명으로 형을 살기도 했으니까. 하지만 견딜 수 없는 슬픔이나 좌절은 없었다. 하나님께서 그런 일만큼은 막아 주셨기 때문이다. 그분께서 함께해 주신 결과라고 믿고 감사할 따름이다.

하지만 아버지나 르우벤 형이, 내가 이집트로 끌려갔을 때 나를 위해 옷을 찢었다는 그 뭉클한 이야기까지 피할 수는 없었다. 총리가 된 나에게 두 번째 곡식을 사러 왔을 때, 괴로움을 못 이겨 저마다 옷을 찢는 형님들의 모습도 안 볼 수 없었다.

그렇다. 이 세상 어디를 간들, 어떤 일을 한들, 혼자 사는 것이 아닌 바에야 그런 슬픔과 기막힘으로부터 완전히 자유로울 수 있겠는가. 오히려 그 슬픔과 오해들 가운데서 인생은 깊어지고, 하나님의 사랑과 축복에 머리 숙인 감사로 반응할 수 있는 게 아니겠는가.

인생을 다 살고 보니 우리에게 허락하신 하나님의 모든 것이 다 쓸모 있고 아름답게 느껴진다. 오해도, 수치도, 슬픔도, 저 하늘의 참새 한 마리부터 저 바다 밑의 물고기 한 마리까지도 다 그 자리에 있어야 한다는 생각이 든다. 그들이 말하게 해야 한다. 아니, 그들의 거짓 없고, 과장할 줄 모르고, 이랬다저랬다 하지 않는 말을 들어야 한다. 하나님께서 저들을 통해 하시는 말에 귀를 기울여야 한다.

아까도 말했지만 가장 깊은 고통 가운데서 우리 민족은 어김없이 옷을 찢는다. 한때 나는 찢을 옷이라도 있는 사람들이 부러웠다. 내게는 찢을 옷마저 없었으니까. 고통의 순간마다 내게는 옷이 없었다. 내가 당한 최악의 순간은 그렇게 벌거벗겨졌을 때다. 내 의사와 무관하게 옷이 벗겨졌고, 찢겼고, 옷을 빼앗겼다. 더군다나 그 옷은 더 큰 음모와 범죄에 이용되기까지 했다. 찢을 옷이 없는 나로서는, 수치스럽게 맨살을 드러내고 벌건 대낮에 사람들(아무리 형들과 내 밑의 노예들이라고는 하기만) 앞에 선 나로서는, 더 이상 할 수 있는 게 아무것도 없었다!

우리 집이 있던 헤브론 골짜기에서 형들이 양 떼를 몰고 떠난 세겜까지는 200리, 그러니까 80킬로미터나 되는 거리였다. 열일곱 살의 나이에 그 먼 거리를 다녀오겠노라고 선뜻 대답하는 것은 쉽지 않았다. 아무리 일찍 떠나고 빨리 걸어도 하룻밤을 자고 이튿날까지 꼬박 걸어야 하는 거리란 것쯤은 어린 나도 알고 있었기 때문이다.

아버지 앞에서 입 밖에 내지는 않았으나, 나는 무서웠다. 그래서 주저했던 것이다. 그러나 형들의 안부를 아버지께서 왜 그토록 걱정하시는지를 다 듣고 난 연후에는 안 갈 수 없었다.

형들에 대한 아버지의 염려는 생명과 직결되어 있었다. 1년 전 시므온과 레위 형이 한 성의 모든 남정네를 몰살시킨 곳, 더나가 더럽혀진 곳, 주변 성들의 보복이 두려워 우리 온 가족이 야반도주한 곳이 바로 세겜 성이기 때문이다. 그러고 보면 우리 형들의 배짱도 알아주어야 한다.

내가 그곳에 도착했을 때 형들은 세겜 근처에 없었다. 세겜의 목초가 시원치 않았던지 형들은 산간 지방을 따라 도단까지 갔다고 했다. 세겜에서 도단은 60리 길이다. 내 입장에서는 도단까지 갈 이유가 없었다. 형들이 도단으로 간다는 메모를 남긴 것도, 혹시 동생이 찾아오면 도단으로 오라고 당부해 둔 것도 아니었으니까. 세겜을 샅샅이 뒤졌으나 없다고 하면 그만이었다.

그러나 아버지의 걱정도 있었지만 나도 은근히 형들이 걱정되었다. 그래서 형들을 찾아갔다. 형들도 도단에 나타난 나를 보고 놀랐으리라. 일말의 양심이 있었다면, 아니 아니, 아버지의 피를 함께 나눈 동생이란 의식이 조금만 있었다면 내 행동에 감격했으리라. 그러나 그러지 않았지.

"어이구, 저 꿈쟁이 자식! 죽여 버리자. 그 왜, 우리 텐트 뒤편의

물이 마른 웅덩이 있지? 거기다가 처넣어 버리자구. 아버지한테는 들짐승한테 잡아먹힌 것 같다고 하면 돼. 누가 알겠어?"

형들은 다짜고짜 내 옷을 벗겼다. 그 옷을 짓밟기 시작한 건 레위 형이었고, 그 옷을 갈기갈기 찢기 위해 밟지 말라고 말린 건 납달리 형이었다. 그들은 그렇게라도 해야만 속이 풀릴 것 같았던 모양이다. 유다 형은, 그래도 동생인데 죽일 것까지는 없지 않겠느냐고, 돈이나 받고 팔자고 제안했다. 내 옷에 짐승 피를 묻혀 아버지를 속이자는 그럴싸한 음모와 함께 말이다.

그렇게 내 옷은 벗겨졌다. 나는 왜 내가 그런 수모를 당해야 하는지 몹시 궁금했다. 정말 무슨 죄 때문에 내게 그런 일이 일어나야만 하는지도 알고 싶었다. 하지만 오랫동안 알 수 없었다. 그 의문이 풀린 것은 이집트 대왕 파라오 앞에 섰을 때였다. 왕이 친히 반지를 끼워 주고 세마포 옷을 입혀 주실 때, 비로소 나는 깨달았다.

'하나님의 영광을 위해서도 옷은 벗겨진다'는 것을.

6.
입술이 떨려도 진실만은

 세상에 하고 싶은 말을 다 하고 사는 사람은 없다. 아니, 그래서는 안 된다. 사람이라면 누구든 해서는 안 될 말이 있는 법이다. 가려서 말할 줄 알아야 하고, 말의 격식도 따질 수 있어야 한다. 그게 사람다운 사람이 아니겠는가.
 이걸 모르는 사람이 어디 있겠냐만, 현실에서 사람과 사람 사이에 제일 제어되지 않는 것이 또한 말이다. 우리가 받은 상처의 대부분은 안 들었어야 할 말들로부터 온 것이다. 우리의 가슴은 또한 털어놓지 못하는 말로 인해 얼마나 스트레스를 받았던가. 오죽하면 "벙어리 냉가슴 앓는다"라는 말이 생겨났을라구!
 내가 물설고 낯선 이집트 땅에 내동댕이쳐져 처음 부딪힌 문제는 말이었다. 의사소통이 안 되었으니까.
 차분히 외국어를 배울 수 없는 노예인 내게, 그들이 안겨 준 것은 심한 구박과 매질이었다. 자기들도 할 일이 태산인데 나에게 말까지 가르쳐야 하니 얼마나 짜증이 났겠는가. 그러니까 나는 이 집트어를 머리로 깨우친 게 아니라 몸으로 배웠다. 터지고 시퍼렇게 멍이 들면서!

그런데 외국어를 터득하는 것보다 더 어려운 게 있었다. 해서는 안 될 말과 해도 될 말, 보고도 못 본 척해야 하는 일들, 그리고 행동으로 조심해야 하는 것들을 익히는 일이었다. 해선 안 될 말이 왜 그렇게도 많은지, 이건 아예 할 말보다 해서는 안 될 말이 더 많게 느껴질 지경이었다.

체질상 말을 속에 담아 두고는 단 하루도 못 견디는 사람이 나였다. 바로 그런 성격 때문에 고향 헤브론에 있을 때 단과 납달리, 갓, 아셀 형의 비리를 아버지께 말씀드릴 수밖에 없었고.

꿈을 꾸었을 때도 마찬가지였다. 사람들은 형님들이 모두 내게 절을 한 꿈 내용 때문에 내가 흥분한 것으로 알고 있지만, 사실은 그렇지 않다. 나는 그때 증조부 아브라함과 아버지 야곱의 뒤를 이어 바로 내가, 하나님의 섭리를 드러내는 수단인 꿈을 꾸었다는 사실 때문에 흥분했던 것이다.

이 역사적인(?) 대 사건 앞에서 형님들의 신경질이나 핀잔은 문제가 아니었다. 그 정도로 침묵할 일도, 그런 나도 아니었기 때문이다. 그런 것까지 생각했다면 아버지까지 내게 절을 한 두 번째 꿈 이야기를 모두 모인 아침 식사 자리에서 했겠는가. 그것도 더 큰 꾸중 들을 게 불을 보듯 뻔한 자리에서! 이렇게 성격으로 보나 신분으로 보나 말에 대하여 자유로웠던 나였기에, 초기 이집트 생활의 어려움은 이미 예고된 것이었다.

누구나 그렇겠지만, 살아가는 동안 오래 잊히지 않는 일은 가장 어려웠던 순간들이다. 물론 내 기억 속에 아직도 생생한 사건은 보디발 장군 지하감옥에서의 3년이다. 그때는 정말 모든 게 어려웠다. 끊임없이 긴장해야 했고, 밤이면 밤마다 추위와 싸워야 했다. 간수들의 살인적인 매질과 질병은 심심찮게 송장을 거두게 하였다. 그 지하감옥이란, 말 그대로 생사의 갈림길이었다. 나는 그래도 나은 편이었다. 간수장의 신임을 받았기 때문이다. 덕분에 내게는 어느 정도의 자유가 있었고, 간수들도 경우에 따라서는 내 눈치를 보는 판국이었다.

그러나 감옥은 감옥일 뿐 그 이상은 아니었다. 아무리 편해지고 아무리 자유로워도 보디발 장군 집의 노예로 있기보다 못한 곳이 감옥이었다. 고문과 신음 소리, 욕설과 살기를 보고, 듣고, 느끼지 않으면 오히려 불안하여 잠을 이룰 수 없는 곳이 그곳이다. 그러나 그런 것들도 견딜 만했다. 술 맡은 시종장관과 빵 맡은 시종장관과의 운명적 만남에 비교한다면.

우리의 삶이란 그렇게 마음먹은 대로 되어 주질 않는다. 내가 노예가 된 것은 내 의지와 무관했다. 아니, 불가항력이었다. 나는 말 그대로 바닥에 던져졌다. 나는 히브리의 노예가 아니라 이집트의 노예로 팔렸다. 이집트어라곤 한마디도 모르는데 말이다.

그뿐이 아니다. 나는 체질적으로 시끄럽고 과격한 것을 싫어한다. 그래서인지 운동보다는 사색을 즐기는 편이다. 노동이 싫지는 않으나 지적인 일을 할 때 더 편안함을 느낀다. 그러나 노예에게 그런 자질들은 쓸모가 없다. 도움은커녕 매사에 걸림돌이 된다.

노예에게 요구되는 것은 단순한 사고와 건강한 육체다. 그러나 그 분야에서 나는 너무 무기력했다. 현실의 요구에 부적격했으나, 노예라는 굴레를 벗어날 수도 없었다. 스스로 목숨을 끊지 않는 한 나는 노예여야 했고, 내 적성이나 능력과는 무관하게 노예에게 부과되는 일을 해야 했다. 선택의 여지가 없었다. 이렇게 내 삶은 철저하게 내던져진 것이다.

사실 적성이 안 맞아 못하겠다느니, 건강이 안 따라 주어서 노동만은 할 수 없다느니 하는 말은 해서는 안 되는 말인지도 모른다. 굶어 죽을 만큼의 가난 앞에서, 노동은 적성이나 체력 따위로 하는 게 아니다. 선택의 여지가 없으니 하는 것일 뿐! 노동, 노동만이 요구되는 것이다.

그렇다. 적성에 맞아서 "3일 후 당신의 목은 단칼에 베어져 나무 위에 매달릴 것이다"라는 끔찍하고 저주스러운 말을 하는 사람이 어디에 있겠는가. 그러나 나는 해서는 안 될 그 엄청난 말을 해야 했다. 더군다나 내가 그 말을 해야 하는 상대는 나처럼 노예가 아니었다. 강간 미수 같은 추잡스러운 죄명으로 투옥된 잡범도 아니었다. 그 어른은 대 이집트 제국의 대왕 파라오의 세 끼 식사와 궁중 음식을 책임진 장관이었다.

노예인 나로서는, 그것도 주인마님을 강간하려다 미수에 그쳤다는 죄명을 달고 있는 외국인 노예로서는 그들을 똑바로 쳐다볼 수도 없었다. 억울하지만 그게 내 신분이며 처지였다. 그 어른에게, 더군다나 살인이나 흉악한 범죄를 저지르지도 않은 분에게 3일 후 죽을 것이라는 얘기를 해야 한다는 것, 이건 결코 사람이 할 짓이 아니었다.

그러나 나는 해야 했다. 그것이 거역할 수 없는 하나님의 뜻임을 알았기 때문이다. 그 말을 반드시 해야 한다는 사실도 문제였지만, 즉시 해야 한다는 데 그 심각성이 있었다. 그 곤혹스러운 자리를 피해 몸을 숨길 만한 곳도 없었다. 술 맡은 장관님의 꿈이 길하다는 얘기를 들은 그 어른의 성화가 이만저만이 아니었기 때문이다.

하나님의 뜻을 다시 확인하기 위해 기도 시간이 필요하다는 변명을 하며 사정해서 겨우 약간의 시간을 얻었다. 절대 길지 않은 그 시간이 내가 숨을 고르고 마음을 다질 시간의 전부였다. 그러나 그 짧은 시간은 내 생애에서 가장 길고 곤혹스러운 시간이었다. 또한 잊을 수 없는 시간이기도 했다.

빵 맡은 시종장관의 처형은 하나님께서 그에게 주신 꿈대로 일어났다. 그분은 그 꿈을 꾼 후 정확히 3일 만에 돌아가셨다. 꿈에서처럼 그렇게 공개 처형으로 나무에 매달려 참수당했다. 감옥에 있는 내가 직접 볼 수는 없었지만 내 눈에는 선했다. 그분이 내게 하던 꿈 이야기가 너무도 생생했기 때문이다.

이 사건은 내게 참 많은 것을 가르쳐 주었다.

무엇보다도 중요한 교훈은 할 말은 해야 한다는 진리다. 목에 칼이 들어와도 할 말을 하는 것이 문제의 진정한 해결법임을 배웠다. 아울러 할 말과 해서는 안 될 말의 기준 또한 깨달았다. 이게 중요하다. 아직도 많은 사람들의 기준은 '나'이다. 내 생각, 내 체면, 내 이익이 기준이 된다. 그래서 사람들은 많은 경우 해야 할 말은 해서는 안 될 말로, 해선 안 될 말은 해야 할 말로 착각한다.

이제 와 생각해 보면, 내가 이집트 총리로 그렇게 장수할 수 있던 것은 아이러니하게 안 해야 할 말을 했기 때문이다. 만약 그때 내가 죽음이 두려워 하나님이 주신 꿈에 침묵했거나 딴소리를 했더라면, 그렇게 하나님이 주신 계시를 왜곡했더라면, 그 이후 나의 삶은 어떻게 되었을까? 생각만으로도 아찔하다.

이 사건은 내 눈을 뜨게 했다. 하나님의 뜻과 섭리가 드디어 보이기 시작했으니까. 그뿐만 아니라 하나님께서 당신의 뜻과 섭리를 이루시기 위해 주변의 환경과 사건들, 심지어 사람들까지 어떻게 들어 사용하시는지도 알 것 같았다. 역사와 역사의 목적, 그리고 역사의 배후에서 그것을 주권적으로 이루어 가시는 하나님의 의지와 강력한 힘도 느낄 수 있었고.

나와 우리 히브리 민족에 대한 하나님의 계획이 없었다면 나와 두 시종장관의 운명적인 만남은 필요 없었으리라. 인생의 종착역이라 할 수 있는 감옥에서는 더더욱 말이다. 또한 그분들이 같은 날 자신들의 운명을 결정할 꿈을 꾸어야 할 이유도 없었을 테고. 같은 날, 같은 장소, 같은 내용, 그리고 3일 후에 있을 파라오의 생일 잔치! 이것들 모두를 우연으로 치부하기에는 무리가 따른다. 그것도 아주 큰 무리가.

오로지 그분의 뜻을 이루기 위하여, 그러니까 내가 파라오를 만나게 하기 위해, 그래서 대왕의 꿈을 해석하고 총리가 되게 하기 위해 시종장관들은 나를 만나야 했고 꿈도 꾸어야 했던 것이다. 내가 만난 하나님, 나를 감동시킨 분은 그런 분이다.

흔히 사람들은 너무 자주 하나님의 은혜를 말하면서 '해서는 안 될 말'을 들먹인다. 하나님을 사랑하면서 어떻게 그렇게 심한 말을 입에 담을 수 있느냐는 것. 어떤 사람은 성격상 그런 말은 할 수 없다고 버티기도 한다. 상대방을 생각하면 할 수 없다는 것이다. 그러나 그런 것을 고려하여 해서는 안 될 말을 자신이 판단하는 것이 과연 옳은 것인가.

나의 경우, 역사에 눈을 뜰 수 있었던 것은 죽음을 감수하고 해야 할 말을 했을 때였다.

하나님의 섭리!

그것은 하나님 앞에서 상황이나 체질이라는 것들을 부숴 버릴 때 비로소 느낄 수 있다. 중요한 건 그분의 기준이고 뜻이지 우리가 아니다. 그렇다면, '입술이 떨려도 할 말은 해야 한다!'

7.
보디발 장군

보디발 장군을, 나는 특별히 세 번의 만남으로 기억한다. 노예인 나의 생살여탈권을 쥔 주인어른으로서가 첫 만남이었는데, 내 나이 열일곱 살 때였다. 그다음 만남은 강간 미수범으로 기소된 내 목숨을 살려 주셨을 때였다.

여기 이집트의 지엄한 법에 따르면 강간은 사형이다. 강간 미수도 곤장 1천 대로 다스려진다. 강간 미수범이라 할지라도 피해자의 고발이 있으면 사형을 면하지 못한다. 나는 피해자에게 물증까지 잡힌 상태에서 고발당했다. 더구나 재판장은 피해자라고 주장하는 여자의 남편이었다! 이 상황에서 살아난다는 것은 확률상 제로였다. 그러니 살아난 것만으로도 기적이었다. 그런 와중에 나는 장군을 다시 만난 것이다.

그러나 그분을 인격으로 만났던 세 번째 만남에 비교하면 앞선 두 번의 만남은 만남도 아니었다. 열일곱부터 스물아홉 살 때까지 알았던 보디발 장군은 보디발 장군이 아니었던 것이다. 그때까지의 그에 대한 나의 존경과 충성심은 너무 단순한 감정의 발로였는지 모를 일이다. 12년 동안을 누구보다 가까운 거리에서 그 어른을 모셨지만, 나는 그 어른을 좋아한 것이 아니라 그 어른이 준 것들로 즐거워했던 것 같다. 부끄럽지만 사실이다. 그렇기에 세 번째 만남이 더 소중하게 여겨지는 것이고.

내가 그 어른을 인격으로 만난 것은 총리가 되고 난 후다. 우둔한 나는 보디발 장군의 극진한 충성과 섬김을 받으면서야 비로소 그 어른을 신앙과 결부시킬 수 있었다. 나를 가정의 총지배인으로 세워 주었을 때 마땅히 그 어른을 알아보았어야 한다. 당시 그분이 입버릇처럼 하시던 말씀이 있다.

"요셉, 나도 처음엔 네 녀석이 복덩이인 줄로만 알았다. 네가 집에 온 뒤부터 모든 게 잘 풀리더구나. 물론 네가 일을 열심히 한다거나 정직한 사람이라는 것쯤은 나도 안다. 그런데 일이 잘되는 게 그것 때문만은 아닌 것 같더구나. 분명히 다른 뭐가 있었어. 나는 그게 네가 믿는 신이 너를 돕는 것이라고 생각한다. 그런데 네가 믿는 신은 보이지 않더구나. 말이 나왔으니 물어 보자. 네가 믿는 신은 어떻게 생겼느냐? 달이냐, 아니면 황소냐?"

"……."

이런 이야기가 그의 머릿속에서 나온 생각이 아니란 것을 진작에 알았어야 했다. 그 어른은 그때 벌써 나를 알아보았던 것 같다. 야훼 하나님의 '야' 자도 모르는 그는 내가 하나님의 사람임을 아셨는데, 나는 그가 하나님께서 내게 보내 주신 보호자요 구원자인 것을 몰랐던 것이다.

　목숨을 살려 주었을 때도 내 생각은 너무 인간적이었다. 나는 그가 사나이 대장부로서 노예인 나를 인간적으로 대해 주는 것이 눈물겹도록 고마웠다. 마지막까지 의리를 지키는 모습에 감동했다. 그게 전부였다.

　지금 생각해도 쉽게 납득되지 않는 부분이 있다. 잘 알려진 바와 같이 내가 처음으로 죽음 앞에 섰던 곳은 여기 이집트가 아니라 가나안의 도단 들판이었다. 사정없이 옷이 벗겨진 채 빗물을 저장해 두는 빈 웅덩이에 던져진 바로 그때에 처음으로 공포 속에서 죽음을 응시했다.

　그 죽음에서 날 살려 낸 것은 르우벤 형과 유다 형이었다. 유다 형은 굶어 죽을 것을 살려 냈고, 르우벤 형은 당장 돌로 쳐 죽이겠다는 형들로부터 나를 건져 주었다. 두 분 역시 나를 아버지 품에서 19년 동안이나 강제로 떼어 낸 형들이었지만 목숨을 건져 준 생명의 은인임은 분명했다. 그렇더라도 형들을 생각할 때마다 먼저 떠오르는 것은 감사가 아니었다.

　그러나 보디발 장군을 생각할 때는 달랐다. 마음속으로부터 밀고 올라오는 깊은 감사를 느꼈다. 똑같이 내 생명을 건져 준 은인인데도 말이다.

　물론 얼마 동안은 나도 보디발 장군을 이해할 수 없었다. 섭섭하고 서운했다. 형들은 처음부터 날 싫어했으니까 그러려니 할 수 있었다. 기대가 없으니 실망도 없었다고나 할까. 그러나 보디발 장군의 경우는 달랐다. 그는 노예 생활 중 나의 유일한 위로였고 소망이었다. 나는 하나님께서 그 어른을 통해 날 사랑하신다고 확신했다. 그 어른 또한 집안의 어느 누구보다 나를 신임하셨다. 그러므로 옥중에서 내가 받은 상처는 클 수밖에 없었다.

나도 남자라서 그 어른이 나를 감옥에 집어넣은 것까지는 이해할 수 있었다. 주인마님의 체면을 보아서라도 그렇게 할 수밖에 없었을 것이다. 내가 장군이었더라도 그 이상은 못했을 것이다. 그랬기 때문에 나는 투옥을 어렵게 받아들이지 않았다. 내 계산으로 투옥은 한 달 정도면 족했다. 그런데 그게 아니었다. 한 달, 두 달이 지나고 세 달이 넘어서도 나는 여전히 감방 신세였다. 별별 생각이 다 들었다. 삶 자체가 흔들리는 것만 같았다. 세상에 믿을 사람이 아무도 없는 것처럼 보였다. 아니, 나만 상처를 입는다는 생각이 점점 굳어져 갔다.

배신감에 몸을 떨며 세상을 비웃는 것에 익숙해질 무렵, 뜻밖에 장군께서 나를 급히 찾는다는 전갈을 받았다. 그것도 집에 있는 하인이 들고 온 전갈이 아니라, 보디발 경호대장의 전속 부관이 직접 들고 온 전갈이었다. 일의 사안이 다급하고 중요한 게 분명했다.

나는 간수장과 함께 보디발 장군의 사랑채로 불려 올라갔다. 먼저 간수장 어른에게 하교가 있었다. 잠시 후면 두 분 장관께서 잠시 죄수의 신분으로 투옥될 텐데 실수 없이 모든 걸 잘 준비하란 분부였다. 그분들이 장군과 친구라는 사실을 두 번씩이나 강조하면서 말이다. 다음은 내 차례였다.

"요셉, 고생이 많구나. 너도 방금 들었겠다만 두 분은 이 나라에 없어서는 안 될 귀한 어른들이시다. 그분들의 수종은 네가 들어라. 한 치의 착오나 실수도 없어야 할 것이야. 간수장은 이 애한테 다른 일은 일절 시키지 말게. 그리고 너 요셉, 신명을 다 바쳐 충성하도록!"

그날의 일은 극히 이례적이었다고 한다. 죄수의 몸인 나는 두말할 것도 없지만 간수장을 장군의 사랑채로 부르신 일이 이전에는 없었다는 것이다. 그날 일은 두고두고 생각이 났다. 강간 미수 사건에 대한 언급은 한마디도 없었다. 그러나 나는 그 어른이 나를 집무실로 불러 주고 두 장관을 섬기도록 한 배려 속에서 분명히 읽을 수 있었다. 그는 나를 버린 게 아니었다. 잊은 것도 아니었다. 나에 대한 신뢰도 여전했다. 나는 그 어른의 배려를, 무고한 나를 감옥에 가둔 것에 대한 미안함의 표현으로 해석했다. 정말 그랬는지 나로서는 알 길이 없지만.

이 문제에 관한 한 진실은 내게 별로 중요하지 않다. 그 사실을 확인할 수가 없었으니까. 어떻게 감히 내 궁금증을 그에게 드러내 보일 수 있었겠는가. 그저 그 어른은 그렇게 내게서 발견되고 있었다.

돌이켜 보면 110여 년을 살아오는 동안 참 많은 사람을 알았다. 그들에게 적지 않은 도움도 받았다. 그중에 하늘나라에 가서 꼭 만나고 싶은 사람이 있다. 그것도 제일 처음으로. 어머니라 예상할지 모르겠지만, 아니다. 아버지 야곱도, 할아버지 이삭도 아니다.

물론 그분들이 보고 싶지 않다는 뜻은 아니다. 내 말의 정확한 의도는 그분들보다는 조금 더 그 사람이 보고 싶다는 것이다.

보디발 장군. 그렇다. 그 어른이다. 나는 총리가 되고 난 후부터 오늘에 이르기까지 그를 잊은 적이 없다. 그는 언제나 내 가슴과 기억 속에 생생히 살아 있다. 왜냐하면 진정 내가 누구이며, 왜 이곳 이집트에 끌려왔고, 또 어떻게 총리까지 되었는지를, 그를 통해 깨닫기 시작했기 때문이다. 날 죽이려 했고 이집트로 팔아넘긴 형들 앞에서, 내가 "형님들이 나를 이집트로 팔아넘겼다 해서 걱정하거나 두려워하지 마세요. 우리 식구들 생명을 구해 주시려고 하나님께 나를 미리 이집트에 보내신 것 아닙니까?"라고 자신 있게 말할 수 있던 것도 보디발 장군 때문이었다.

재미있게도, 그는 내가 그 어른을 극진히 섬길 때 나를 발견했다. 내가 누구인지, 내가 누구로부터 사랑과 보호를 받고 있는지를 본 것이다. 나는 그 순간이 장군께서 자기가 누구인지를 발견하신 순간이었다고 확신한다.

또한 나는 확신한다. 그가 나를 발견하지 못했다면 노예였던 내게 그렇게 변함없는 충성은 못하셨으리라. 그는 총리란 나의 직책을 두려워하거나 거기에 무릎을 꿇지는 않으셨다. 그저 언제나 최선을 다해 나를 섬기셨다. 나는 어쩔 줄 몰라 하면서 끊임없이 생각했다. '왜 장군은 이토록 나를 극진히 섬기며, 왜 나는 총리가 되어야 했는가.'

그가 그러했던 것처럼 나 또한 그의 섬김과 사랑 속에서 나를 발견했다. 바로 그때, 내가 노예가 된 이유도, 감옥에 투옥된 이유도 알게 되었다. 아브라함 증조할아버지에게 약속하신 것을 지키시기 위해, 그리고 총리란 내 직책으로 우리 민족을 구원하시기 위해 야훼께서 그렇게 하셔야 했음을 나는 비로소 깨달은 것이다.

섬김!

이것이 자신을 발견하게 한다. 내게는 그랬다. 이것은 또한 교회도, 말씀도, 안식일도, 제사장도 없는 곳에서 하나님이 나를 지도하신 방법이었다.

이제 내가 확신하는 바로는, 하나님은 사람을 통해 그리고 섬김을 통해 우리에게 말을 걸어 오신다. 당신이 누구신지, 그리고 우릴 향한 당신의 뜻이 무엇인지도 말씀하신다. 그렇기 때문에 보디발 장군 그 어른은, 하나님께서 내게 보내 주신 '말씀'이었다.

8.
결혼식
전날 밤

요즈음 우리 집안의 관심사는 혼사 문제이다. 나의 맏아들 므낫세의 장남 결혼 얘기가 저쪽 집안과 오가고 있기에 하는 말이다. 그러니 생각나는 말이 있다. 아버지 야곱의 임종이 가까워 두 아들을 데리고 고센 땅으로 올라갔을 때 내게 하셨던 말씀이다.

"내가 생전에 다시는 너를 볼 수 없을 줄 알았다. 그런데 하나님께서는 이렇게 손주 녀석들까지 안아 보게 하시는구나. 우리 하나님의 은혜가 얼마나 크고 감사한지 모르겠다."

이제 얼마 안 있으면 나 또한 손자며느리의 큰절을 받게 된다. 감개무량하다는 말밖에는 달리 할 말이 없다. 모든 사람의 축복을 받으며 결혼할 손자 녀석은 그것이 하나님의 얼마나 큰 축복인지 알고 있을까. 기회가 닿는다면 손자 녀석의 혼례가 있기 전에 꼭 이 이야기를 들려주고 싶다.

이제는 까마득한 옛날 일이지만 내게도 결혼식이 있었다. 민망

할 정도로 많이 울었던 날이다. 아무리 어금니를 질끈 물어도 흐르는 눈물을 주체할 수가 없었다. 파라오와 왕궁 내의 만조백관, 또 외국의 외교 사절이 모두 모인 자리였지만 그들도 내 감정을 조절하기에는 역부족이었다. 내가 할 수 있었던 유일한 일은 잠시나마 울 곳을 찾는 게 전부였다. 주인공이 어딜 자꾸 드나드냐는 파라오의 농담 어린 하교(下敎)가 있었다. 그들에게는 충혈된 내 눈도 겸손과 순수의 표현으로 보인 모양이었다. 두고두고 얘깃거리였다니까.

사실 나는 결혼 전날 밤, 한숨도 자지 못했다. 너무 많은 생각이 몰려왔기 때문이다. 그날에서야 하나님께서 특별히 선택하신 우리 아브라함 패밀리의 역사에서 결혼이 얼마나 소중한지, 그리고 그 결혼을 더럽히거나 깨뜨려 우리를 통해 이루고자 하시는 하나님의 계획을 망쳐 놓기 위한 사탄의 공격이 얼마나 집요했는지도 깨달았다.

이제는 내 차례라는 생각이 머리를 스쳤다. 순간 나는 하나님 앞에 서 있음을 느꼈다. 아주 선명하게! 동시에 나를 노려보는 어떤 살기로 등골이 서늘해짐도 감지할 수 있었다. 그렇다. 나는 내 결혼이 중대한 선택이자 운명의 갈림길임을 알았던 것이다.

내가 잠들 수 없었던 진짜 이유는, 내 결혼과 우리 가정의 장래를, 좀 더 거창하게 말해 하나님의 뜻을 지켜야 했기 때문이다. 안식일도 없고, 제사(예배)도 없고, 신앙을 지도해 줄 제사장도 선지자도 없는 이 땅에서, 더군다나 이집트의 방식과 우상 종교의 예배의식으로 치러지는 내 결혼을 나 말고 누가 지켜 주겠는가. 모든 걸 하나님께 맡기고 기도한 후 잠든다? 나는 그럴 수 없었다. 나의 밤샘이 실제로 사탄의 공격을 얼마나 잘 막아 줄지는 알 수 없는 노릇이었다.

하지만 나는 그 밤만큼은 눈을 감고 싶지 않았다. 하나님께만 맡겨 두는 것이 아니라, 그분의 손을 잡고 전후좌우를 응시하면서 적을 향해 눈을 부릅뜨고 싶었다.

우리 아브라함 패밀리의 불행의 씨앗은 잘못된 결혼에서 잉태되었다 해도 과언이 아니다. 신앙적으로 믿음의 조상이라 추앙받았고, 물질적으로도 당대의 재벌 중 재벌이던 아브라함 할아버지였지만 가정불화에는 달리 도리가 없었다. 모두가 사라 할머니의 여종이던 하갈을 아브라함 할아버지의 첩으로 들여보낸 그 결정 때문이었다. 그로부터 가정은 사라와 아브라함, 사라와 하갈, 하갈과 아브라함, 그리고 이삭과 이스마엘 간의 지루하고 그치지 않는 복잡미묘한 갈등과 분쟁에 휩싸였다. 한때는, 정확히 말해 이삭 할아버지가 젖을 떼고 그로 인해 큰 잔치를 벌였을 때는 사라와 하갈 사이가 폭발 직전이었다. 사라가 마침내 이스마엘을 사막으로 내쫓아 버렸기 때문이다.

아브라함 할아버지는 너무 괴롭고 아팠지만 겨우 2~3일 정도 먹을 수 있는 빵과 물이 가득 든 가죽 부대만을 들려서 내보냈다고 한다. 그렇게 부자였고 종이 많았지만 그 이상의 베풂은 정황상 불가능했는가 보다. 그 이후로 두 모자(母子)는 죽을 때까지 아브라함 할아버지 집에 발을 들여놓을 수가 없었다. 할아버지가 조상에게로 돌아가고 난 후에 장례식을 치르기 위해 딱 한 번 이스마엘 큰할아버지만이 가나안 땅에 올 수 있었다고 한다.

잘 아는 바와 같이 그 뒤 이스마엘은 이곳저곳을 떠돌아다니다 (주로 바란 광야였고, 거기서 그 어른은 뛰어난 사냥꾼이 되었다) 이집트 여자와 결혼을 했다. 그 이유만으로도 아브라함 할아버지는 수치를 느꼈으리라.

이집트! 그곳은 우리 아브라함 패밀리에게는 터부의 땅이요, 할아버지의 실패로 얼룩진 과거의 땅이었다. 하나님이 기뻐하지 않아 심판하신 소돔과 같은 저주의 땅이 아니던가. 그래서 아브라함 할아버지는 이삭에게만은 이방 여인과의 결혼을 허락할 수가 없었다. 그의 결의는 정말 대단했던 것 같다.

"엘리에셀! 너는 내 환도뼈 밑에 손을 넣어 맹세하여라. 이곳에 사는 가나안 사람들 가운데서는 내 아들과 혼인할 처녀를 고르지 않겠다고 말이다. 꼭 내 고향으로 가서 거기에 사는 내 친척 가운데서 처녀를 골라 오너라."

그건 유언이나 마찬가지였다. 또한 왕과 다를 바 없는 한 부족의 장이 내리는 추상같은 명령이었다. 아브라함 할아버지의 고향이 어디던가. 가나안에서 약 600킬로미터, 그러니까 1,500리도 더 떨어진 메소포타미아 북쪽 밧단아람이 아니던가. 그런 수고 끝에 이삭 할아버지는 리브가 할머니와 극적이고 순결한, 그러면서 땅도 하늘도 축복하는 결혼을 할 수 있었다.

그러나 그 기쁨도 잠시였다. 우선은 아브라함 할아버지께서 세 번째 결혼을 하셨다. 비록 사라 할머니가 돌아가시고 나서 한참 후라고는 하나 백오십 살이 넘는 노령에 말이다. 그 후 그 어른은 서자(庶子) 여섯을 더 낳았다.

그것을 보며 컸기 때문일까. 에서 큰할아버지는 겨우 나이 사십에 헷 족속의 이방 여자와 덜컥 결혼했다. 부모의 동의는 물론 없었다. 그것도 한 여자가 아니었다. 세상 말로 길거리에서 눈이 맞아 동거부터 시작해 버린 것이다. 그 일이 이삭 할아버지와 리브가 할머니의 삶에서 얼마나 많은 기쁨과 즐거움을 빼앗아 갔는지는 나도 너무 잘 알고 있다. 아버지께서, 에서 큰아버지로 인해 리브가 할머니가 할아버지에게 했다는 그 투정을 들려주며 우리 열두 아들에게 '결혼만은 제대로 해야 한다'고 얼마나 많은 설교를 하셨으면, 모두가 할머니의 대사를 줄줄 외우고 있겠는가.

"내가 이 헷 족속의 두 며느리 때문에 사는 게 지긋지긋할 지경이에요. 에서가 결혼한 지 벌써 37년, 올해로 야곱은 일흔일곱 살이 되었는데 언제까지 노총각으로 내버려두실 작정이에요. 야곱을 밧단아람으로 보냅시다. 야곱마저 이 땅 여자와 결혼한다면 내가 무슨 낙으로 살겠어요. 그렇지 않아요?"

우리 아버지 야곱이 벧엘을 지나 광야를 관통하여 북쪽 고향 땅으로 향하던 그 길은 결혼을 향한 멀고도 긴 여정이었다. 그러나 그곳에서 아버지를 기다리고 있던 것은 혼인을 빙자한 사기극이었다.

다 아는 것처럼 아버지는 어머니를 보고 첫눈에 반했다. 아버지의 외삼촌 라반이 라헬과의 결혼을 조건으로 7년 고용 계약을 제의했을 때 선뜻 응하셨을 정도였으니까. 그뿐 아니라 '7년을 수일처럼' 여기며 즐겁게 노동하셨다니까.

그러나 첫날밤 자고 일어났을 때는 있을 수 없는 일이 벌어졌다. 신부가 바뀐 것이다! 그것도 장인이 나서서 동생의 자리를 언니에게 넘겨주게 했으니, 야곱과 라헬, 야곱과 큰어머니 레아, 그리고 라헬과 라반, 야곱과 장인의 사이가 어떠했겠는가. 더군다나 신랑 측 가족이나 친지는 단 한 사람도 없는 결혼이라 신랑이 위축될 수밖에 없는 처지였으니 말이다. 분노할 수밖에 없고 아플 수밖에 없는 결혼으로 라반과 두 딸, 그리고 딸들과 사위 사이에 일어났던 바람 잘 날 없는 가정불화를 어떻게 말로 다 표현하겠는가.

사탄의 공격은 집요했다. 그놈은 순순히 물러서지 않았다. 야곱의 장남 르우벤을 계모와 간음하게 해 아버지와 아들, 아버지와 계모 사이를 파괴하더니, 유다 형까지 윤락가를 들락거리게 하다가 마침내 미망인이 된 며느리를 거리의 여자로 알고 임신하게 하는, 입에 담을 수도 없는 망측한 일을 저지르게 하였으니까. 보디발 장군의 아내가 내게 집요하게, 그것도 매일같이 접근했던 것도 우연이 아니었다.

결혼식 전날에서야 알았다. 부모 친지 하나 없는 아버지 혼자만의 결혼이 그 결혼식 날을 얼마나 무겁고 우울하게 했는지 말이다. 내가 울 수밖에 없었던 것은 왜 이런 기막힌 일이 대를 이어 계속되는가를 알 수 없었기 때문이다. 어디 그뿐인가. 나와 결혼할 여인은 이방 여인, 그녀의 아버지는 우리가 그토록 증오하는 우상

종교의 대제사장이었다. 또한 내 결혼식은 히브리식 예배가 아니라, 이집트 식이요 우상에게 바쳐지는 제사였다.

머뭇거리지 않을 수가 없었다. 두려움을 느끼지 않았다면 그게 더 이상할 정도였다. 장차 어머니와 아버지를 무슨 얼굴로 대할지, 정말 걱정이었다. 아버지 야곱은 그래도 이삭 할아버지가 원한 결혼을 하지 않았던가. 할아버지가 아버지를 메소포타미아로 보내며 이렇게 말씀하셨다니까.

"너는 가나안 여자와 결혼하지 말고 메소포타미아에 있는 외삼촌 집으로 가거라. 외삼촌의 딸과 결혼하기 전에는 돌아올 생각도 마라. 몇 년이 걸리든 괘념치 말고. 전능하신 하나님이 축복하실 것이다."

나는 밤을 꼬박 새우고 나서야 내 결혼을 현실로 받아들일 수 있었다. 여전히 수많은 의문과 문제가 남아 있었다. 두려움도 걱정도 그대로였다. 그러나 나는 그 결혼을 현실로 받아들이기로 했다. 왕이 간택해 준 신부였기 때문만은 아니다. 절대로 그렇지 않다. 내가 그렇게 선택한 것이다. 그 선택은 죽음을 각오한 것이었다.

그럴 수 있었던 것은 하나님께서 나를 총리가 되게 하셨다고 굳게 믿었기 때문이다. 그렇다면 이 결혼도 그 일과 무관치 않은, 하나님의 어떤 계획 속에서 일어나는 일일 거라고 굳게 믿기로 했다. 나는 그 믿음에 내 인생을 걸었다. 그렇게 내 모든 의문과 불안을 짓누르면서 나는 결혼식장으로 향했다.

9.
인생은
해석이다

내 아버지 야곱이 꿈속에서 보았다는 하늘과 맞닿은 사다리. 이 사다리는 아직도 풀리지 않은 신비다. 달을 쳐다볼 때마다 어린 시절에 들었던 '천공신(天空神)의 한쪽 눈'이라는 얘기가 사실일까를 늘 생각하게 되는 것처럼.

아버지한테서 처음 이 '사다리 꿈 이야기'를 들을 때 떠올랐던 엉뚱한 생각이 기억난다. 머릿속에 오랫동안 머물면서 호기심을 자극하던 생각이다. '땅에서부터 구름을 뚫고 하나님 계시는 하늘에까지 닿았다면 그 사다리의 계단은 몇 개였을까? 천사들이 그 사다리로 하늘에서 땅으로, 다시 땅에서 하늘로 올라갔다는데 시간은 얼마나 걸렸을까? 그걸 이용하면 우리도 그 시간에 하늘에 올라갈 수 있을까? 혹시 아버지도 나처럼 속으로 그 계단 수를 세다가 말씀은 안 듣고 엉뚱한 생각을 한다고 하나님께 혼나진 않으셨을까?'

이상한 건 아버지께서 하늘에 닿았던 사다리가 꿈속에서 무얼 의미하는지 끝내 말씀하지 않으셨다는 점이다. 그분이 살아생전 가장 즐겨 하신 이야기가 꿈 이야기고, 그중에서도 하나님의 음성과 모습까지 본 바로 이 꿈 이야기였다. 그럼에도 하나님을 보신 이야기만 반복했다는 것은 무얼 의미하는가. 아버지에게는 하나님의 말씀이나 모습만이 중요해서 그 꿈속의 천사나 사다리 따위는 안중에도 없었을까. 아니면 생전 처음 보는 천사고 사다리였기에, 궁금했지만 그리고 자신도 알고 싶었지만 끝내 알 수가 없어 침묵하셨을까. 그것도 아니라면 꿈속에서 하나님께 받은 말씀으로 충분한 답이 되었기에, 그러니까 천사나 사다리는 그 꿈의 본질적인 요소가 아니기에 큰 의미를 두지 않으신 걸까. 알 수 없는 노릇이다. 혹시 천국에서도 이 일이 다시 생각난다면 직접 물어 보아야겠다. 아버지에게든 하나님에게든.

이 얘기가 이렇게 길어진 것은, 그렇게 섭리적인 꿈을 많이 꾸고 꿈의 해석도 많이 하셨던 아버지도 처음부터 해몽의 전문가는 아니었다는 사실을 말하고 싶었기 때문이다.

보디발 장군의 집에서 노예로 이집트 생활을 익혀 가는 동안 내 눈에는 생소하고 신기한 게 한둘이 아니었다. 보디발 장군을 비롯한 정부의 관료들 모두 수염이 없다는 사실에 나는 적잖게 놀랐다. 이집트의 행정부에는 어린애들이나 여자처럼 턱 밑이나 코 밑이 맨들맨들한 사람뿐이었다. 그 모습을 볼 때마다 한동안은 속으로 얼마나 웃었는지 모른다. 그 우스꽝스러운 모습이라니. 더 재미

있었던 건, 내 고향 가나안과는 달리 이곳 이집트에는 꿈 해석을 전문으로 하는 정부의 관리들이 있다는 사실이다. 놀라웠다. 나는 그들이 어떻게 생겼는지 궁금했다. 정말 하루 종일 관청에서 꿈만 해몽하며 나라의 녹을 먹는지도 알고 싶었다. 그리고 도대체 이 나라 사람들은 얼마나 꿈을 많이 꾸기에 해몽을 업으로 하는 정부 관리가 필요한지에도 호기심이 발동했다.

어디 그뿐인가. 나는 꿈을 맡은 관리들이 어떤 식으로 꿈을 푸는지, 즉 해석의 방법과 기준이 무엇인지도 궁금했다. 이 일에 흥미를 느낄 때마다 나는 고향에 계신 아버지를 생각했다. 그분에게 들었던 우리 선친들과 아버지의 꿈 이야기가 생각났기 때문이다. 그 어떤 옛날이야기보다 재미있던 아버지의 꿈 이야기가 다시 듣고 싶었다. 다시 들을 수만 있다면 내 삶에 활력이 넘칠 것만 같았다. 그런데 이상하게도 자꾸 형들이 뇌리에 떠올랐다. 나는 이곳 이집트에 와서야, 좀 더 정확히 말하면 이 나라에 꿈 관리들이 있다는 사실을 알고 나서야 형님들이 이집트의 꿈 해석 관리들에 결코 뒤지지 않는다는 것을 알게 되었다. 얼마나 놀랐는지 모른다. 형들이 다시 보였다. 이곳 이집트의 기준으로 보았을 때에야 나는 형님들을 새롭게 볼 수 있었다. 그래서 관점이 중요하다는 말들을 하는가 보다.

처음 꿈을 꾸고 형들에게 이야기하던 당시는 별로 기억하고 싶지 않은 과거다. 그러나 여기서 당시 상황을 다시 보니 그게 아니었다. 갑자기 형들의 곡식단이 일어서더니 내 주위에 둘러서서 큰

절을 하더라는 꿈 이야기를 마치기도 전에 레위 형이 말문을 가로막고 나서서 말했다.

"아니, 요놈이 보자 보자 하니까 형님들 수염을 뽑아도 유분수지, 뭐가 어쩌고 어째? 다시 한번 지껄여 보시지 그래? 그러니까, 지금 네가 우리 왕이 되어서 큰절을 받으시겠다? 너 지금 그게 가능하다고 생각해서 하는 말이냐, 아니면 이 형들을 우습게 보아서 하는 소리냐!"

이 대목에서 내가 주목한 것은 내 꿈에 대한 레위 형의 신속하고 정확한 반응이다. 동시통역처럼 즉각 해몽이 나온 사례인데, 이런 일은 해몽이 하나의 직업으로 정착된 이곳 이집트에서도 결코 흔한 일이 아니다.

이집트 땅에서는 파라오도 동시통역과 같은 무리한 해몽은 요구하지 않는다. 대개는 기도할 시간, 그러니까 자기 신에게 물어볼 최소한의 시간은 보장해 준다. 내가 레위 형을 다시 보게 된 것은 그에게는 기도하는 데 필요한 최소한의 시간도 필요치 않았기 때문이다.

그러나 나를 좀 더 놀라게 한 것은 형님들의 반응이었다. 그곳에 있던 어떤 형님도 레위 형의 해몽에 이의를 제기하지 않았으니까. 내 꿈에 대해서 생각이 같았다는 얘기다. 형님들의 일치된 꿈 해석이 정확했다는 것은, 내 두 번째 꿈을 듣고 난 아버지의 반응과 해석이 여실히 입증해 주었다.

"아니, 이 녀석아! 그것도 꿈이라고 꾸고서 자랑스럽게 이야기하는 거냐? 그래, 네 어머니와 형들과 내가 너에게 가서 절을 하더라 이 말이냐? 그런 거냐고!"

아버지가 총리가 된 나를 만나기 위해 이집트로 오셨을 때, '처음 너의 꿈 이야기를 들을 때 가슴이 불덩이처럼 뜨거웠다'라는 말씀과 '이상하게도 죽은 줄로만 알고 있던 너의 꿈 생각이 자주 나더라'라는 말씀을 안 하셨다면 내 꿈에 관한 한 형님들과 아버지 사이에는 별 차이가 없었으리라. 적어도 내 꿈에 관한 한은. 그 정도로 우리 가족 모두는 자신도 모르는 사이에 꿈 해석 전문가가 되어 있었다. 하나님은 그렇게 나를 준비시키고 계셨다. 나를 그토록 미워한 형님들을 스승으로 세우셔서.

나는 짐작할 수 있었다. 왜 술 맡은 장관 어른과 떡 굽는 장관 어른이 꿈꾼 다음 날 아침 내내 그토록 불안해했는지. 꿈의 내용을 알 수 없다는 것도 답답했을 것이다. 그러나 그들이 진짜로 답답해한 이유는 따로 있었다. 꿈 해석을 받을 수 없게 외부로부터 철저하게 격리되어 있다는 것. 이곳 이집트에서는 해몽을 받을 수 없다는 것은 설명이 불가능할 정도로 매우 심각한 문제이다. 그건 그들이 믿는 신과 신의 계시로부터의 단절을 의미한다. 그러니 얼마나 불안했겠는가. 더군다나 왕의 노여움을 산 대역 죄인의 처지가 아니던가.

나는 나를 통해 그들의 답답함을 풀어 주신 하나님께 감사드린다. 그뿐만 아니라 그들의 불안까지 잠재워 주신 하나님께 다시 한번 찬양을 올려드린다.

그러나 그때를 회상하는 지금, 나는 그때와는 전혀 다른 이유로 하나님께 경배드리고 싶다. 벅차오르는 감정을 표현하고 싶어진다. 젊었을 적에는 그 당시 내게 일어난 일이 얼마나 소중한 경험이고 하나님의 풍성하신 자비를 힘입은 것인지를 잘 몰랐다. 나이를 먹고 인생을 오래 살아 보니 이제야 나와 우리 가정을 향한 하나님의 사랑이 얼마나 극진하셨는지를 느끼게 된다.

그렇다. 하나님은 모든 걸 예비하고 계셨고, 모든 상황을 일일이 고려하며 가장 좋은 것들을 주고 계셨던 것이다. 미련한 우리들만 몰랐을 뿐. 나는 이제 이 사실을 확신한다. 그래서 어려운 일을 당하거나 부당한 취급을 당할 때면 나는 지금도 그때 그 일을 생각한다. 그러면 속에서 치솟아 오르는 위로와 용기를 힘입게 된다. 하나님은 지금도 그때처럼 좋은 일을 하고 계실 테니까.

꿈! 그 옛날 아비멜렉의 음흉한 손에서 사라 할머니를 건져 낸 것은 하나님이 아비멜렉에게 주신 꿈이었다. 하나님은 그렇게 아브라함의 안전을 보장하셨다. 또한 내 아버지는 꿈으로 가야 할 길을 알게 되었고, 꿈속에서 가르쳐 주신 방법으로 재벌이 되었다. 한마디로 아버지의 삶이란 하나님이 주신 꿈에 의해 인도되고 꿈을 통해 성숙에 이른 신앙인의 본보기였다. 그뿐이 아니다. 하나님은 아버지에게 꿈만이 아니라 해몽의 비법 또는 원칙까지 가르쳐 주셨다. 이 대목에서 아버지는 매우 분명하고 단호하셨다. 하나님이 자기에게 직접 꿈을 해석해 주셨다는 것, 따라서 자신의 해석은 틀림없다는 것을 기회 있을 때마다 강조하셨다.

한 가지만 예를 들어 보자. 아버지가 하란의 삼촌 집에 계실 때 있었던 일이라고 한다. 아버지가 라헬과 레아 두 어머니를 들판으로 은밀히 불러서 고향으로 가자며 하셨던 말이다.

"……가축 떼가 새끼 밸 때에, 한번은 내가 이런 꿈을 꾸었소. 내가 눈을 크게 뜨고 보니, 암컷들과 교미하는 숫염소들도 줄무늬가 있거나 얼룩진 것들이었소. 그 꿈에서 하나님의 천사가 '야곱아' 하고 부르시기에 '여기 있습니다' 대답하니, 그 천사가 '가축 떼와 교미하는 숫염소가 모두 줄무늬가 있거나 점이 있거나 얼룩진 것이니, 고개를 들고 똑똑히 보아라'라고 했다오."

어디 그뿐인가. 하나님께서는 내가 그 꿈 이야기를 들으며 잔뼈가 굵어지는 동안 장차 이집트에서 해야 할, 삶의 결정적인 역할을 할 해몽을 준비시키고 계셨다. 그것도 두 번씩이나. 아버지의 발밑에서 내가 유일하게 한 것은 그분이 들려주시는 온갖 꿈 이야기를 재미있어하고 더 해 달라 조르는 일이었다. 그게 전부였다. 그러니까 아버지의 꿈 이야기는 그 어떤 것보다도 중요한, 나의 내일을 위한 준비였다. 나는 내가 체험한 하나님의 은혜를 이보다 더 잘 설명할 수 없을 것 같다.

하나님께서 우리 가정에 선물로 주신 꿈과 해몽에 대한 가르침은 내게 참 많은 걸 생각하게 한다. 무엇보다도 하나님께서 평범한 일상의 생활을 통해 전혀 평범하지 않은 귀중한 진리를 가르치셨던 점은 지금 다시 생각해도 신기하다. 오늘의 일상적인 것을 통해 내일의 특별한 시련이나 위기를 극복하게 하셨다. 하나님은 나의 110여 년간의 삶을 통해 그것을 세상에 말하고 싶으셨는가 보다. 그것이 나와 우리 '아브라함 패밀리'를 통해 하나님이 가르치시고자 하는 가장 큰 교훈이라고 한다면 너무 지나친 표현일까.

평범한 일상생활이 이렇게 큰 힘과 영향력을 가질 수 있다는 것을 젊어서는 몰랐다. 내가 보디발 장군의 지하감옥에서 두 장관을 운명적으로 만나므로 훨씬 전부터 이미 하나님은 나를 위한 준비를 시작하셨다. 파라오 앞에서도 마찬가지였다. 그러므로 주위를 둘러보거나 사람에게 매달릴 필요가 없었다. 침착하게 과거를 돌이켜보면 그것으로 충분했다. 나는 과거에 듣고 배운 대로 해석하면 그만이었다. 그러니까 나는 두 분 장관 앞에서든 파라오 앞에서든 예전에 하던 대로, 하나님이 꿈을 주시기에 해석도 그분에게서 온다는 사실을 말하기만 하면 됐다. 그것 말고는 아무것도 필요하지 않았다.

이제 펜을 내려놓고 조용히 묵상해 본다. 나는 삶의 의미와 사명을 어떻게 발견했던가. 어디서 발견했던가. 그것은 일상생활이었다. 하나님은 그렇게 내 곁에 계셨으며, 일상적인 것을 통해 말씀하셨다. 그러나 간과해서는 안 될 일이 있다. 일상의 일들이 그렇게 의미를 가질 수 있었던 것은 하나님께서 그 일상에 꿈을 주셨기 때문이다. 또한 내 삶에 일일이 간섭하며 큰 울타리가 되어 주셨기 때문이다. 그런 의미에서 꿈은 임마누엘의 상징이자 내 삶의 이정표였다. 인생을 알아 간다는 것은 일상의 의미들을 발견하는 것이다. 그렇다면 인생은 일상의 해석이 아니겠는가.

10.
라헬을 생각하신
하나님

나는 오늘 한 여인에 대해 말하려고 한다. 너무 모진 시련을 겪었기에 한없이 추해지고 사나워졌던, 그래서 하나님이 그 슬픔과 악함을 동시에 생각하시지 않을 수 없었던 여인에 관한 이야기다.

나의 어머니 라헬.

참 오랫동안 내 인생에 무거운 짐이 되었던 분이다. 아이러니하게도 나는 내가 믿는 하나님과 신앙 때문에 그분을 끊임없이 거부했다. 그분에게는 인격으로든 신앙으로든 내가 받아들일 수 있는 면보다 그럴 수 없는 면이 더 많았기 때문이다.

나는 어머니를 존경할 수 없었다. 아니, 그분이 내 어머니라는 사실 자체가 싫었다. 인정하고 싶지 않았다. 내 신앙을 포기하기 전에는 어머니를 받아들일 수가 없다는 생각이 하나의 신념처럼 굳건했다. 하나님이 그러한 어머니까지 생각하고 사랑하셨다는 걸 알 때까지는 그랬다. 사실이다. 나는 하나님도 어머니의 불신앙과 이기적인 온갖 죄에 대하여 분통만 터뜨리신다고 생각했다. 하나님의 무서운 심판만을 염두에 두었기 때문이리라.

그러나 그건 엄청난 착각이었다. 하나님은 요셉이 아니었다. 나는 어머니가 회개하고 달라져야 어머니를 어머니로 받아들일 수 있었지만, 그리고 존경과 사랑은 그다음 몫이라 굳게 믿었지만, 하나님은 그러지 않으셨다. 그렇게나 죄악을 미워하여 차마 보지도 못하시는 분이 어머니를 있는 그대로 받아들이셨다. 내 어머니가 하나님은 물론 주위 사람들에게 상처만을 주었는데도 말이다.

하나님은 어머니에게만큼은 조건이 없으셨다. 기꺼이, 어머니가 가장 얻고 싶어 하는 선물을 주셨으니까. 선물, 아아, 그 선물이 바로 나다! 내가 오늘 하려는 얘기는 이러한 내 어머니에 관한 이야기다.

하지만 엄밀히 따져 보면 그건 어머니가 아니라 내 이야기다. 아니, 다시 말하겠다. 나는 오늘의 이야기를 나도 어머니도 아닌 하나님에 관한 이야기라 이름 붙이고 싶다. 왜냐하면 하나님께서 어머니를 용납하고 사랑하시는 모습 때문에 내가 어머니를 알고, 이해하고, 용납할 수 있었으니까. 그분의 조건 없는 사랑을 통해 어머니를 이해했을 때, 비로소 내가 어떠한 사람인지를 알게 되었으니까.

나 그리고 나의 신앙은, 어머니처럼 살지 않는 선하고 의로운 사람들만을 가까이할 수 있는 그런 것이었다. 그러니까 이웃과 하나님께 도움이 되지 못하는 사람들은 내 사랑의 대상이 아니었단 말이다. 그런 사람들은 나의 바깥에 있었다. 동정의 대상은 될 수 있을지 모르나 사랑할 수는 없는 사람들이었다. 만약 하나님이 어머니를 생각하셨던 그 사랑을 몰랐다면, 그래서 내가 어머니를 진심으로 사랑할 수 없었다면, 나는 백 년이 지나도, 아니 천 년이 지나도 어머니 같은 사람들을 결코 이해하지도 용납하지도 못했을 거다.

그렇다. 어머니와 하나님에 대한 참된 이해가 나를 변화시키고, 내 신앙을 진정한 신앙이게 했다. 그래서 오늘 할 이야기는 내가 만난 하나님에 관한 이야기다. 그렇지만 어머니를 통해서, 아니 어머니와의 관계 속에서 알게 된 하나님 이야기라서, 나는 이 이야기를 어머니의 이름으로 쓰고 싶다. 그리고 어머니에게 드리고 싶다.

어머니는 매우 아름다웠다고 한다. 내 어머니를 남 얘기하듯 '아름다웠다고 한다'라는 간접 화법으로 표현하는 것은, 그분의 미모에 대한 사람들의 객관적인 평가를 부각하기 위해서다. 특히 그분의 늘씬한 몸매는 요즈음 이집트 애들의 표현을 빌리자면 '죽여줬다'는 것이다. 가나안 남정네들이 하도 눈독을 들여 여간 신경 쓰이는 게 아니라고 아버지는 기회 있을 때마다 말씀하셨다. 은근히 자랑삼아서!

내가 알기에 우리 선조 가운데 얼굴이 예쁠 뿐 아니라 몸매까지 눈부시게 아름다웠다는 평을 들은 여인은 우리 어머니뿐이다("라헬은 몸매도 아름답고 용모도 예뻐서", 창 29:17 공동번역). 이 기록은 내가 보기에 쉽게 깨지지는 않을 듯하다. 만약 우리 어머니가 이집트에 태어나셨다면 틀림없이 미의 화신이 되었으리라. 이집트의 왕비가 미모만으로 되는 것은 아니지만 그럴 가능성은 매우 높았을 것이다. 오해는 사양한다. 어머니의 아름다움은 화장발이 아니었다. 무리한 다이어트, 즉 배고픔을 참은 대가로 얻는 몸매도 물론 아니었고.

어머니는 처녀 시절에 남자 이상으로 활동적이셨던 것으로 알고 있다. 외삼촌들과 레아 큰어머니가 계셨지만, 어머니는 외할아버지를 도와 목동 일을 하셨다. 우리 어머니와 아버지가 처음 만난 곳도 양들에게 물을 먹이는 우물가가 아니었던가. 그래서 어머니의 피부는 눈처럼 희고 뽀얗지는 않았다. 그 반대였다. 그럼에도 그렇게 예뻤다고 한다. 안 가꾸고도 그렇게 예뻤다니, 만약 가꾸셨다면 어땠을까? 나로서는 상상이 가질 않는다. 그래서 나는 추측해 본다. 어머니 아름다움의 비결은 얼굴이나 몸매에만 있었던 것은 아니었던 것 같다. 햇볕에 그을린 피부가 보여 주듯 어머니의 성실함과 부지런함이 타고난 미모와 환상적으로 결합된 것이 매력 포인트가 아니었을까.

잘 알려진 대로 어머니와 아버지는 서로 첫눈에 반했다고 한다. 내가 아는 한 그분들의 사랑은 죽음이 두 분을 갈라놓을 때까지 결코 식지 않았다. 내가 아버지에게 들은 얘기는 늘 그랬다. 그러나 나 또한 결혼하여 자식을 낳고 살아 보니, 아버지는 당신 생각이 그러하니 어머니도 그랬을 것이라고 넘겨짚었다는 생각이 든다. 어머니의 삶을 찬찬히 살피다 보면 나의 생각은 늘 그런 쪽으로 기운다.

　어머니의 불행과 시련은 사람들, 특히 여자들이 일생 중 가장 행복한 날로 손꼽는 결혼식 날 시작되었다! 7년간 손꼽아 기다렸던 바로 그날에 그토록 사랑한 사람을 빼앗겼으니까. 이 아픔을 누가, 무슨 말로 표현할 수 있겠는가. 기회 있을 때마다 "네 남편은 야곱"이라던 외할아버지가 어머니의 결혼식 날 신방에는 언니인 레아 큰어머니를 들여보냈을 때, 어머니 라헬이 할 수 있는 생각이 무엇이었겠는가. 아무리 언니라지만, 남편을 뺏어간 언니가 더 이상 언니일 수 있었을까. '차라리 거기서 끝났더라면' 하고 어머니는 생각지 않았을까. 그랬다면 자신의 결혼식 날 다른 여자와 살을 섞은 남편에 대한 상처, 모든 것을 빼앗긴 자신에 대한 아픈 상처가 아물기만을 기다리며 살아갈 수 있었을지도 모른다.

　그러나 현실은 어머니에게 첩이라는 치욕을 안겨 주었을 뿐이다. 그렇게 해서 7일 후 갖게 된 첫날 밤은 사랑이 아니라 고통의 확인이었으리라. 거부할 수만 있다면 거부하고 싶은, 고문이고 치욕이었으리라. 면사포를 쓰고도 신방에 들지 못하고, 함께 단장한 신방을 7일간이나 다른 여자에게 빼앗긴 어머니 라헬! 그때를 생각하면 남자인 나도 눈시울이 뜨거워질 정도다. 나는 그 7일에 관해서는 아무 말도 듣지 못했다. 누구도 그 얘기는 해 주지 않았으니까. 어머니가 그 기간에 대해 끝내 침묵하셨기 때문인지, 아니면 아무도 다시 그 상처를 꺼내기를 원하지 않았기 때문인지, 나로서는 알 수가 없다.

　어머니의 불행은 거기서 멈추지 않았다. 유독 어머니에게만 아이가 없었다. 내가 열한 번째 아들이니, 아버지의 무릎에 다른 어머니들을 통해 열 명의 사내아이와 또 다른 계집아이들이 태어날 때 그리고 온 가족들이 그 아기들을 안아 들고 싱글벙글할 때, 어머니가 할 수 있는 유일한 행동은 식음을 전폐하고 두문불출하는 것이 아니었을까. 내 어머니 라헬은 그렇게 7년을 사셨던 것이다. 단순히 자녀가 없는 신혼 7년이 아니라 세 여자가 한 남자의 사랑을 얻기 위하여 경쟁하듯 아기 낳기에 사활을 걸었던 7년! 그것도 아이를 낳을 수 없는 이유가 여자 쪽에 있다는 사실을 삼척동자라도 알 만한, 그런 수치스러운 7년이었다. 그런 와중에서 건전한 상식과 온전한 인격을 어머니에게 기대한다면 그 자체가 비정상이 아닐까. 내 생각은 그렇다.

  어머니는 우리 집의 넷째인 유다 형이 태어날 무렵부터 이미 정상이 아니었다. 내 추측으로 내린 결론이다. 어머니는 이미 악에 받칠 대로 받쳐 있었다. 유다 형 출생이라는 경사가 끝나기도 전에 어머니는 큰 소동을 일으켰다. 온 집안이 떠나가라고 고래고래 악을 쓰며 아버지에게 대들었다고 한다. 아들을 낳게 해 주지 않으면 죽어 버리겠다는 억지와 협박을 했다는데, 정말 오죽하면 그러셨을까 하는 측은한 마음만 생긴다. 젊었을 때는 그런 어머니가 싫기만 했다. 부끄러워 얼굴을 못 들 정도였다.

  어머니의 병은 더 깊어졌다. 자신의 하녀인 빌하를 남편의 침실로 밀어 넣었기에 하는 말이다. 상식이 있다면 어떤 여인이 그런 행동을 할 수 있겠는가. 그건 결코 이길 수 없는 싸움이었다. 스스로 망하는 패(牌)였다. 증조할머니 사라가 몸종 하갈을 남편의 첩으로 만들고서 가정불화에 얼마나 시달렸는지 누구보다 어머니가 잘 알고 있었다. 여기까지는 백 보 양보하여 어머니를 이해하려고 나도 꽤나 노력했다. 그러나 목적을 위해서라면 성까지도 팔 수가 있고 미신에 불과한 사랑초 열매의 효력으로라도 아들을 얻어 보겠다고 기를 썼던 것이 내 어머니라는 사실을 알았을 때, 나는 할 말을 잃었다.

무슨 얘긴고 하니, 르우벤 형이 어렸을 때의 일이다. 그가 들에 나갔다가 임신에 좋다고 소문난 사랑초(합환채)를 구해 왔다고 한다. 집안이 떠들썩해지자 어머니도 그 이유를 알아보려고 들에 나갔고, 두 여인 사이에 싸움이 일어났다. 물론 싸움의 발단은 어머니였는데, 이유는 어린것의 손에 들린 사랑초 열매였다. 어머니는 어떻게든 그걸 손에 넣고 싶어 했다. 실랑이 끝에 어머니는 하루 저녁의 잠자리를 언니에게 팔았다. 결과는 예상대로였다. 아니, 어머니의 입장에서는 훨씬 나빴다. 어머니에게는 끝내 그 '소식'이 없었는데 레아 큰어머니는 바로 그날 잇사갈 형을 임신했으니까. 이것이 어머니의 인격이고 신앙이었다.

어머니는 자식에만 욕심이 있었던 것도 아니다. 어머니는 고향을 떠나 남편과 시댁으로 갈 때 외할아버지가 그렇게 애지중지하던 가보이자 수호신상인 드라빔을 훔쳤다. 나는 어머니가 그 드라빔에 종교적인 위안이나 보호를 기대했다고는 보지 않는다. 어머니가 아버지와 20년을 함께 살면서 가나안 시댁에서 우상숭배가 통할 수 없음을 몰랐다는 게 말이 되겠는가. 어쨌든 어머니는 드라빔을 훔쳤고 외할아버지께 거짓말(생리 때문에 일어서서 아버지를 맞이

할 수 없다는)을 했다. 이번에는 여인들이 매우 부끄럽게 여기는 생리까지 목적에 동원됐다. 아, 참 무서운 우리 어머니. 아니, 불쌍한 우리 어머니!

어머니가 나를 낳으신 것은 기적이었다. 하나님의 은혜였다. 그게 왜 기적이며 은혜인고 하니 어머니에게 무슨 변화가 있었던 것이 아니기 때문이다. 유일한 단서는 이 한마디다.

"하나님이 라헬을 생각하신지라. 하나님이 그를 들으시고 그 태를 여신 고로 그가 잉태하여 아들을 낳고."

출산에 대해 피맺힌 한을 가진 어머니는 내가 여섯 살 때 나의 하나뿐인 동생 베냐민을 낳다가 하나님의 부르심을 받았다. 어머니는 그 고통 속에서 무얼 생각하셨을까. 아들을 낳는다는 기쁨이 크셨을까, 아니면 고통이 더 크셨을까.

어머니는 죽어 가면서 아들 이름을 유언처럼 남겼다. 나는 그 이름에서 어머니가 산고 가운데 무얼 생각하셨는지를 보았다. 평소에 그분이 자신의 인생을 어떻게 해석하셨는지도 느낄 수 있었다.

"베노니! 슬픔의 아들……."

예뻤지만, 죽도록 사랑을 받기도 했지만 슬펐고, 또한 남을 슬프게 했던 어머니. 하나님은 그 어머니를 생각하셨고 가련히 여기셨다. 하나님은 내게 그 사랑을 가르쳐 주셨다. 바로 어머니를 통해서 말이다. 그 사랑을 배워 내가 어머니를 조건 없이 사랑하기 전까지, 나는 내가 아니었다. 내 신앙 또한 불안정한 것이었다. 내가 알았다고 믿은 분도 야훼 하나님이 아니었다.

   그렇다. 어떤 이유로든 눈에 보이는 사람을 사랑할 수 없다면 그는 아직 자신을 모르는 것이다. 하나님 또한 모르는 것이다.

11.
큰어머니 레아

히브리인에게 이름은 중요하다. 그래서 우리는 이름을 함부로 짓지도, 부르지도 않는다. 이런 점에서 이집트 사람들은 우리와 너무 다르다. 웬일인지 이곳 사람들은 이름을 가지고 사람 놀려 먹기를 좋아한다. '저게 저 사람들의 취민가' 하는 생각이 들 정도로 말이다. 히브리인들은 그렇지 않다. 상상도 못 할 일이다. 정숙한 여인들에게 목숨처럼 소중한 게 정조라면, 우리 히브리인에겐 이름도 그만큼 중요하다. 그도 그럴 것이, 우리는 태어날 때부터 이름의 소중함을 배운다. 아니, 태어나기 전부터 이름의 소중함을 세뇌당한다. 임신되기도 전에 아기 이름부터 지어 놓는 경우가 다반사니까.

우리가 이런 전통을 가지게 된 건 우연이 아니다. 이 세상 그 누구보다도 하나님 그분이 이름을 소중히 여기시기 때문이다. 우리의 생명이신 하나님은 자기 이름이 더럽혀지는 것을 절대로 좌시

하지 않으신다. 그게 누구든, 자신의 영광을 가로채는 자에게 기어이 앙갚음하시는 분이다. 그뿐만이 아니다. 많은 경우, 그분은 사람들의 이름을 친히 바꿔 주신다. 태어나지도 않은 아이의 이름을, 천사를 통해 통보해 주시기도 한다. 우리 아브라함 패밀리만 하더라도 세 사람이 그 영광을 받아 누렸다. 아브람을 아브라함으로, 사래를 사라로, 야곱을 이스라엘로 바꿔 주신 분이 하나님이셨으니까. 그래서 그분의 특별한 간섭이 없는 한 우리 히브리인의 이름에 관해서는 하나님이 자신의 대리자로 가정에 세우신 아버지의 고유 영역이다. 그게 우리의 전통이었다. 그런데 그 거룩한 전통이 바로 우리 가정에서 깨질 줄이야…….

우리 열두 형제의 이름은 모두 큰어머니 레아와 내 어머니 라헬이 지으셨다. 아버지로서는 특권을 행사하지도 의무를 다하지도 못한 셈이다. 성급하게 결론부터 말한다면 우리 열두 형제의 이름에는 우리 가정의 모든 게 들어 있다. 장남 르우벤 형의 이름부터 막내 베냐민의 이름까지 찬찬히 살피다 보면 우리 가정의 희로애락과 모든 이야기가 숨김없이 드러난다. 그러니까 우리 가정의 이야기를 제대로 하려면 '이름'으로 시작하든지, 아니면 다 하고 나서 보니 결국 '이름' 열두 개를 설명한 셈이라는 결론에 이르든지, 둘 중 하나일 수밖에 없다.

내 기억 속에 있는 큰어머니는 결코 매력적인 여성이 아니다. 분위기나 센스 면에서도 그렇지 못했다. 말수가 적은 것도, 무언가 있을 듯한 묘한 여운이나 매력으로 느껴지는 것이 아니라 꽉 막힌 것 같다는 인상을 주었다. 거기다 그분의 얼굴은 거의 언제나 어두웠다. 나도 남자지만 세상의 어떤 남자가 그런 여자를 좋아할까 싶은 정도였다. 더군다나 라헬, 그러니까 큰어머니의 친동생인 내 어머니 라헬이 하필이면 비교도 안 될 정도로 예쁘고 늘씬한 데다가 프로의식까지 투철한 목동이었으니, 과연 어떤 남자가 레아를 선택하겠는가. 큰어머니도 처녀 시절에는 눈이 아름답고 매력적이었다는 이야기를 나도 못 들은 바는 아니다. 그러나 쉽게 그 말이 믿기지 않았다. 어린 시절 내 눈에 비친 큰어머니의 모습은 그 얘기와 딴판이었기 때문이다.

그런 이유 때문이었는지, 아니면 내가 모르는 다른 이유가 있었는지는 모르겠지만, 큰어머니는 끝내 사랑받지 못한 여성이자 아내였다.

큰어머니도 결국은 여자였다. 한 남편의 아내로서 그 남편의 사랑만 있다면 어떤 어려움도 극복해 낼 수 있는 그런 여자였다. 그래서 그분도 그 사랑이 필요했던 것이다. 물론 큰어머니도 사랑으로 자기 인생이 행복해질 것이라는 기대를 그렇게 쉽게 하진 않으신 것 같다. 이미 결혼 전부터 남편 야곱에게는 7년의 고생스러운 목동 생활을 단 며칠처럼 느끼게 한 사랑하는 여인이 있었음을, 그게 다름 아닌 자기 동생임을 누구보다 잘 아셨으니까. 그걸 알면서도 아버지 라반의 계략대로 동생의 사랑과 결혼을 빼앗은 것이니까. 전적으로 내 생각이지만, 큰어머니는 과정이야 어찌 되었든지 야곱은 자신과 먼저 결혼했고 따라서 조강지처는 자신이니, 시간이 흐르면 상처가 아물고, 동생과 남편 사이도 시들해지리라

판단했던 것 같다. 남편의 사랑이 쉽게 얻어지지는 않겠지만 결국 자신의 것이 되리라 생각했는지 모르겠다.

그러나 생각과 달리 현실에서 남편 야곱은 달라지지 않았다. 자기편도 아니었다. 큰어머니로서는 정말 모든 걸 다 해 보았지만 남편의 사랑만큼은 얻을 수가 없었다. 아니, 그런 노력을 하면 할수록 남편의 사랑은 그만큼 멀리 달아나 버렸다. 라헬과 싸우는 횟수도 잦아졌다.

어떻게 해도 남편의 마음을 얻을 수 없다는 좌절감과, 그럴수록 더 목마른 남편 사랑에 대한 기대 속에서 마지막으로 선택한 것, 그것이 자식이었다. 자식이 큰어머니의 마지막 선택이었기에 큰어머니는 그 목표를 위해 신앙생활에 더욱 적극적이었다. 자식을, 아니 그 자식으로 얻게 될 남편의 사랑을 위해 큰어머니는 하나님께 얼마나 적극적이었는지 모른다. 그러나 하나님도 '사랑'만큼은 어쩔 수 없으셨는가 보다. 자식은 원 없이 주셨지만 남편의 마음은 끝내 큰어머니에게 돌려 주지 않으셨기에 하는 말이다. 아, 불쌍한 우리 큰어머니!

큰어머니가 처음으로 지은 아들 이름은 르우벤이었다. 그는 나의 제일 큰형이요 우리 집 장남이다. 그 이름의 뜻은 '보라, 아들이라'지만 큰어머니가 그렇게 이름을 지은 진짜 속뜻은 그게 아니었다. '르우벤'이란 이름 속에는 첫아들을 낳을 때의 심정과 간절한 기대가 모두 들어 있다.

"……이름을 르우벤이라 불렀으니 이는 여호와께서 나의 억울한 심정을 돌아보셨으니 이제는 내 남편이 나를 사랑하리로다."

둘째 아들을 낳으셨을 때도 큰어머니의 기대는 남편의 사랑이었다. 그렇기 때문에 하나님께서 자신의 하소연에, 그러니까 사랑받지 못하는 한 여인의 기도에 응답하셔서 아들을 주셨다는 의미로 이름을 시므온이라 지었던 것이다. 셋째와 넷째를 낳으실 때가 가장 어려우셨나 보다. 레위 형 이름에는 이런 뜻이 있다.

'내가 그에게 아들을 셋이나 낳아 주었으니 이번만은 내 남편이 별수 없이 나한테 매이겠지.'

그랬는데도 아무런 변화가 없었다. 넷째 아들을 낳고서는, '이번에야말로 내가 하나님을 찬양하고야 말리라' 하는 단호한 결심 내지 소망을 담아 아들 이름을 유다로 지으셨다. 그만큼 남편의 사랑이 더욱 필요했던 것. 그러나 현실은 정반대였다.

자신의 언니가 야곱의 무릎에 네 아들을 올려 줄 때까지, 우리 어머니는 두 가지 일을 진행했다. 하나는 남편의 잠자리를 독차지한 것이고, 둘째는 자기의 몸종 빌하를 씨받이로 준 것이다. 그 뒤부터 우리 집은 잔치로 바빴다. 네 여자가 경쟁적으로, 그것도 상대방을 이기고 사랑을 독차지하기 위하여 아기를 낳아 댔으니까. 물론 하나님의 축복과 기도 응답의 결과라는 측면도 있는 것이지만.

정녕 남편 복이 없는 여자는 자식 복도 없는 것인가. 그 속담이 진리라도 되는 것처럼, 큰어머니의 삶이 그랬다. 여섯 아들이 거의 하나같이 큰어머니의 속을 지지리도 썩였기에 하는 말이다. 르우벤 형은 아버지의 첩과 살을 섞어 아버지 살아 계신 내내 큰 짐이었고, 하나뿐인 딸 디나는 할례 없는 이방 놈에게 겁탈을 당해 기구한 삶을 살았다. 아무도 거두어 주지 않는 그 아이가 독신으로 늙어 가는 것을 지켜보는 일 외에는 큰어머니가 할 수 있는 일이 없었다. 그 일 때문에 시므온과 레위는 성 하나의 모든 남정네를 몰살한 살인자가 되었고, 다른 형제들은 그 성을 닥치는 대로 약탈하고 불 지른 불한당이었다. 유다는 부모 허락 없이 집을 나가서는 집안에서 가장 금기시하는 가나안 여자와 동거부터 시작했고, 자식들을 낳아 제멋대로 기르다 하나님의 저주를 받아 죽게 만들었다. 그것으로 끝이 난 것이 아니라, 부인을 잃고 나서는 윤락가를 드나들더니 급기야는 제 며느리를 임신시켜 덜컥 애를 낳아 버렸다. 큰어머니의 여섯 아들은 그것으로도 모자라 동생을 죽이려 하질 않나, 노예로 팔아먹고 죽었다고 거짓말을 하질 않나, 정말 못 말리는 자식들이었다.

이런 모든 불행이 큰어머니 한 사람의 삶으로 쏟아져 내렸으니 어떻게 온전하고 건전한 상식과 정서를 유지할 수 있었겠는가.

나는 그날의 큰어머니를 잊을 수가 없다. 총리가 된 나를 처음 만나 아무 말씀도 못 하고 그저 울기만 하시던 레아 큰어머니의 모습을 말이다.

'요셉, 이 못난 큰어미를 부디 용서해 주게. 난 알았네. 아무리 말을 하지 않아도 어찌 에미가 제 자식들을 모르겠나. 자네가 살아 있다는 것과, 자네 형들이 해서는 안 될 짓을 했다는 것도 알았지. 자넬 생각하면 아버지께 그 사실을 알려야 했지만, 그래서 자넬 땅끝에라도 가서 찾아와야 했지만 그러질 못했네. 아, 그게 밝혀지면 우리 집이 어떻게 됐겠나. 또 다른 피의 살육은 피해야 한다고 생각했어. 날 용서하게나.'

큰어머니는 그렇게 소리 없이 내게 말씀하셨다.

그 후 큰어머니의 얼굴에는 웃음이 있었다. 태어나서 처음 본 큰어머니의 웃음이요 행복이었다. 그건 용서받은 자의 평화였다. 큰어머니가 세상을 뜨셨을 때 나는 비석에 이렇게 새겨 넣었다.

"여기, 하나님께만 사랑을 받았던 레아가 잠들다. 한평생의 기도로 망나니 같은 두 아들을 메시아의 조상과 제사장(레위) 가문이 되게 한 레아, 영원하신 하나님의 품에서 안식을 누리소서."

12.
보디발 부인의 유혹 앞에서
: 스물여덟의 자서전 1

보디발 장군이 성불구란 루머(rumor)를 어디선가 듣고 무슨 큰 비밀이라도 알아낸 것처럼 킥킥거리며 그가 내게 왔을 때, 난 버럭 화를 냈다.

"아비멜렉, 넌 그걸 믿니? 백 보 양보해 사실이라 치자. 그렇더라도 그 루머가 재미있어하면서 여기저기 떠벌리고 다닐 일이냐? 그것도 다름 아닌 네가?"

"……."

그 루머는 우리 주변을 끈질기게 따라다녔다. 처음엔 강하게 부정해 보기도 했고, 그럴 리 없을 거라고 스스로 나서서 장군을 변호하기도 했다. 내가 보아도 뭔가가 이상하다는 느낌이 들기 시작할 무렵에 생각하고 싶지도 않은 그 일이 터졌다.

여주인이 내 이름이며 나이를 비롯해 이것저것을 물으며 관심을 보이기 시작한 것은, 내가 총지배인이 되고 한 달이 될까 말까

하던 어느 수요일 오후였다. 그날을 기억하는 것은 바로 그 전날이 어머니가 돌아가신 날이었기 때문이다. 감격스러운 날이었다. 이집트로 끌려온 후 처음으로 눈치 보지 않고 어머니 생각을 하며 원 없이 울어 본 날이었으니까. 그러나 기쁨도 잠깐, 나를 기다리는 또 다른 시련이 있었다. 이전에 당해 보지 못한 시련······.

졸지에 고향과 모국어를 빼앗긴 채 외국인 노예로 전락한 내게 가장 힘들었던 것은 정(情)이었다. 번제(예배)를 드릴 수 없다거나, 차분히 기도드릴 시간과 장소가 허락되지 않는 것도 힘들기는 했다. 그러나 그런 불편은 스스로 터득한 방식대로 해결할 수 있었다. 노예라지만 콧노래로 부르는 찬양이나 이불을 덮어쓰고 소리 없이 목구멍으로 삼키는 눈물의 기도까지 못 하게 하지는 않았으니까. 그러나 시간이 흐르고 나이를 먹어 가면서도 익숙해지지 않는 게 있었다. 오히려 시간이 지날수록 더 갈증이 나게 하는 것, 그게 정이었다.

노예로 평생을 살아도 그런 생활에 익숙해지는 것일 뿐 부자유는 말 그대로 부자유다. 자유로 둔갑하는 것은 아니다. 여전히 숨이 막힌다. 그러나 노예들을 울리는 것은 그런 것이 아니다. 노예는 외로워서 울고 서러워서 운다. 또한 사랑 앞에 울고 정 때문에 눈시울이 붉어진다. 아픔이나 배고픔 따위로 운대서야 그가 어찌 노예랴!

이런 문제로 어려울 땐 언제나 꿈속에서 어머니를 뵈었다. 어머니의 품이 그리웠나 보다. 반목과 질시가 끊이지 않는 집이었으나 그래도 가끔은 찬양과 웃음이 있는 가족들 또한 그러했다. 그것이 실현 불가능한 목표라는 걸 체득하면서부터, 그러니까 이렇게 노예로 이집트에서 늙어 갈지도 모른다는 생각을 하면서부터 내게는 변화가 생기기 시작했다. 이상하게 어머니가 꿈속에서 사라진 것이다.

그 틈새를 비집고 들어온 건 여자였다. 이집트 여자들이 보이기 시작한 것이다. 비록 겉으로 내색할 수는 없었지만, 나는 여자의 품을 느끼고 싶었던 것 같다. 한마디로 결혼이 하고 싶었던 것이다. 오두막집이라도, 노예라 해도 상관없을 것 같았다. 사랑하는 아내를 마음놓고 끌어안을 수만 있다면 행복을 느낄 수 있으리란 생각이 들었다.

물론, 나도 마음만 먹으면 얼마든지 여자를 데리고 잘 수 있었다. 우리 히브리인들과 달리 이곳 이집트 사람들은 귀천을 따질 것 없이 성적으로 매우 문란하다. 노예들 가운데는 밤마다 담을 넘어가 재미를 보고, '엊저녁 그 여자 죽여 주더라'는 투의 얘기로 입에 거품을 무는 치들이 한둘이 아니었으니까. 그러나, 아브라함 패밀리의 아들로 태어나 내 어찌 아무 여인과 잠자리를 같이하겠는가. 사랑하지 않는 여인과, 그것도 혼전에 어떻게 순결을 더럽힐 수 있겠는가! 그럴 수는 없었다. 내가 원한 건 부끄럽지 않은 결혼이었다. 총지배인으로의 영전은 그 꿈의 청신호였고. 그런데 그 사건이 터진 것이다.

장군 댁 여주인이 내게 보여 준 관심과 자상함은 어머니와 유모를 제외하고는 여인에게서 받는 첫 번째 관심이었다! 그분이 이것저것을 물으며 내 손을 붙잡고 "어머, 이 까칠한 손 좀 봐. 얼마나 일을 열심히 하면 손이 이렇게 돼? 요셉, 이젠 좀 쉬어 가면서 하도록 해요"라고 말했을 때, 나는 너무 감격한 나머지 눈물을 보일 뻔했다. 노예인 나의 손을 잡아 주고 아버지와 형제들의 안부를 걱정해 주는데, 더군다나 고향을 떠난 후 처음으로 느껴 보는 따뜻함인데 어찌 무덤덤할 수 있겠는가. 그분이 그렇게 친절을 베풀 때마다, 또한 친히 집무실에 들러 주실 때마다 나는 몸 둘 바를 몰라 했다. 알 수 없는 감정으로 설레기도 하였다. 특히 그분에게서 풍기는 향기로운 냄새는 잊고 있었던 어머니를 생각나게 했다. 내가 지금 어머니와 이야기하는 것이 아닌가 하는 착각이 들 정도로 말이다. 어머니에게서도 그렇게 좋은 냄새가 났었다.

비록 한때 나를 곤경에 빠뜨리긴 했지만 그분을 매도하고 싶은 맘은 없다. 이해해 주고 싶다. 날 좋아했던 것도 단순히 내 얼굴과 신체의 준수함 때문만이 아니라 생각하고 싶다. 돈과 지위가 있고 아름다운 여자였지만, 따져 보면 그분도 외롭고 서러운 분이었으니까.

사실, 아비멜렉을 비롯하여 남의 말 하기 좋아하는 사람들이 보디발 장군을 '고자'라고 수군대는 데는 그럴 만한 이유가 있었다. 장군의 나이가 오십을 넘은 지 오래였고, 여주인 또한 사십이 넘었으나 자식이 없었기 때문이다.

내 노예 생활 초기 때만 해도 여주인이 몸이 약해 아기 갖는 일을 미루고 있다거나, 몇 번 자연 유산이 되었다는 소문을 액면 그대로 믿는 눈치들이었다. 그러나 내가 여주인을 겁탈했다는 이유로(일부 사람들만이 강간 미수로 알았다고 한다. 원래 소문이란 그런 거니까) 지하감옥에 갇힐 무렵에는 그것을 믿는 사람들은 아무도 없었다.

사십이 넘었다고 하나 나의 여주인은 예뻤다. 아기를 낳지 않은 여인이기 때문인지, 아니면 열심히 가꾸었고 또한 고생을 모르는 분이라서 그런지는 알 수 없으나, 그분은 분명 나이보다 훨씬 젊어 보였다. 적어도 내 눈에는 그랬다. 솔직히 말해서 그분이 처음 내게 이상한 행동을 했을 때, 나는 그분이 아니라 나를 나무랐다. 그럴 리가 없다고, 뭐가 아쉬워서 노예인 너를 원하겠느냐고, 네가 불순하기 때문에 그런 생각을 하는 것 아니냐고 나 자신을 책망했다. 그게 송구스러워서 나는 그만큼 그분에게 잘해 드렸다. 그런 생각을 가지고 그분을 바라보니 의심스러운 구석이 없는 듯하기도 했다. 그래서 안심했다. 오히려 그런 생각이 고개를 쳐들면 사정없이 짓눌러 버렸다. '네가 이렇게 배은망덕할 수 있느냐'라는 독백과 함께.

그분이 얘기할 때, 처음엔 고개도 제대로 못 들었다. 그러나 공적·사적 접촉이 잦아지면서, 또한 '이분을 어머니처럼, 누님처럼 의지하며 살자'는 다짐을 하면서 그분을 대하는 내 행동이 자연스러워지기 시작했다. 시키지 않는 말을 하기도 하고, 어떤 일에는 내 의견을 조심스럽게 내세우기도 했다. 그런 나를 발견하면서 처음엔 적잖게 놀라기도 했다. 그러나 문제는 가끔씩 그분에게 농담하고 싶다는 충동을 느끼면서부터이다. '야! 요셉, 너 이러다가는 여주인님과 맞먹겠다?'

그런 고민을 더 이상 할 필요가 없는 날이 들이닥쳤다. 전혀 예상치 못한 일이었다. 장군이 파라오를 모시고 지방 행차를 나간 것이 문제의 발단이었다. 바로 그때부터 여주인은 대담하게 내게 성적인 접촉을 요구하기 시작했으니까. 내 생애에서 그때만큼 곤혹스러운 때가 있었을까? 아마 없었을 것이다. 비록 1년이었으나, 여섯 살에 모친을 여의고 열일곱 살에 가족과 생이별을 당한 후 정을 잊고 살아온 내게 여주인이 어떤 존재였던가. 어머니이자 아버지였고, 누님이자 친구 아니었던가.

형들이 내 옷을 벗기고 구덩이에 밀쳐 넣었을 때는 그래도 견딜 만했다. 애원하는 나를 끝내 노예상들에게 팔아 버릴 때도 막연하나마 희망은 있었다. 형들이라고 하지만 날 좋아하지 않는다는 것을 일찍부터 알았으니까. 한집에 살면시도 아버지가 보지 않을 때는 내 인사도 받지 않을 정도로 나를 미워했으니까. 아니, 나를 동생이라 여기지조차 않는 듯했으니까.

물론 형들로 인해 힘들고 괴로웠던 걸 어찌 말로 다 할 수 있겠는가. 쉽게 잊을 수도 없었고 잊히지도 않았다. 그래서 좀 더 의연하게 견딜 수 있었는지 모르겠다. 그러나 여주인님은 적이 아니라 의지할 사람이라 굳게 믿고 있었으니 그로 인한 충격은 더욱 클 수밖에 없었다.

누구에게나 그렇듯, 존경하는 사람의 청을 거절하기란 어려운 법이다. 더구나 '이것만은 꼭 해 달라'거나 '너만은 믿는다'라는 말과 함께 하는 부탁일 땐 더욱 그렇다. 그렇게 보니 내 손을 그토록 자주 잡아 주고 등을 토닥인 것도 다 이유 있는 제스처였던 것이다. 처음엔 몰랐다. 그러나 그분이 부부끼리만 할 수 있는 것으로 알았던 행동을 넌지시 요구하며 접근해 왔을 때, 나는 소스라치게 놀라며 그제야 깨달았다. 어떤 때는 얼굴이 화끈 달아오른 채로 그 방을 뛰쳐나왔다. 그럴 때마다 그분은 '장난인데 뭘 그러느냐'며 웃었다. 그분은 나의 이런 반응을 즐겼는지 모르겠다. 아니, 어쩌면 그런 행동을 더 원했는지도 모르겠다. 그때까지만 해도 순진한 나는 청을 거절함으로 그분이 입을 상처를 생각하면서 괴로워했으니까

그러나 그렇게 사치스러운 고민들로 더 이상 시간을 질질 끌 수 없는 날이 왔다. 무언가를 분명히 선택해야 할 시간이 들이닥친 것이다. 이것저것을 따져 보고 생각할 시간이 없었다. 상황 자체가 너무 긴박했기 때문이다. 나는 즉시 결정해야 했고, 그대로 행동하였다. 더구나 그 결정은 내 인생을 살릴 수도 있고 죽일 수도 있는 것이었다. 왜냐하면 그분이 너무도 명백한 몸짓과 언어로 나를 원했기 때문이다. 너무 열심히, 그리고 날마다…….

13.
지하감옥에서
: 스물여덟의 자서전 2

"요셉. 이번만은 거절하지 마. 제발! 이제 둘이서 에돔 땅으로 도망치자고 안 할게. '장군이 안 계실 땐 네가 내 남편이 되어야 하는 거야' 따위의 말도 취소할게. 그러니 제발, 내 청을 거절하지 마, 응? 오늘 단 하루만……. 아니, 단 한 번만이라도 좋아. 내게 삶의 의미를 느끼게 해 줘. 나도 여자라는 걸, 평범한 여자들이 느끼는 행복으로 만족할 수 있다는 걸 알게 해 줘. 그 짜릿한 희열을 간직하고 살아가고 싶어. 방황 같은 거, 이제 더 이상은 안 할게. 요셉, 그러니 단 한 번만……."

더는 듣고 있을 수가 없었다. 그 방에 머무를 수도 없었다. 주인 마님이 한 손으로는 내 가운을 강하게 휘어잡고, 또 다른 손은 자기 가슴께의 옷섶을 풀어 헤치고 있었다.

순간, 나는 그분의 말이 끝나면 하려고 준비하던 정중한 답변을 꿀꺽 삼켰다. 그 어떤 말도 그 의지를 제지할 수 없다는 생각이 스쳤기 때문이다.

 벗어나고 싶었다. 아니, 벗어나야 했다. 그외에는 아무것도 생각할 수가 없었다. 사람들의 반응이나 의견? 그런 건 중요하지 않았다. 관심 밖이었다. 설사 그런 걸 떠올렸다고 해도 내 행동은 달라지지 않았을 것이다. 지금 다시 생각해 봐도 그 방법밖에는 내가 달리 선택할 게 없었다.

 장군께서 돌아오실 때까지 3개월 동안을 어떻게 살았는지 모르겠다. 그건 사는 게 아니었다. 장군께서 빨리 돌아오시면 좋겠다는 생각을 얼마나 자주 했는지 모른다. 이미 나는 장군 집의 모든 사람이 아는 강간 미수범이었다. 더군다나 무엄하게도 대 이집트 제국의 경호대장 보디발 장군의 안방마님을 겁탈하려 한 히브리 종놈이었다. 그럼에도 내 판결은 유보되었다. 차라리 이곳에서 강간 미수범에게 적용되는 법률에 따라 곤장 1천 대를 맞고 병신이 되든 죽든 옥살이를 하든 하는 게 더 나을 것 같았다.

 내가 옷을 빼앗긴 채 내 방으로 돌아와 망연자실해 있을 무렵, 안채에서는 여주인이 내 가운을 들고 온 경내 사람들을 불러 놓고 고래고래 소리를 질렀다고 한다.

 관저 사람들이 여주인의 말을 얼마나 곧이곧대로 들었는지는 모른다. 분명한 것은, 그날 이후 경내의 모든 사람들이 나를 슬슬 피해 다녔다는 사실이다. 내 직위 때문에 드러내 놓고 내 욕을 하는 사람은 눈에 띄지 않았으나, 내 어찌 그들의 수군거림을 몰랐겠는가. 만약 내가 총지배인이 아니었다면 바로 그날 곤죽이 되도록 맞고 옥에 처넣어졌을 것이다.

그날 이후로는 아무 일도 손에 잡히지 않았다. 그런 와중에서도 지시를 내리고, 보고를 받고, 일의 감독을 해야 하는 것이 얼마나 괴롭던지……. 어디 그뿐인가. 장군이 안 계시니 의당 안주인에게 집무를 보고해야 할 터인데, 그런 관계로 결재를 받을 수도 없고 안 받을 수도 없는, 정말 이러지도 저러지도 못하는 3개월이었다.

물론 그 어느 때보다 열심히 아브라함의 하나님을 찾았다. 아침이 되었음을 느끼며 눈을 뜨고 일어나는 순간, 내가 훨씬 이전부터 기도하고 있었다는 것을 알고 놀라는 날이 하루이틀이 아니었다. 그렇게 당시의 내 생활은 온전히 기도를 요청하고 있었다. 기도를 필요로 하는 것이 나인지, 아니면 현실이 내 기도를 요청하는지 분간이 안 갈 정도로 말이다. 잠을 자고 있는 시간에도 내 영혼은, 아니 나의 하나님은 날 위해 기도하고 있다는 사실을 나는 난생처음 느꼈다.

그렇게 기도했지만, 3개월은 빨리 지나가지 않았다. 여전히 하루가 너무도 길었다. 누명도 벗겨지지 않았다. 정말이지 보이는 것들은 아무것도 달라지지 않는 것 같았다. '하나님을 경외하여 기도하는 요셉'과 다른 노예 사이에 아무런 차이도 없어 보였다. 그것이 솔직한 심정이었다.

그러나 이상한 건, 때때로 불안과 두려움 저 밑에서 '괜찮다, 내가 너와 함께한다'라고 속삭이는 듯한 느낌이 들었다는 것이다. 다시 확인해 보면 아무것도 들리지 않는 것 같아 약간의 혼란을 느끼기도 했다.

다르다면 그것이 달랐다. 그러나 그 기도는 아무것도 아닌 게 아니었다. 그 기도는 감옥보다는 그 이후의 삶을 위한 준비였다. 나는 의식할 수 없었지만, 하나님은 나를 이집트의 총리로 쓰시기 위하여 그렇게 내가 기도에 전념할 수 있는 여건을 허락하셨는지 모른다. 그뿐만 아니라 그곳이 아니고서는 세상 어느 곳에도 내가 이집트의 황실로 들어갈 수 있는 통로는 없었다. 그래서 하나님은 나를 그 지하감옥으로 인도하신 것이고.

장군이 돌아오시고 나서 일어났던 일을 여기서 길게 언급하지는 않을 참이다. 그때 그 일로 인해 새로 만나게 된 장군과 하나님께서 그 사건을 통해 무엇을 교훈해 주셨는지를 이미 밝힌 바 있으니까.

나는 종종 강간 미수범이란 죄명을 달고 있었던 스물여덟의 내 인생을 회상하면서 살아왔다. 물론 내가 회상했던 곳은 그냥 감옥이 아니다. 춥고 더럽고 배고픔을 느꼈던 구체적인 장소로서 감옥이 아니라, 의인화와 추상화를 통해 내 영혼의 빛과 병원이 된 감옥! 그것이 내가 인생의 순간마다 추억했던 감옥이고 옥살이였다. 따라서 그곳은 더 이상 감옥이 아니었다. 사람을 가두고, 때리고, 절망시키고, 죽게 만드는 감옥의 본질에서 멀어져, 감사를 느끼게 하고, 반성하게 하며, 진정한 자유를 꿈꾸게 만드는 곳! 나의 스물여덟에 그곳이 내 인생의 요람이었으며 노래가 되어 주었다.

그랬기에 나는 보디발 장군의 지하감옥을 생각할 때마다 고마움을 느낀다. 그땐 몰랐지만 이제는 분명히 안다. 내가 어떻게 그 싸움에서 이길 수 있었는지, 그리고 내 목숨보다 소중한 성결을 지킬 수 있었는지 말이다.

이제 나는 누구 앞에서든 그때 그 일을 즐거이 말할 수 있을 것 같다. 찬양은 영원하신 하늘의 대주재께 돌려야 하지만, 나의 감사는 누구보다 아버지 야곱에게 돌려야 옳다. 만약 아버지가 나를 무릎에 앉혀 놓고 아담과 하와로부터 큰아버지 에서에 이르기까지 재미있고 때로는 숙연했던 옛날이야기를 들려주시지 않았더라면, 나는 분명 여주인을 범했을 것이다. 아마도 틀림없이! 재미있게만 느껴지던 그 달콤한 옛날이야기가 내 안에서 그렇게 무서운 능력을 발휘하게 될 줄을 난 정말 몰랐다. 상상할 수도 없었고 예측할 수도 없었다.

그렇다! 그건 분명 단순한 옛날이야기가 아니었다. 아버지가 나를 재미있게 하기 위해 꾸며 낸, 생명력이 없는 말장난은 더더욱 아니었다. 그건 우리 조상들의 삶이었고, 더군다나 아무것도 보태거나 빼지 않은, 있는 그대로의 인생사였다. 그래서 그 얘기에는 밝은 면보다는 어두운 면이, 성공보다는 실수가 더 많았다. 어린 나로서는 그래서 더 재미있었는지 모르지만.

인제 생각하면 아버지 야곱의 옛날이야기는 분명 사람의 얘기 그 이상이었다. 나는 감히 야곱의 그 이야기를 하나님의 이야기, 곧 하나님께서 이 세상을 다스리시는 이야기라고 부르고 싶다. 그건 인간들의 이야기일 뿐 아니라 동시에 우리 조상들을 선택하고 사랑하신 우리 하나님, 바로 그분에 관한 이야기였다. 따라서 그 이야기에는 목적이 있었다. 그 일이 있고 난 후부터 나는 이 점을 한 번도 의심해 본 적이 없다. 그렇다. 아버진 이야길 해 준 것이 아니라 자기가 믿는 하나님을 고백하고, 자기 신앙을 간증했던 것이다. 어쩌면 일곱 살짜리 꼬마에게가 아니라, 기도 속에서 영감으로 나의 파란만장한 삶을 미리 내다보고 느끼며 해 주신 신앙의 경고였는지 모르겠다. 그것이 하와 할머니의 실수든, 큰아버지의 팥죽 사건이든, 아니면 벧엘에서 본 하나님과 천사에 관한 자신의 꿈 이야기든…….

이렇게 신령하고 앞을 내다보신 분, 어린 나를 아이가 아니라 하나의 인격으로 대해 주셨던 아버지. 나는 그분에게 감사한다. 또한 부끄러운 과거를 가진 나의 아버지를 그토록 훌륭한 인격자와 신앙인으로 만들기까지 오래 참으신 하나님께 감사한다. 더구나 날 야곱의 아들로 이 세상에 보내 주셨으니 내 어찌 하나님께 감사하지 않을 수 있겠는가.

내가 만약 야훼 하나님과 그분이 우리 아브라함 패밀리에 하신 그 약속을 믿지도 자랑스럽게 여기지도 않았더라면 나는 그때 끝장났을 것이다. 왜냐하면 이집트에서 소망 없이 살아가는 다른 노예들처럼 '난 더 이상 망가질 것도, 빼앗길 것도 없는 몸! 그러니 될 대로 되어라' 하는 식이었을 테니까. 그것이 내 처지였고, 내가 노예였기 때문에 억울하게 뒤집어써야만 했던 누명이며 형벌이었으니까.

여주인을 등에 업고 보디발 장군으로부터 더욱 인정받을 수 있는 기회였다고? 눈 한번 질끈 감으면 꿩 먹고 알도 먹을 수 있는 기회였다고? 가장 적은 투자와 희생으로 가장 확실하고 빠르게 출세하는 길인데, 왜 머저리처럼 걸어찼느냐고? 그럴지도 모른다.

간통이란 게 임신만 피하면 깨진 병을 붙여 놓은 것처럼 금방 표가 나는 일이 아니니까. 운이 좋으면, 아니 더럽게 재수가 없지만 않다면 그것보다 경제적이고 능률적인 출세 방법도 없다 할 수도 있을 테니까.

그러나 나는 안다. 잠깐은 내 양심과 많은 사람을 일시에 속일 수 있을 것이다. 그러나 언제까지나 그럴 수는 없다. 하나님께서 살아 계시기 때문이다. 돌이켜 생각해 볼 때, 아버지는 그 재미있는 이야기를 통해 내게 하나님께서 살아 계시다는 것과, 청결하고 깨끗한 양심을 버리느니 차라리 옷을 버리고 지위를 버리고 그 대신 오해와 비난과 형벌을 끌어안으라 가르치신 게 분명하다. 다시 말해 그분은 내게 사람들에게서 오는 칭찬이나 비난이 중요한 게 아님을 가르치신 것이다. 그 덕분에 나는 언제 어디서든 양심에 거리낌 없이 살고, 하나님의 인정을 받기 위해 사람에게 정직하고 성실한 것, 그것이 영원히 사는 길이란 것을 배운다.

이에 더해 아버지는 그 무엇보다도 '용서'를 가르쳐 주셨다. 아버지 야곱을 향한 하나님의 용서와 사랑! 그걸 몰랐더라면 나는 그녀에게 축복과 기도는커녕 복수의 칼을 꽂았으리라!

14.
내가 믿는
하나님

'야훼 하나님은 사랑이 많다'거나 '복 주길 즐겨하신다'라는 따위의 말은 히브리인이라면 누구든지 할 수 있다. 정도의 차이야 있겠지만 누가 해도 괜찮다. 하나님을 체험적으로 알기만 한다면 말이다. 그러나 세상엔 분명 아무나 해서는 안 되거나 할 수 없는 말이 있다.

나는 대 이집트 제국의 총리다. 한 마을을 대표하는 족장이나 그랄 땅의 왕 아비멜렉과 같은 작은 나라의 군주가 아니다. 명실공히 세계를 지배하는 대 이집트 제국의 총리다. 그래서 나는 권력의 속성이 어떤 것인지 잘 안다. 나라가 어떻게 움직이는지도 훤하다.

그뿐만이 아니다. 나는 세계 정세에 대해서는 물론, 그것을 움직이는 힘이 어디서 나오는지, 그리고 어떤 사건들이 세계 정세의 변화에 실질적인 영향을 주는지도 잘 알고 있다. 어느 나라가 큰

소리만 뻥뻥 치는 종이호랑이인지도 군대 장관의 보고를 통해 상세하게 파악하고 있다. 허울 좋은 명분 뒤에 숨겨진, 전쟁의 진짜 목적이 무엇인지도 나는 꿰뚫어 본다.

60년 이상을 이 직책에 앉아 온갖 일을 다 겪어 본 총리이기 때문에 하는 말이다. 단순한 총리가 아니라 거의 한평생을 국정의 책임자로 나라에 봉사한 총리로서, 나는 하나님에 관하여 남이 쉽게 하지 못할 말을 가지고 있다. 신앙에 관하여, 신앙인의 자격으로 말이다. 그분이 나를 대 이집트 제국의 총리로 한평생을 살게 하신 이유 중 하나는, 지금 내가 하려는 바로 이런 말을 온 세상이 듣도록 하려는 데 그 목적이 있었다고 나는 확신한다.

내 아버지의 할아버지인 아브라함은 야훼 하나님을 "하늘의 하나님, 땅의 하나님이신 여호와"(창 24:3)라 말씀하셨다고 한다. 그 이야기를 들을 때마다 과연 대단한 신앙이라고 생각했던 기억이 난다. 나는 지금도 그 한마디를 떠올릴 때마다 아브라함의 높은 경지와 웅대한 규모에 압도당하곤 한다. 그 신앙에 비교할 수는 없으나, 이 시점에서 내가 고백할 수 있는 하나님은 분명히 이런 분이다.

그분은 온 세상을 다스리신다. 역사 속에 현존하시면서 임금들을 세우기도 하고 폐하기도 하신다. 이름하여 왕 중 왕이시다. 그뿐만 아니라 그분은 분명한 뜻을 가지고 계신다. 그 뜻을 이루기 위하여 친히 온 세상 임금들의 임금이 되셔서 인간의 역사 속에 개입하신다. 아니, 역사를 주관하고 통치하며 사람들과 나라들을 당신의 역사에 개입시키신다.

나도 처음엔 이집트 제국의 파라오가 세상을 통치하는 줄 알았다. 그래서 '온 우주를 누가 다스릴까' 따위의 궁금증은 꿈에도 품지를 않았다. 사실 노예들에게는 그러고 싶어도 그럴 시간도 없고 마음의 여유도 없다. 분명 역사니, 정치니, 세계 정세니 하는 것들은 노예들에게는 사치고, 배운 자들의 표현을 빌려 말한다면 '공허한 지적 유희'에 불과하다.

그러나 잘라 말하건대 지금의 입장은 그렇지 않다, 전혀! 역사와 정치야말로 나의 주된 관심사가 아닐 수 없다. 현역 정치인이라서 하는 말이라 생각하지는 말기를 바란다. 절대로 그렇지 않으니까. 따라서 내 말을, 거짓말을 일삼는 시정잡배나 다름없는 정치인의 허가 낸 거짓말로 들어서는 곤란하다. 나는 지금 이집트 제국의 총리로서 담화문을 발표하는 게 아니라 한 사람의 신앙인으로 신앙을 고백하는 것이니까. 이 사실을 부디 염두에 두었으면 좋겠다.

나는 이제 분명히 안다!

야훼 하나님은 온 우주의 하나님이시다. 히브리 민족의 하나님이신 것도 틀림없는 사실이다. 그러나 그분은, 다른 민족이 섬기는 잡신들처럼 히브리인의 부족 신이거나 민족 신이 아니다. 그분은 온 인류와 민족의 하나님이시고 만물의 생사화복을 주관하신다. 그뿐만 아니라 그분은 온 우주의 주인으로 눈과 비, 천둥, 번개, 계절 등을 주관하신다.

알 만한 사람은 다 알지만 이집트는 군사력만 세계 제일이 아니다. 이 땅은 세계 제일의 곡창이기도 하다. 따라서 7년 대풍년 때 저장한 곡식이 바닷모래같이 심히 많아 세기를 그쳤던 것이 그렇게 놀랄 일은 못 된다. 내가 아는 한 이집트 역사 이래 무려 7년씩이나 흉년이 들었던 적은 없다. 모두가 놀란 건 바로 이 점이다. 어떻게 이런 일이 일어나느냐 하는 것이 모든 백성의 생각이었다. 그들은 하나같이 말했다.

"만약, 만약에 사브낫바네아(이것은 파라오가 총리 서품 때 내게 지어 준 이집트 이름이다) 총리가 없었다면 우린 무얼 먹고 살았을 것이며, 또한 이 나라의 운명은 어떻게 되었을까……."

그도 그럴 것이 그들에게 흉년이란 생소한 일이었다. 그들은 분명히 알았다. 이집트가 강대국이 된 것이 세계 제일의 곡창지대를 쥐고 있다는 사실과 무관하지 않다는 것을. 그렇다면 흉년은 실로 대 이집트 제국의 국운이 걸린 중대 위기였다!

'사브낫바네아'란 내 이집트식 이름엔 실로 어마어마하고도 어처구니없는 뜻이 담겨 있다. '신이 말씀하신다. 지금도 말씀하신다'란 의미니까. 내가 행사할 수 있는 권력이 어느 정도냐면, 파라오의 표현을 빌리자면 "이집트 온 땅 안에서 요셉의 허락 없이는 손 하나 발 하나 꼼짝할 수가 없다." 사람들은 내가 명령만 하면 '날아가는 새도 떨어질 것'이라고 굳게 믿는 눈치였다.

이런 나도 맘대로 할 수 없는 게 있었다. 이집트식 이름이 그것이었다. 이름을 고치거나 히브리 이름을 그대로 쓰고 싶은 마음이야 간절했지만 어쩔 수가 없었다. 파라오가 지어 준 이름이었기에 하는 말이다.

나는 본의 아니게 야훼 하나님으로 불리는 그분이 용서 못 할(?) 죄를 저지른 죄인이어야 했다. 그래서 나는 집이 좋았다. 특히 나의 아내 아스낫과 단둘이만 있을 수 있는 우리의 침실을 좋아했다. 이상하게 들려도 할 수 없다. 나는 정말 밤이 좋았다. 나는 아침이 아니라 밤을 더 많이 기다렸다. 밤은 늘 행복했다. 아스낫만큼은 비록 침실이라는 제한된 공간과 밤이라는 정해진 시간 안에서였지만 나를 '요셉'이라 불러 주었기 때문이다.

그녀가 나를 "요셉……" 하고 불러 주는 목소리는 언제나 나직했다. 혹시라도 아랫것들이 들으면 어쩌겠느냐는 그녀 특유의 조심성 때문이었다. 그렇기 때문에 나는 밤이, 그리고 밤의 아스낫이 더 좋았다. 요셉이라고 나직하게 부르는 아스낫의 음성은 내게 언제나 자유와 행복감 그 자체였다.

그러나 그녀의 그 부드러운 목소리는 때때로 내 귀에 청천벽력처럼 들렸다. 내가 사명을 망각하고 총리라는 세상 권력에 안주하려 할 때나 아브라함 패밀리의 실질적 대표, 그러니까 '히브리인 중의 히브리인'임을 자랑하지 못하고 있을 때, 기도를 게을리할 때 그랬다. 졸거나 잠들라치면 하나님은 언제나 그녀가 부르는 내 이름을 통하여 사명감을 일깨우셨다. 기도를 다그치셨다.

그러니까 '요셉'이란 이름은 내게 그저 단순한 이름이 아니었다. 그것은 내게 자유와 행복감을 안겨 주는 동시에 나를 창조하신 하나님께로 끊임없이 인도해 가는 그 무엇이었다. 그럼에도 나는 남도 아닌 내 이름을 부르기 위해 주변을 둘러보고 체통을 생각해야 하는 그런 신세였다.

총리가 되던 바로 그 이듬해부터 시작된 풍년은 정말 대단했다. 예상은 했지만 그 정도까지일 줄은 몰랐다. 그러나 그들이 나보다 훨씬 더 놀랐다.

"그들도 처음엔 거두어들인 곡식을 일일이 다 계산하였으나 나중에는 계산하는 것을 그만두었다. 바닷가의 모래알같이 셀 수 없을 정도로 많았기 때문이다."

그러나 '예언'—그들은 내가 했던 파라오의 꿈 해석을 그렇게 신성시했다—대로 흉년이 시작되었을 때, 그들의 관심은 단지 배고프다는 것에만 머물지 않았다. 온 땅에 난리가 날 정도로 기나긴 기근이 시작되었다. 그럴수록 온 이집트 백성과 관리들의 모든 관심은 내게로 쏠렸다. 처음 풍년을 보면서는 신기하다는 표정들을 지었다. 딱 그 정도였다. 그러나 7년의 풍년이 지나고 흉년이 이어지며 '예언'이 10년을 넘도록 틀림이 없자 그들이 나를 대하는 태도가 싹 달라졌다. 파라오가 이름을 너무나 잘 지었다고 모두가 혀를 내둘렀다는 것이다.

"우리 총리는 이름 그대로야. 틀림이 없다니까. 아니, 생각들을 해 보게! 신(神)이나 신의 아들이 아니고서야 어떻게 이런 일을 족집게처럼 맞힐 수 있겠어. 그래, 어떤 사람의 죽을병을 고쳤다고 해도 우리가 이토록 놀라지는 않지. 그런데 이건 뭐 이집트뿐 아니라 전 세계의 흉년과 풍년을 10년이 넘도록 훤히 꿰뚫어 보니, 그게 신이나 신의 아들이 아니고서야 어디 될 법이나 한 일이겠는가 이 말이야!"

이때부터 나의 행차 때마다 앞서가며 "물렀거라, 물렀거라"를 외치던 경호원들은 할 일을 빼앗겨 버렸다. 모든 이집트인들이 자신들을 국난의 위기에서 건져 낸 수호신을 섬기듯 나를 섬기며 앞을 다투어 엎드렸기 때문이다. 이집트에서 나는 신처럼 높임을 받았다.

나를 이렇게 만드신 데는 하나님의 목적이 있었던 것 같다. 나의 입을 통해 온 세상에 하시고 싶은 말씀이 있었던 것이다. 그러니까 오늘 내가 "야훼는 ……한 분"이라고 한 고백은 나의 하나님께 올려 드리는 이 요셉의 신앙고백이 되는 셈이다.

15.
아, 나의 넷째 형 유다!
: 유다 형 이야기 1

역사란 반복되는 것인가.

표현을 달리해 보자. 꿈은, 예언은 반복되는 것인가. 아버지의 임종 시 그분이 우리 열두 형제를 불러 놓고 축복하시던 그 자리에서 나는 분명히 들었다.

"유다. 너는 네 형제들의 찬양을 받으리라. 네 손은 원수들의 멱살을 잡겠고 네 아비의 자식들이 네 앞에 엎드리리라."

형에게 우리 형제들이 엎드려 절하게 된다……? 순간, 나는 내 귀를 의심했다. 나 아닌 다른 사람도 온 가족의 절을 받는 꿈을 갖거나 받을 수 있다고는 생각해 본 적이 없었기 때문이다. 놀란 것은 나만이 아니었다. 다른 형님들의 안색에서도 당황한 빛이 역력했다. 그럴 수밖에 없었는지 모른다. 우리 집의 평지풍파는 모두 두세 번을 연거푸 꾸었던, 그러니까 가족들 모두가 내게 절을 하던 바로 그 꿈 때문이라고 믿고 있었으니까.

이제 겨우 그 지긋지긋한 가정불화가 끝났다고 믿고 있는 형님들에게, 모두가 유다 형 앞에 절을 하게 될 거라는 말은 칼이나 창만 안 들었지 전쟁 선포나 다름없었다. 장내의 긴장은 당연했다. 그것이 일순간의 해프닝으로 끝난 것은, 그 정도의 일로, 더군다나 아버지가 임종 시에 주신 축복 때문에 가정이 또다시 불행해지지는 않을 것이라는 형님들의 확신이 너무 분명했던 까닭이다.

그러나 나는 달랐다. 나한테는 해프닝으로 끝날 수 없는 일이었다. 아니, 그래서는 안 되는 일이었다. 단지 과거와 같은 불행이 재연되지 않으면 형제들 모두가 누구에게 절을 하든 상관없다는 식의 사고방식은 내 것이 아니었다. 평생을 정치판에서 잔뼈가 굵은 총리로 어찌 그리 무책임할 수 있겠는가?

아직도 내 귀에 생생하기만 한 아버지의 그 음성은 수시로 내 생각을 자극했다. 나는 그 일로 유다 형뿐 아니라 하나님에 대해, 그리고 그분의 섭리와 사랑에 대해 참 많은 생각을 했다. 나는 알고 싶었다. 어떻게 하나님께서 유다 형에게 그런 축복을 주실 수 있었는지를. 그것이 궁금한 것은 너무 당연한 일이었다. 하나님께로부터 같은 꿈 내지 비전을 받은 우리 둘은 서로 너무 달랐기 때문이다. 너무 다른 삶을, 아니 정반대의 삶을 산 두 사람이 똑같은 복을 받고 똑같은 꿈을 꾼다? 불평을 하자는 것이 아니라, 나는 그 점을 쉽게 납득할 수 없었다. 뭔가 이상하지 않은가?

난 그 심오한 하나님의 뜻을 헤아리고 싶었다. 그뿐이 아니다. 형에게는 분명 상식으로 설명되지 않는 부분이 있었다. 남자가 여자가 되는 것만큼이나 불가능한 변화가 형에게서 있었으니까. 아버님이 유다 형에게 베풀어 주신 예언적인 축복은, 구제 불능으로 알았던 한 사람을, 기대를 가지고 다시 보게 하기에 넉넉했던 것이다.

내 나이 사오십 대의 화두(話頭)는 유다 형이었다. 인생의 가장 중요한 시기라 할 수 있는 사오십 대에, 그것도 이집트의 존망이 걸린 대기근을 해결해야 하는 막중한 책임을 훌륭하게 완수해야 할 그 시기에, 나는 줄곧 형을 생각했다(국정을 소홀히 할 정도로 그랬다는 것은 아니다). 피를 나눈 골육이었음에도 나는 형을 깊이 알고 이해하기 위해 거의 20년을 매달려야 했다. 유다 형을 안다는 것은 그만큼 쉽지 않은 문제였다. 아니, 너무도 버거운 문제였다.

내가 그저 단순히 총리라기보다는 이집트의 현자나 히브리의 예언자같이 생각을 깊이 하는 정치가란 이야기를 더 많이 듣게 된 데는 유다 형의 공로가 컸다. 만약 하나님께서 유다 형을 내 곁에 두지 않으셨다면, 그래서 사고력을 여러모로 단련시키지 않으셨다면 나는 하나님의 섭리와 역사를 의식하면서 오늘의 정치 현안을 풀어내는 정치는 못 했을 것이다. 오늘 내가 쓰려고 하는 이야기는 형을 알아 가는 과정에서 느꼈던 것들이다. 과정이 어렵고 길었던 만큼 얻은 것 또한 소중하고 영원할 이야기……

위에서 나는 '거의 20년을 매달려서야 형을 알았다'라고 썼다. 그렇다. 형의 문제를 생각하려 할 때마다 거대한 산맥을 보는 듯했다. 처음엔 나도 유다 형의 문제를 대수롭지 않게 생각했다. 언덕 몇 개만 넘으면 이내 정상에 다다를 수 있을 줄 알았다. 그러나 그렇지 않았다. 산은 넘을수록 더 많아지고 높아졌다. 가까이 다가가면 정상은 그만큼 더 멀고 높이 달아났기 때문이다. 그렇게 20여 년을 기어오르고 나서야 나는 정상을 정복할 수 있었다. 그러니까 유다라는 넷째 형을 알 수 있었고, 만날 수 있었고, 사귈 수 있었다는 말이다.

하지만, 이 말을 하면서도 내게는 약간의 주저함이 있다. 내 가슴은 형이 당한 고통 속으로 끝내 들어갈 수 없었기 때문이다. 나는 형을 '안다'라는 말 앞에서 늘 주춤거려야 했다. 그래서 더 형을 생각했는지 모른다.

아, 나의 넷째 형 유다!

그는 아들을, 그것도 결혼시킨 지 1년밖에 안 된 아들을 가슴에 묻어야 했던 아비다. 더군다나 내 조카 엘의 죽음은 단순한 사고사가 아니었다. 하나님 보시기에 악을 행하다가 벌을 받아 죽었다고 한다.

신의 노여움을 사 신에게 죽임당한 아들을 둔 아비! 그것이 유다 형이 평생 낙인처럼 달고 다녀야 했던 치욕스러운 또 하나의 이름이었다. 장남이 그렇게 죽고 1년이 채 못 돼 차남 오난도 죽었다. 그 죽음은 더 기가 막히고 수치스러운 것이었다. 하나님의 저주를 받아 실오라기 하나 걸치지 못한 채 시체로 발견되었다니까. 조카 오난의 죽음을 아랫것들은 이렇게 알고 있다고 한다.

"둘째 도련님은 할 수 없이 형수와 마음에도 없는 결혼을 했대. 그런데 그 씨가 자기 것이 되지 않을 줄 알고 잠자리에서 정액을 바닥에 홀려 형의 후손을 남기지 않으려다 하나님의 눈 밖에 나 죽임을 당했다는 거야. 에그, 망측해라!"

형이 당한 곤경은 그 정도가 아니었다. 그 일이 있고 얼마 지나지 않아 사랑하는 아내까지 잃었다. 아무도 내게 그런 말을 해주지 않았지만, 나는 형수님의 갑작스러운 죽음이 화병이었다고 추측한다. 아무리 젊은 여인네였다지만, 1년 사이에 스물도 안 된 두 아들을 잃고 어떻게 정신이든 육체든 온전할 수 있겠는가. 더군다나 누가 보더라도 지옥행이 분명한, 하나님의 저주를 받은 죽음이 아니던가. 나는 가나안 여인이었던 형수님이 형님과 함께 지낸 약 20년 동안에 야훼 하나님에 대한 신앙을 받아들이셨는지는 알지 못한다. 다만, 두 조카가 하나님 보시기에 악을 행하다가 죽임을 당했다는 것과, 그 이후 형님이 윤락가를 드나들던 당시 정황으로 형수님의 신앙을 추측해 볼 뿐이다.

이것이 내가 이집트에 내려와 있던 약 22년 사이에 유다 형에게서 일어났던 일이다. 사실 나는 여기까지 써내려 오는 것만으로도 힘겹고 피곤하다. 그러나 아직도 쓰지 않은 내용이 떠오른다. 아무래도 베레스 이야기를 해야 할 듯하다. 유다 형과 형의 며느리 사이에서 태어난 형님의 늦둥이 말이다.

나는 베레스가 형님의 아들이라고는 꿈에도 생각할 수 없었다. 베레스가 유다 형을 아버님이라 부르는데 그의 어머니도 형에게 아버님이라 부르는 것을 보고는 얼마나 놀랐던지! 그런 호칭은 히브리는 물론 이곳 이집트에도 없었기 때문이다. 베레스로부터 아버지라는 호칭을 들을 때마다 유다 형은 무엇을 생각했을까. 형님은 눈을 감을 때까지, 며느리를 범한 그 옛날 일에 큰 부담을 안고 살았던 게 아닐까. 윤락가를 드나든 것을 모두가 알았으니, 아버지 또는 할아버지로서 그분이 가족들에게 하고픈 말을 다 하며 살 수 있었을까?

나는 안다. 나를 노예로 판 것 때문에 형님이 얼마나 양심의 가책을 느끼며 살았는지를 말이다. 형님이 집을 뛰쳐나와 아둘람으로 내려간 것이 내가 이집트로 끌려오고 얼마 지나지 않아 일어난 일이라고 들었다. 형은 동생까지 죽일 수 있는 집에 환멸을 느꼈다고 한다. 그 빌미를 제공한 아버지의 무분별한 편애도 참을 수 없었고.

형은 그렇게 뛰쳐나와 이방 여자와 술로 자학했다. 아버지에게 반항하기 위해, 또는 동생을 팔았다는 괴로운 악몽에서 벗어나기 위해 가나안 여자와 결혼을 해 버렸다. 형님이 겪었을 이런저런 마음고생을 더듬다 보면 내 고생은 고생도 아니라는 생각이 든다. 졸지에 두 아들과 아내를 잃은 형님의 실존적 고통과 보디발 장군의 안주인에게서 받았던 유혹의 크기를 내가 어찌 비교하겠는가.

오해가 없기를 바란다. 죄를 미화하려는 것이 아니다. 죄지은 형님을 무조건 옹호하려는 마음 또한 추호도 없다. 비록 죗값으로 벌 받고 있는 죄인일지라도 나는 그 고민을 끌어안고 싶었다. 아픔을 함께 나누고 싶었다. 그러나 형의 경우는 모든 것이 과거 일이기에, 게다가 그 상처들이 치유되었다고 믿었기에 그 아픔과 슬픔을 나누려는 목적은 아니다. 나는 단지 과거의 형을 늦게나마 이해하고 싶었던 것이다.

조카 엘과 오난의 이야기를 길게 말한 것도 그들의 영혼을 위해 무엇을 해야겠다는 뜻에서가 아니었다. 내 관심은 죽은 그들이 아니라 살아 있는 그들의 아버지였으므로. 그분을 더 깊이 알고 사랑하는 것이 목적이었으므로. 이런 과정을 통해 어떻게 형님이 그 삶의 질곡들로부터 독수리처럼 위로 솟아오를 수 있었는지를 아는 것이 더 중요했으므로. 아니, 형님을 그렇게 사랑하고 도우시는 하나님의 손길을 확인하며 그 하나님께 찬양하는 것이었으므로!

형에게는 생의 질곡이 많았던 만큼 하나님의 간섭과 축복도 컸다. 그럼에도 형을 이해하기 어려웠던 것은 형에게 나타난 하나님의 섭리가 은밀하고 독특했기 때문이다.

하나님은 유다 형에게는 참 은밀하게 일하셨다. 형에게는 우리 가정에 그 흔한 꿈 하나도 없었다. 오히려 형은 점점 더 자신이 원치 않는 수렁으로만 빠져들었다. 왜 그런 일이 일어났어야 했는지를 알기 위해서는 참으로 많은 시간이 필요했다. 전 세계적인 흉년을 치르고, 우리 가정이 고센으로 거주를 옮기고 나서도 유다 형에게 일어난 일의 의미는 분명하지 않았다. 그걸 푼 것은 아버지의 예언적 축복이었는데, 하나님은 당신의 섭리를 이루시기 위하여 내 삶을 주관하셨던 것처럼 유다 형 또한 간섭하셨다. 방법은 아주 달랐지만 말이다. 그래서 나는 다음의 문장을 힘주어 쓰려고 한다.

유다 형의 인생을 들여다보라.

그러면 틀림없이 하나님이 어떻게 당신의 뜻을 이루어 가시는지, 또한 죄인을 어디까지 용납하며 사랑하시는지를 알게 될 터이니. 그리고 실패를 통해 한 사람을 어떻게 교훈하는지 알게 될 터이니.

16.
더럽혀진 자신을 넘어서
: 유다 형 이야기 2

아무리 생각해 보아도 그것은 문제 해결이 아니었다. 그렇게 풀어낼 문제가 아니었다. 아니, 그럴 수 없는 문제였고, 그래서도 안 되는 문제였다. 문제는 거기서부터 시작되었다. 그래서 나는 이 지점에서부터 출발하려 한다.

유다 형의 가출. 그렇다. 모든 문제는 거기서 비롯되었다. 가출이 없었다면 우리 아브라함 패밀리의 금기 중 금기인 가나안 여인과의 결혼은 불가능했다. 아버지 야곱의 눈에 흙이 들어가기 전에는 어림 반푼어치도 없었으리라!

만약 그 불행한 혼인이 없었더라도 아버지께서 혼혈아 손주들로부터 팔자(이게 웬 망발!), 아니 각본에 없는 '할아버지' 소리를 들으셨을까? 조카들의 몸속에 음탕한 가나안 사람의 피가 흐르고 있지 않았어도, 또한 그들이 어릴 적부터 근친상간이나 동성애 문화에 노출되지 않았어도 문란한 성생활에 탐닉하다가 비명에 갔을까? 그들이 죽지 않았어도 형수님이 천수를 다하지 못한 채 숨을 거두셨을까? 형수님이 살아 계셨어도 형님이 삶도 신앙도 포기한 채 윤락가를 들락거리는 폐인이 되셨을까? 그런 습관이 없었는데도 자기 며느리를 신전 창녀로 착각하여 임신시키는 반인륜적 패륜이 가능했을까?

천만에! 그렇지 않았을 것이다. 물론 유다 형처럼 가출을 해야만 이방 여자와 혼인을 할 수 있는 것은 아니다. 에서 큰아버지는 고향 땅에서 버젓이 부모 동의 없이 헷 사람의 딸들과 덜컥 동거부터 시작했으니까. 그러나 형의 가출이 없었다면 사정은 달라졌을 것이다. 불행이나 고통이 그만큼 줄거나 혹은 그것을 피할 수 있었을 테니까. 물론 역사를 논하는 데 있어서 '만약 그런 일이 없었다면……' 따위의 가정이 얼마나 부질없고 쓸데없는 시간 낭비인지를 나 또한 모르지 않지만 말이다.

형의 가출을 무조건 잘못했다는 투로 비판만 할 생각은 없다. 잘못된 것이기는 하지만, 동기의 순수성까지 삐딱하게 보고 싶지는 않기 때문이다. 내가 보기에도 문제 될 부분이 없는 것은 아니다. 하지만 형의 과거를 더듬는 내 의도가 비난이 아니라 이해였고, 동기가 선한 일이 왜 그토록 참담한 지경에까지 이르렀는지를 밝히려는 것이었기에, 가능한 한 형의 입장에 서려고 노력했다.

그렇다. 나는 형의 가출을 차라리 이해하고 싶었는지 모른다. 내가 파악한 바로는, 형의 가출 동기에 대해서는 두 가지 견해가 있다.

한쪽에서는 어찌 됐거나 형제고 더군다나 아버지가 그토록 사랑한 아들인데, 살해하려고 했을 뿐 아니라 애원하는 동생을 매정하게 이집트의 노예로 팔아 버렸으며, 날이면 날마다 아들의 죽음을 슬퍼하는 아버지를 차마 볼 수가 없어서, 또한 사건의 자초지종을 밝히고 용서를 빌라는 양심의 가책을 끝내 외면할 수가 없어서 집을 뛰쳐나간 것이라 주장했다.

다른 쪽에서는, 아들을 잃은 아버지의 지나친 슬픔, 다시 말해 아버지의 변할 줄 모르는 요셉 편애증에 실망하고 섭섭하고 역겨워 그 반항의 표시로 문을 박차고 나갔다고 했다. 이 주장을 더 믿고 싶어 하는 사람들은 몇 가지 사실을 증거로 들이대기도 한다. 형이 하나님이나 아버지에게 반항할 의사가 없었다면, 어찌 감히 족장의 허락 없이 가출할 뿐 아니라 아브라함 패밀리의 금기 중 금기인 가나안 여인, 즉 이방 여인과의 동거까지 할 수 있었겠느냐는 것이다. 일리는 있다. 나로서야 전자의 주장을 더 믿고 싶지만.

사실 나는 양쪽 모두에서 진실의 가능성을 발견한다. 양심의 가책과 아버지에 대한 실망과 증오! 이 모두가 형을 극도로 짓누른 게 아닐까. 아마도 그랬을 것이다. 내가 이렇게 생각하는 데는 나름대로 근거 있는 이유가 있다.

나는 형이 양심의 가책만으로 가출을 시도했다고는 보지 않는다. 첫 번째 주장은 듣기에 거북하지 않은, 듣기에 따라 아름답기도 한 이야기지만, 우리 가정의 불화를 너무 가볍게 취급한, 현실을 지나치게 미화하고 왜곡한 냄새가 난다. 대개 이런 낙관주의는 문제를 풀기보다 오히려 더 심화시킬 뿐이다.

그렇지만 나는 형이 오로지 반항만을 위하여 가출했다는 주장도 받아들일 수 없다, 결단코. 왜냐하면 당시 우리 가정의 영적 상태를 아무리 낮게 평가한다 해도, 하나님이 친히 자기의 벗이라고 부른 아브라함을 보며 신앙을 배웠고, 조상의 임종을 보며 하나님의 섭리와 영원한 세계를 맛본 우리 형제들이, 이방인들과 하나도 다를 바 없다는 극단적인 편견에 어찌 승복할 수 있겠는가.

그렇기 때문에 나는 이 두 입장 모두를 동시에 붙잡는다. 형은 양심과 죄책감 때문만이 아니라 아버지에 대한 반항과 섭섭함 등 복잡 미묘한 감정의 조절에 실패하여 가출을 시도할 수밖에 없었을 것이다. 나는 그게 인간이라고 생각한다. 하나님의 형상으로 지음 받았지만 타락한 인간의 실존이 형의 상황 속에서도 잘 드러났다고 생각하는 것이다. 이런 내 주장이 기회주의적이며 이도 저도 아닌 타협주의쯤으로 보일 수도 있겠다. 그렇지만 나는 이런 인간관을 포기할 수가 없다. 이는 움직일 수 없는 사실이기 때문이다. 하나님이 그렇게 가르치셨기 때문이기도 하다.

내가 그 입장이었으면 어땠을까? 십중팔구 더 나은 선택을 하지는 못했을 것 같다. 나로서는 그럴 자신이 없다. 오늘까지 내 삶을 인도해 오신 하나님이 그 상황에 개입하신 것이 확인된다면 얘기가 달라지겠지만.

어쨌든 형은 아둘람으로 내려갔고, 거기서 22년을 살았다. 짧지 않은 세월이었으리라. 또한 그 시기의 내가 그랬던 것처럼 힘들고 고통스러운 날들이었으리라. 그러나 돌이켜 보면 가장 하나님께 감사할 조건이 많은 시간이었으리라. 또한 언제까지든 어렵고 이해할 수 없을 것만 같던 하나님의 섭리를, 손끝으로 만지듯 실감하며 분명하게 보았으리라.

형이 아둘람과 거십의 생활을 청산하고 아버지에게로 올라온 것은 대기근이 시작되고 1년이 지난 후라고 한다. 물론 단순히 더 이상 경제적으로 버틸 힘이 없어서 아버지에게 백기를 든 것은 아니었다. 이미 형님은 며느리의 임신이 확인되었던 때, 그러니까 헤브론으로 돌아오기 1년 전에 자신이 무엇이 잘못되었고 앞으로 어떻게 해야 할 것인지를 깨달았다.

"……며느리가 옳았어, 그럼! 내가 막내 셀라까지 죽을까 봐, 아니, 그 저주 덩이리기 하나 남은 아들까지 죽게 할까 봐 겁이 나서 거짓말로 둘러대며 며느리를 친정으로 쫓아 보낸 게 잘못되었던 거야. 그러지 말아야 했어. 엘도 오난도 며느리 때문이 아니라 그들의 사악함 때문에 하나님이 치신 것을 깨달아야 했던 거지. 그래서 내가 하나님께 벌을 받게 되었어. 그런데도 나는, 내 은밀한 죄는 언제까지나 숨겨지기를 바라면서 불쌍한 저 아이에겐 어떻게 했던가. '저 음탕하고 더러운 년을 당장 끌어다가 불태워 죽이라'고 했어. 총리 아우님, 내가 이렇게 죽일 놈이었지……."

내게 이렇게 고백했을 때, 유다 형의 떨리는 음성 속에서 나는 형이 어떻게 새로운 삶을 향한 첫걸음을 내딛기 시작했는지를 눈에 보는 듯했다.

이 세상의 기준으로만 본다면 형의 가출은 완전 실패였다. 우선

젊디젊은 나이의 두 아들과 아내를 잃었다. 아내와 두 아들을 잃는다는 것은 인생에서 전부를 잃은 것이라고 해도 과언이 아닐 것이다. 그러나 형은 더 큰 것을 잃었는지도 모른다. 선민 된 히브리인이 목숨보다 더 소중히 여기는 이름 또는 명예의 상실, 제일 견디기 어려운 것은 그게 아니었을까.

사람들이 형네 집을 "아들 둘이 죽은 집"이라 불렀다는 얘기는 차라리 나은 편이었다. 이웃 사람들이 형을 가리켜 "며느리와 관계한 상종 못 할 놈"이라 수군거렸다는 이야기에 비한다면. 형이 평생을 그런 수군거림에 시달렸을 것이란 생각이 떠올라서 나는 울지 않을 수 없었다. 차라리 죽었으면 더 좋았겠다는 생각이 절로 들 정도의 아픔이라고 생각했으니까. 형님이 자살 충동을 얼마나 자주 받았을까를 생각할 때면 또 눈물이 났다. 목숨을 버리지 않고 부지해 온 것만으로도 얼마나 감사하던지……. 그렇지만 그게 형이 잃은 전부였을까…….

더 잃을 것이 없을 정도로 많은 것을 상실했지만, 그러나 그게 형의 끝이 아니었다. 끝이라니, 그렇지 않다, 결코! 형은 며느리와의 그 일이 있고 난 후부터 가치 있는 것을 얻기 시작했다. 무엇보다 귀중한 하나님을 인격적으로 만났고, 그분으로부터 과거의 모든 허물을 기억하지 않겠다는 다짐도 받아 냈다. 하나님으로부터의 그 용서가 사람들의 뇌리에 깊이 박힌 형에 대한 부정적 이미지까지 씻어 준 것은 아니지만, 그리고 그들이 퍼붓는 야유와 비난으로부터 완전히 자유로워진 것도 아니지만, 그리하여 비난과 치욕은 평생 감수해야 하는 것이었지만 말이다.

형이 얻은 것은 그뿐이 아니다. 형은 집으로 돌아온 이후 불과 1년 사이에 명실상부하게 실질적 장남이요 우리 형제들의 리더로 추대되었다. 그렇다. 그것은 '추대'였다. 수치스러운 과거를 스스로 인지하고 있는 형이 아버지나 형님들에게 장남이 되겠다거나, 장남 역할을 하겠다고 부탁하지는 않았을 것 아닌가. 강요란 더더욱 상상할 수 없는 일이었을 테고. 그런데도 유다 형의 지도력에 형님들이 기꺼이 따랐다면, 그게 형님들의 자발적인 추대가 아니고 무엇이겠는가. 사실 나는 집으로 돌아온 형이 이전과 얼마나 달라진 행동을 했기에 가족들이 감동했는지는 잘 모른다. 하지만 이것만큼은 잘 알겠다. 그런 전력을 가지고 모두가 기꺼이 따르는 지도자가 되었다는데 무슨 말이 더 필요하겠는가. 그저 놀랍고 감사할 따름이다.

이런 극적인 변화가 일어나기까지 형이 얼마나 많은 노력을 기울였을까를 잠시 생각해 본다. 그러나 내 생각은 자꾸 곁길로 빠져든다. 처음엔 분명 유다 형으로 시작하는데, 나중에는 하나님 생각을 하고 있는 나를 발견한다. 유다 형의 얼굴 위에 하나님이 자꾸 포개진다.

그렇다. 하나님의 용서와 신뢰가 아니었다면, 더군다나 형과 형이 낳은 혼혈아 베레스를 통해 메시아를 보내 주겠다는 약속이 없었다면 어떻게 형이 인생을 새롭게 시작할 수 있었겠는가. 그 수모 앞에서 어떻게 생을 포기하지 않을 수 있었겠는가. 또한 그런 전력을 갖고도 어떻게 모든 사람이 인정할 수밖에 없을 정도의 열심을 낼 수 있었겠는가. 그러므로 나는 유다 형의 알레프(A, 알파)와

타브(Ω, 오메가)이신 하나님께 나를 걸고자 한다. 그분께 소망을 두고자 한다.

찬양 받기에 합당하신 역사 속의 하나님, 섭리하시는 하나님, 영원히 영광 받으소서. 할렐루야!

17.
용서에 이르는
머나먼 여정

나흘 전 레위 형님의 장례식이 있었다.

노인들이라고는 하지만 불과 2년 사이에 르우벤, 스불론 형에 이어 레위 형마저 세상을 뜨고 나니 참 많은 생각을 하게 된다. 특히 장례식 날 보았던 시므온 형의 얼굴이 머리에서 떠나질 않는다. 상주인 조카 게르손과 그핫과 므라리보다 더 슬퍼하는 것 같았으니까. 그 모습을 지켜보는 것은 여간 민망한 게 아니었다. 가장 절친한 이를 여의었으니 그럴 만도 하리라.

하지만 시므온 형님의 슬픔과 허탈은 우리의 예상을 뛰어넘는 것이었다. 그러니 그가 왜 그토록 레위 형의 죽음을 슬퍼하는지는 관심사가 아닐 수 없었다.

나흘이 지나고 나니, 이제는 좀 알 것 같다. 내 생각이 틀리지 않다면 형은 레위 형의 갑작스러운 죽음 앞에서 자신의 일생을 본 게 틀림없다. 이렇게 살지 말았어야 했다는, 더 이상 이렇게 살아서는 안 되겠다는 회한과 당혹감과 다짐이 형을 그렇게 많이 울게 만든 것은 아니었을까?

이렇게 말하는 나는 어떤가. 두 가지 생각이 든다. 내 삶을 정리하기 위해 쓰기 시작한 (역사로 불러야 할지 아니면 신앙고백적 자서전이라 불러야 할지 모를) 이 글을 서둘러 끝내야겠다는 생각이 그 하나고, 나머지 하나는 시므온 형에게 편지를 써야겠다는 생각이다. 그렇다. 나에게는 비록 아주 오래전 일이기는 하지만 시므온 형에게 깊은 빚이 있다. 만약 레위 형의 장례식에서 그토록 슬퍼하는 시므온 형의 모습을 보지 못했더라면 나는 영영 시므온 형님의 섭섭함을 풀어 드리지 못하고 이 세상을 떠났을지도 모른다. 다행히 기회를 얻었으니 감사할 따름이다.

이 편지가 형님의 슬픔을 조금이나마 덜어 드린다면 좋겠다.

* * *

사랑하는 시므온 형님!

지난 나흘을 어떻게 지내셨는지 궁금합니다. 레위 형님 장례식에서 너무도 슬퍼하는 모습을 본 저로서는 혹시라도 형님이 건강을 잃지는 않았을까 적잖이 염려가 됩니다. 식사는 제대로 하고 계시는지요? 연세도 있고 하니 제발 건강에 유의하시기를 간곡히 당부드립니다.

갑자기 레위 형님을 보내고 나니 그동안 바쁘다는 핑계로 형님들을 자주 찾아뵙지 못한 것이 후회됩니다. 특히 레위 형님의 장례식 이후 형님에게 더 송구한 마음이 듭니다. 비록 오래전이기는 하지만 형님을 섭섭하게 해 놓고 아직 풀어 드리지 못한 일이 생각났기 때문입니다.

이런 말씀은 당연히 찾아뵙고 드려야 할 줄 압니다. 그럴 수 없는 저의 처지가 약간은 원망스럽습니다. 그래서 이렇게 글로 대신합니다. 형님의 너그러운 이해를 바랍니다.

시므온 형님.

이제야 말씀을 드리지만, 어린 시절 형님들은 제게 너무 무서운 분들이었습니다. 거의 100년 전의 일이니 생각도 안 나시겠지만 형님들은 화를 잘 냈습니다. 그런 형님들이 무서워 묻는 말에 대답을 잘 못하거나 하면, 형님들은 더 크게 소리를 지르거나 주먹질을 했습니다. 그러면 저는 영락없이 울었고, 형님들은 사내새끼가 맨날 질질 짠다고 면박을 주셨지요. 그래서 저는 집이 싫었습니다. 칙칙하고 숨 막히는 집보다는 산이 좋았고, 양들과 노는 게 좋았습니다.

아버지가 제게 긴소매가 달린 채색옷을 사 주신 후, 형님들은 제 인사도 안 받으시더군요. 죄송한 표현이지만 형님들 중 제가 가장 무서워한 분은 바로 시므온 형님이었습니다.

열일곱 살 때 일은 지금도 생생합니다. 두 번째 꿈을 꾸고 아침 먹는 자리에서 그 이야기를 했을 때, 형님이 숟가락을 집어던지며 제게 뭐라고 했는지 아세요?

"이런 씨팔, 저놈의 새끼 또 그 꿈 타령이네. 야 이 새끼야! 밥맛 잡치게 아침부터 그 개소릴 해? 안 그러면 어디 난리라도 나냐! 그따위 소리 한 번만 더 해 봐. 아가리를 쫙 찢어 버릴 테니까."

도단에서는 또 어떠셨지요? 형님은 저를 죽일 것 같았습니다. 다른 형님들이 말리지 않았다면 저는 거기서 죽었을지 모른다는 생각을, 보디발 장군의 집에 가서도 종종 했습니다. 저는 살기등등하던 형님의 그 눈동자를 잊을 수가 없었습니다. 너무 무서웠고 소름이 끼쳤습니다. 그건 형제를, 더구나 동생을 보는 눈동자가 아니었습니다. 팔에 매달려 엉엉 울며 살려 달라고 애원하는 저를 형님은 사정없이 땅바닥에 내동댕이쳤습니다. 그러고는 끝내 저를 노예로 팔았지요. 그런 형님이지만 이집트 생활 초기에는 감히 어떤 불평이나 섭섭하다는 생각조차 못 했습니다. 꼭 어디선가 형님이 노려보고 있는 것 같았거든요. 그만큼 형님은 제게 두려운 존재였습니다.

그런 와중에 저는 이집트의 총리가 되었고, 하나님의 섭리대로 전 세계가 7년 풍년에 이어 대기근에 휘말리는 것도 두려운 마음으로 지켜보았습니다.

기근 2년째 되던 해라고 기억됩니다. 그때 당시 저에게 가장 중요한 일 중 하나는, 사해 연안에서부터 멀리는 에돔 지방에 이르기까지 구름 떼같이 몰려든 가나안, 페니키아, 다메섹, 메소포타미아의 사람들에게 곡물 파는 일을 감독하는 것이었습니다. 몰려드는 인파 속에서 약속을 했어도 서로 만나기 어려운 상황에서, 저는 형님들을 발견했습니다. 무려 20여 년이나 떨어져 있던 형님들을 대번에 알아본 것은 한마디로 기적이었습니다. 더욱 놀라운 일은, 형님들이 곡물을 사러 오신 바로 그 시간에 제가 어떻게 바로 그 현장에 있었느냐는 것입니다. 그걸 어떻게 우연이라 부를 수 있겠습니까? 그건 한 치의 오차도 허용되지 않는 하나님의 섭리였습니다.

저는 그 자리에서 형님을 보았습니다. 약간 늙기는 했지만 살기등등한 눈은 여전해 보였습니다. 순간 저는 이성을 약간 잃었나 봅니다. 형님의 살기 어린 눈동자에서 벗어나고 싶더군요. 너무도 오랜만에 혈육을 만난다는, 그것도 성공한 모습으로 당당하게 형님들을 만난다는 즐거움도 느낄 수가 없었습니다. 노기를 띤 목소리로 형님들을 향해 문초를 시작한 것은 그런 이유 때문이었습니다. 그것은 분명 의도적이었고, 제가 할 수 있는 최선의 방어라고 생각하고 감행한 공격이었습니다.

"경호대장! 아무래도 이 사람들이 뭔가 미심쩍다. 이들의 소지품을 샅샅이 검사해 보도록!"

소지품 중에는 형님의 단도도 있었지요. 그 칼을 보는 순간 소리쳤습니다.

"너희들은 어디서 온 놈들인데 칼을 품고 다니느냐? 필시 이 나라의 틈새를 살피러 온 정탐꾼들이렷다!"

그때 저는 분명히 보았습니다. 너무도 놀라고 공포에 질리는 형님들의 모습을 말입니다. 그런데 사실은 그런 형님들의 모습을 보면서 제가 더 놀랐던 것을 아세요? 아차 싶더군요. 그건 도저히 무를 수 없는 악수(惡手)였습니다. 어떻게 대 이집트의 총리가, 다른 것도 아닌 '정탐' 혐의를 씌우고는 번복하거나 어물쩍 넘길 수 있겠습니까?

정탐이란 한마디에 군사들뿐 아니라 모든 관리들까지도 긴장하더군요. 저도 등에 식은땀이 흘렀습니다. 큰일을 저질렀다는 생각을 떨칠 수가 없었지요. 아무리 제가 이집트에서 하늘을 찌르는 절대권력을 소유했다 해도 궁중에는 예의와 법도가 있고 또한 여러 관리가 지켜보고 있기에, 총리도 한 번 뱉은 말을 쉬 번복할 수 없습니다. 외국 정탐을 발본색원하는 것은 총리인 저의 중요한 임무이기도 했구요.

다행히도 형님들은 정탐이 아니라는 사실을 증명하기 위해 자신들이 형제임을 밝혔습니다. 순간 저는 '살았다!' 싶더군요. 만약 형님들이 다른 것을 가지고 첩자가 아니라고 주장했다면 저도 형님들을 살려 낼 수 없었을지 모릅니다. 형님들이 형제라고 스스로 주장했기 때문에 저는 자신감을 가지고 그 문제에 대처할 수 있었지요. 마침 베냐민이 안 보이더군요. 저는 이것을 전화위복의 기회로 삼아야겠다고 마음먹었습니다.

"아무리 보아도 칼을 가지고 다니는 것이 수상해. 그러니 짐은 너희들이 가족이라는 주장도 믿을 수가 없다. 경호대장은 이 자들을 하옥하고 철저하게 수사하도록!"

그렇게 해서 저는 위기를 일단 넘길 수 있었습니다. 마음이야 안 그렇지만 어찌 군사들에게 형님들의 수사를 물컹하게 하라 말할 수 있겠습니까? 그러나 3일 이상은 방치할 수가 없었습니다. 군사들의 무자비한 가혹 행위를 충분히 예상할 수 있었기 때문입니다. 그래서 제가 직접 지하감옥으로 내려가 새로운 조건을 제시했던 것이구요.

"너희들이 한사코 정탐이 아니라며 결백을 주장한다는 보고를 들었다. 사실 여기서는 너희들이 가족이라는 것도, 정탐이 아니라는 것도 증명할 길이 없다. 그러니 너희들은 인질 한 명만 남겨 두고 고향으로 돌아가 동생을 데리고 와야 한다. 만약 동생을 데려오지 못하면 너희들의 정탐 사실이 밝혀지는 것이고, 그러면 인질은 물론 너희 모두 참수형을 면하지 못하리라. 경호대장은 칼을 지니고 있던 저놈을 단단히 포박하여 투옥하라! 나머지 놈들은 석방하고 곡물을 살 수 있게 하라."

평생을 살면서 그때만 생각하면 형님에게 죄송했습니다. 1년여 동안 정탐 혐의를 받고 독방 신세를 지는 형님의 옥살이가 얼마나 힘들었을는지는 말하지 않아도 충분히 짐작하기 때문입니다. 또한 이집트인들이 외국인에게 갖는 거의 무조건적인 혐오를 제가 너무도 잘 알기 때문이기도 하구요. 그럼에도 이 아우는 가끔 부관에게 형님의 동태를 넌지시 묻는 것 외에는 거의 아무것도 해 드릴 수가 없었습니다. 형님들에게 간첩 혐의를 씌운 것이 두고두고 얼마나 후회가 되던지요.

엎친 데 덮친 격으로 고향으로 돌아간 형님들은 되돌아올 기한이 꽤나 지났는데도 오시지를 않았습니다. 형님들이 사 가지고 간 곡물이 500~600킬로그램이니, 아무리 길어도 4개월이면 다시 오실 줄 알았습니다. 그 기간이 배나 길어지면서 참 재수 없는 생각이 여럿 떠올랐습니다. 혹시 네겝 사막에서 회오리바람에 변을 당한 것은 아닌지, 또는 시내 산 밑자락을 통과하다가 산적들을 만나 목숨을 잃은 것은 아닌지, 정말 별생각이 다 나더군요. 제가 이랬는데 형님들이 오기를 손꼽아 기다리던 시므온 형님은 오죽했겠습니까? '혹시 제 목숨이 두려워 요셉처럼 나를 버린 것은 아닐까' 하는 생각을 형님이라고 왜 안 하셨겠어요. 예정보다 훨씬 늦어지는 걸 보며 간수들도 형님들이 정탐이란 심증을 굳히고 옥살이를 더 심하게 시켰을 것이구요.

그러나 이런 것보다 저를 더 고통스럽게 한 것은 고향에 있을 가족들이었습니다. 저 자신이 이산가족의 아픔을 뼈저리게 알기에, 남의 나라에서 간첩 혐의를 받는 형님으로 인하여 형수님과 아버님이 수많은 날을 얼마나 눈물로 지새웠을지 충분히 짐작할 수 있었습니다. 아무것도 모르는 나이 어린 조카 여무엘, 야민, 오핫, 야긴, 스할이 형님을 찾을 때마다 형수님의 마음은 또 얼마나 힘들었겠습니까? 그래서 살아오는 동안 늘 마음 한구석에는, 형님은 물론 형수님과 조카들에게 미안한 마음이 자리 잡고 있었습니다.

그러나 형님들이 고향에서 돌아오기까지 거의 1년의 기간이 그렇게 고통스러운 날들만은 아니었습니다. 저는 그 곤혹스러운 날들 동안 왜 이런 일들이 일어났는지 생각할 수밖에 없었지요. 왜 형들은 저를 이곳 이집트에 팔았고, 저는 형님들에게 정탐의 혐의를 씌워 목숨을 위협하는 일을 주고받아야 했는지를, 가능한 한 처음부터 꼼꼼히 생각했던 것입니다. 만약 이 기간이 없었다면, 어쩌면 제가 형님들을 다시 만났을 때 했던 말을 할 수 없었는지 모릅니다.

"형님들! 제가 바로 요셉입니다. 아버지께서 살아 계시다는 말씀이 사실인가요? 거기 멀찍이 서 계시지만 말고 이리 가까이 오세요. 예, 형님들이 나이 어린 저를 이곳 이집트의 노예로 팔아먹은 건 사실입니다. 그러나 이제는 저를 노예로 팔았다고 해서 마음으로 괴로워할 것도 얼굴을 붉힐 것도 없습니다. 어찌 되었든 이제 저는 형님들의 동정을 받아야 할 불쌍한 노예가 아니라 대이집트의 총리가 아닙니까? 저는 이제 분명하게 말씀드릴 수 있습니다. 하나님께서 바로 이때에 우리 아브라함 패밀리와의 약속을 지켜 우리를 살리시기 위해 저를 먼저 이곳으로 보내셨습니다. 형님들이 아니라 하나님이 저를 이곳으로 보내셨다 이 말씀입니다. 형님들도 생각해 보세요. 노예라는 방법이 아니라면 제가 어떻게 이곳 이집트로, 그것도 그 어린 나이에 내려올 수 있었겠습니까? 불가능한 것은 아니겠지만 이집트를 대대로 기피하는 우리 가정에서는 어림없는 일이었겠지요. 설사 제가 이집트로 내려가겠다고 했어도 아버님이 저를 보내셨겠습니까? 그걸 통해 우리 하나님은 형님들의 잘못까지도 당신의 섭리를 이루기 위하여 선하게 바꾸시는 전능한 분이심을 알게 되었습니다. 그러니 형님들, 이제는 더 이상 과거 때문에 괴로워하지 마세요. 아시겠지요?"

시므온 형님.
사실 저는 그것으로 다 끝난 줄 알았습니다. 형님들이 저의 진심 어린 위로와 용서를, 그리고 악을 선으로 갚으시는 하나님의 섭리를 이해하여 받아들였다고 믿었습니다. 그랬기 때문에 아버님의 장례식을 마치고 피곤한 몸을 쉬고 있을 때, 형님들이 베냐민을 통해 제게 전하신 말씀을 듣고는 하늘이 무너지는 것 같았습니다.

"총리 각하! 아버지께서는 세상을 떠나시기 전에 저희 열한 형제를 불러 놓고 총리 각하, 아우님에게 당신의 말씀을 이렇게 전하라고 하셨습니다. '형들이 악의로 한 일이건 마음을 잘못 먹고 한 일이건, 못할 짓 한 것을 용서해 주어라. 네 아비를 돌보시던 하나님의 종들이 비록 악의에 찬 일을 했지만 용서해 주어라.' 그러니 우리의 여러 가지 잘못에 대하여 부디 너그러운 마음을 가져 주십시오."

저는 아우의 말을 들으며 아무 말도 할 수가 없었습니다. 흐르는 눈물을 주체할 수가 없었습니다. 이제야 밝히지만, 저는 13년간 노예 생활을 하면서 거의 눈물을 잊고 살았습니다. 그때 저에게 필요한 것은 나약한 감상주의가 아니었기 때문입니다. 그런 마음으로는 꿈을 이루기는커녕 살아남을 수도 없었을 거예요. 총리로 지내는 동안에도 저는 거의 제 감정을 짓누르고 살아야 했습니다. 총리는 함부로 희로애락을 표현할 수 없는 것이 이곳 궁정의 법도였기 때문입니다.

그러나 곡물을 사러 온 사람들 속에서 형님들을 발견하고 형님들이 20여 년 전에 저를 팔아넘기던 당시를 뼈아프게 후회하는 모습을 보면서는, 저는 북받쳐 오르는 감정을 주체할 수가 없었습니다. 얼마나 울었는지 얼굴을 씻지 않고서는 다시 형님들의 얼굴을 대할 수가 없을 정도였습니다.

형님들이 베냐민을 데리고 왔을 때도 그랬습니다. 저 어린 것이 어머니 없이, 그것도 우리 형제를 미워하는 형님들 속에서 시달림을 당하며 얼마나 외로웠을지를 생각하니 어찌나 눈물이 나던지요. 어디 그뿐입니까? 유다 형님이 살신성인하던 감동적인 설득을 당하면서 저는 더는 저를 감출 수가 없었습니다. 감정이 북받쳐서도 그랬지만, 유다 형님의 변한 모습을 보니 '이젠 됐구나. 이런 형님 한 분만 있어도 과거의 전철은 다시 밟지 않겠구나'라는 확신이 생기더군요.

형님도 제가 그때 얼마나 대성통곡했는지 아시지요? 그래요. 저도 어디에서 그런 분수 같은 눈물이 숨어 있다가 터져 나오는지를 알 수가 없을 정도였습니다. 평소 그렇게 자기 절제를 잘하던 제가 파라오의 집무실에까지 들릴 정도로 봉곡을 했으니, 파라오는 물론 대신들이 얼마나 놀랐겠습니까? 그러나 지금 생각해 보면 그때의 눈물보다 형님들이 베냐민을 보냈을 때 흘린 눈물이 더 슬펐던 게 분명합니다. 너무도 깊고 고통스러운 눈물이었습니다. 뼈가 아픈 눈물이 있다는 것을 저는 그때 처음 알았으니까요.

'그렇다면 우리 아브라함 패밀리가 이집트로 내려온 후 지난 17년 동안 나는 형님들에게 무엇이었단 말인가?' 질문이 끊임없이 솟구쳤습니다. 형님들의 그때 그 눈물은 마음으로부터 우러난 진정한 참회가 아니었던가 하는 의문도 생겨났습니다. 그토록 통곡하면서 하나님의 선한 일과 섭리 그리고 과거에 품었던 형님들에 대한 원망을 단 한마디도 하지 않은 아우의 진심을 헤아리지 못했단 말인가라는 생각도 들었습니다. 얼마나 허탈하던지요.

그러나 그런 사치스러운 질문을 한가하게 하고 있을 필요가 없어졌습니다. 바로 다음 날 형님들이 그 문제로 저를 찾아오셨으니까요.

"총리 아우님. 아우님이 평생을 모시고 의지하던 야훼 하나님을 이 못난 형들도 모시고 살았습니다. 이렇게 무릎을 꿇고 조아립니다. 부디 이 못난 형들을 용서해 주십시오. 아니, 우리가 어떻게 그냥 용서를 바랄 수가 있겠습니까? 우리는 아우님의 수중에 있습니다. 우리를 종으로 부리든지 가나안으로 되돌려 보내든지 마음대로 하십시오. 그러나 아우님의 조카들과 형수들을 보아서라도 목숨만은 살려 주시기를 바랍니다."

그 순간, 정말로 제가 얼마나 참담했는지 모릅니다. 거의 평생이나 다름없는 40년 동안을 형님들이 저를 판 죄책감으로 늘 불안해했고 행복하지 못했다는 데까지 생각이 미치니 가슴이 터질 것 같았습니다. 긴 세월로도, 또한 총리의 형제들로서 온갖 부귀영화와 부러움을 한 몸에 샀으면서도 마음속의 죄책감은 끝내 극복할 수 없었다는 사실을 깨달으면서, 죄에 대하여 그리고 죄책감에 대하여 정말 몸서리가 쳐졌습니다. '인생이 도대체 무엇인가' 하는 철학적인 상념들도 구름 떼처럼 몰려들었습니다.

형님도 알고 계시지요. 장자권 때문에 아버지와 에서 큰아버지 사이에 일어난 20년간의 불화 사건 말입니다. 제 판단으로는 형님들이 제게 한 것보다는 우리 아버지와 리브가 할머니가 에서 큰아버지에게 저지른 잘못이 더 크게 느껴집니다. 노예가 되는 것도 대수롭지 않은 일은 아닙니다. 그러나 그 일이 하나님의 선민으로서 축복권을 영원히 상실했다는 것보다 더 치명적이고 절망적일까요? 아닐 것입니다. 히브리인이 하나님에게서 의당 받을 축복권을 빼앗기고 버림까지 받았다면 그보다 더 불행한 일이 어디 있겠습니까? 그리고 그것이 본인의 실수라기보다 다른 사람 때문이란 사실이 분명하다면 그 사람에게 어떤 감정이었겠습니까? 그건 살아 있는 것이 아닐 것입니다. 차라리 죽는 게 낫지 않겠어요?

이렇게 보면 비록 20년이 지났다고는 하나, 에서 큰아버지께서 동생을 잡아 죽이겠다고 무장한 400인을 직접 거느리고 직접 칼을 찬 채 얍복 강 건너편으로 출동한 것이 그렇게 이해 못 할 일도 아닙니다. 이해한다는 것을 에서 큰아버지처럼 해도 된다는 것으로 해석하지 않는다면 말입니다.

결과는 어땠습니까? 그 두 분은 그런 와중에서 눈물로 감격적인 해후(邂逅)를 했고, 진심 어린 화해를 나누었습니다. 죽이겠다고 나왔던 형님은 하루 만에 태도가 돌변하여 스스로 아우의 앞잡이가 되어 주겠노라고 했습니다. 한낱 제스처도 아니고 어떤 이권을 바라서도 아닌 진정한 형제애로 말입니다. 다시는 그 일로 서로를 오해하거나 다투지도 않았구요.

이 대목을 생각하니 더 슬퍼지더군요. 왜 우리 형제들에게는 진정한 화해가 이토록 오랫동안 이루어지지 않았는지, 그저 답답하기만 했습니다. 그리고 알고 싶었습니다. 그 원인이 무엇인지를 말이지요.

혹시 아버지께서 바로 전날 밤 하나님이 보내신 천사와 씨름하여 이겼기 때문이었을까요? 얼핏 생각하면 그런 것 같기도 합니다. 그러나 저는 이런 해석에 동의할 수가 없었습니다. 왜냐하면 그것은 저와 형님들의 삶에 개입하신 하나님의 역사를 부정하거나 과소평가하는 것일 테니까요. 그렇지 않습니까? 하나님의 섭리와 간섭이 없었다면 어떻게 외국인 노예에다 일국의 경호대장의 안방마님을 겁탈하려다 미수에 그친 놈이라는 죄명을 달고 있던 제가 세계를 제패하는 대 제국의 총리가 될 수 있었겠습니까? 그런 마술 같은 일을 야훼 하나님 말고 이 세상 어떤 신이 해낼 수 있겠습니까? 어떻게 동생을 시기하고 질투해 외국에 노예로 팔아버린 일이, 그런 일을 한 형제들을 구원하기 위한 최선의 조처로 둔갑한단 말입니까?

우리의 전능하신 하나님이시니 그런 불가능을 가능으로 바꾸실 수 있었지요. 우리에게서 일어난 바로 이런 일이, 하나님께서 말씀 한마디로 천지를 창조하실 수 있는 능력의 하나님이심을 입증하는 사례가 아니겠습니까? 그런데 어떻게 얍복 강가에서처럼 하나님의 사자를 못 만났기 때문에 우리 형제들의 화해가 그토록 늦어졌다는 주장에 동의할 수 있겠어요?

바로 이런 연유로 저는 다시 의문을 품게 되는 것입니다. 그렇다면 도대체 어떤 차이가 우리들의 가슴에 난 피멍을 그토록 오래 아물지 못하게 했을까요? 저는 또 얼마나 많은 날들을 이 문제의 답을 얻기 위해 사색에 잠겼는지 모릅니다.

참 많은 날 동안 이 문제에 매달렸지만 알 수가 없었습니다. 그래서 어쩔 수 없이 이 문제를 덮어 두었습니다. 답답하기는 했지만 육을 가진 인간이 어찌 하나님이 하시는 일을 모두 알 수 있겠나 하는 생각을 하니 다소 위로가 되기도 했습니다. 그렇게 생각하고 세상을 보니 어린 시절 아버지에게 들었던 우리 조상들의 이야기가 새롭게 해석되기 시작하더군요.

왜 하나님께서 이삭 할아버지를 바치라고 했을까를 질문하는 것이 불필요한 일은 아니겠지만, 그것을 반드시 알아야 인생의 문제가 풀리는 것은 아님을 깨달았습니다. 저 또한 왜 제가 아무 잘못을 하지 않았는데도 이집트의 노예로 팔려 갔으며, 강간을 기도하지 않았음에도 불구하고 2년이나 감옥 생활을 해야 하는지를 알고 싶었습니다. 그 대답이 매우 절실할 때 하나님은 제게 한마디도 해 주시지 않았습니다. 그러나 그것이 궁극적으로는 아무 문제도 되지를 않았습니다.

중요한 것은 지식이 아니라 삶의 내용이었습니다. 내일이 불투명해도, 그리고 지금 당하는 억울한 일이 무슨 연유 때문인지 알지 못해도, 그것이 낙담할 이유는 아니었습니다. 적어도 제게는 그랬습니다. 왜냐하면 하나님이 우리에게 명령하신, 어디서든 정직하고 하나님을 신뢰하라는 명령만을 가지고도 저는 하나님을 기쁘게 할 수 있었기 때문입니다.

그렇습니다. 아무리 집착하고 파고들어도 하나님의 때가 이르지 아니하면 알 수 없다는 것을 저는 이제 압니다. 또한 이 세상의 일이라는 것이 때때로 수수께끼처럼 보이기도 하지만 하나님이 세우실 영원한 가나안 땅에 들어가면 이 모든 일들이 분명해진다는 것도 분명히 말할 수 있게 되었습니다. 그러면서 어떤 일에 대하여는 비록 그 답을 모른다 할지라도 자신의 일에 그리고 하나님의 일반적인 뜻과 계명에 겸손히 순종하는 것이 좀 더 성숙한 신앙의 태도라는 것도 배웠습니다.

시므온 형님.

솔직히 저는 아직도 우리의 고통과 가슴앓이가 왜 40년이나 계속되어야 했는지 모릅니다. 그럼에도 제 마음은 평안합니다. 40년이라는 시간보다 이렇게 어리석고 고집스러운 우리를 용서하시고 또한 자신의 섭리에 사용하시는 하나님의 긍휼과 은총이 더 크게 보입니다. 그래서 우리를 선택하시고 일찍이 아브라함 할아버지에게 하신 약속을 신실하게 지키며 이루시는 하나님께 감사하게 됩니다. 찬양하게 됩니다. 그리고 그런 하나님이 너무나 좋습니다. 그리하여 모든 것을 그분께 안심하고 맡기게 됩니다.

그렇다고 해서 우리가 해야 할 일이 생략되는 것이 아님도 압니다. 그래서 형님에게 이 편지를 써야 했구요. 하나님이 우리를 너그럽게 보아 주신 것이, 제가 형님에게 갚아야 할 빚을 무시해도 된다는 것은 결코 아니기에 이런 편지를 드립니다.

아무쪼록 이 편지가 형님에게 조금이라도 위로가 될 수 있기를 바랍니다. 그리고 형님과 제가 죽고 난 다음 우리의 아들들과 손자들이 이 편지글을 돌려 가며 읽어서 우리가 믿는 하나님을 배울 수 있으면 좋겠다는 생각도 해 봅니다. 그리하여 우리 가정을 선택하시고 큰일을 이루게 하신 하나님의 뜻과 사명을 발견하고 좀 더 멋진 사람들로 자라났으면 좋겠습니다. 이 모든 일을 통하여 우리 하나님이 영광을 받으셨으면 좋겠습니다.

눈도 침침하실 터인데 이토록 긴 편지로 형님을 피로하게 해 드려 죄송합니다. 건강에 유의하시고, 형님이나 저나 우리의 남은 생애가 하나님과 우리의 사명에 그리고 우리의 후손들에게 부끄러움이 없는 날들이 되기를 기도해 봅니다.

안녕히 계십시오.

형님이 자랑스러워하는 아우, 이집트 제국 총리 요셉 올림.

18.
언어,
하나님의 값진 선물

　내 고향 가나안 땅에는 글이 없다. 글자도 없다. 내가 어린 시절을 보내던 그때도 없었고 지금도 없다. 글자가 없는 건 그 땅의 원주민인 가나안 사람들이나 히브리인 즉 우리 아브라함 패밀리나 피차일반이다. 그들이나 우리에겐 자나 깨나 오로지 소리로서의 말이 있을 뿐이었다. 그래서 우리 히브리어에는 '책'이라는 명사나 '쓰다'라는 동사가 없다. 아니, 그런 개념조차 없다.
　그러나 이집트는 다르다. 여기에는 글이 있고, 그 글을 가르치는 학교와 선생이 있다. 또한 일평생 그 글을 연구하며 나라의 역사를 기록하는 관리들도 있다. '서기관'이라 부르는 그들은 이집트에서 매우 중요한 존재이며 정부의 요직에도 두루 등용된다. 내가 듣기로 이집트 제국의 왕실에 서기관이 생긴 초창기에는 글을 읽고 쓰는 서기관들의 위세가 파라오에 버금갔다고 한다.
　어디 그뿐인가. 다른 나라들이 금이나 종교에 필요한 귀중품들을 정부가 직접 생산하고 관리하는 것처럼, 이집트는 글씨를 쓰는 데 필요한 파피루스 종이의 생산과 유통을 정부가 관장한다. 지난 1천 년 동안 이집트는 지중해 연안의 제국들에 파피루스를 수출하여 엄청난 외화를 벌어들였다. 그런 연유로 파피루스라는 이름의 식물을 이용하여 종이를 제조하는 일은 국가 시책 상 매우 중요하다. 제조나 관리에 소홀함이 있거나 범법 행위가 적발될 때는 중벌로 다스린다.

그러나 그보다 중요한 것은 글을 읽고 쓰는 공부에 대한 이집트 왕실의 특별한 관심이다. 이집트 귀족의 사내아이들은 열 살부터 학교에 간다. 그때부터 시작되는 읽기, 쓰기와 암기 공부는 평생 계속된다 해도 과언이 아닐 정도다. 이처럼 이집트식 공부는 많이 쓰고 읽어야 할 뿐 아니라, 반드시 암기해야 한다.

암기가 교육의 특징이 된 데는 그럴 만한 이유가 있다. 이집트 상형문자에 숙달하기 위해서는 암기해야 할 것들이 아주 많다. 예를 하나 들어 보자. 고대의 비문이나 법률 문서를 제대로 읽으려면 최소 700개에서 최대 5,000개의 기호나 상징적인 그림을 암기해야 한다. 오죽하면 사람들이 입을 모아 복잡성이 상형문자의 특징 중 하나라 꼬집었겠는가.

이런 특징은 체벌을 불러들였다. 교육에서 체벌은 매우 당연한 것으로 인식되었다. 그래서 이집트의 교육 현장은 늘 시끄럽다. 매를 때릴 때 나는 찰싹 소리, 아파서 내는 신음, 책을 읽거나 암기하느라 중얼거리는 소리로 학교 주변은 늘 웅웅거린다.

이곳 이집트에는 이런 격언이 있다.

"남자아이의 귀는 등에 달려 있다. 등을 때리면 말을 잘 듣는다."

얼마나 많은 매를 맞으며 공부를 하면 이런 격언까지 생겼겠는가. 매로도 통하지 않는 둔한 아이는 좁은 방에 가두어 가면서 글을 가르칠 정도로 이집트 사람들의 교육열은 극성이다. 글을 읽거나 쓸 줄 안다는 것이 대단한 영예일 뿐 아니라, 그것이 곧 귀족이라는 자신의 신분을 대변해 주기 때문이다. 물론 예외가 없지는 않다. 바로 내가 그 예외에 해당한다.

나는 아직도 기억한다. 글자라는 것을 처음 보았을 때의 그 생소함을. 언제 죽을지 모르는 노예로 끌려온 신세였지만, 그 와중에서도 이집트 곳곳에 세워진 비문과 건축물에서 생전 보지 못했던 것이 눈에 띄었다. 그림은 분명히 아닌데 그림처럼 생긴 그것은, 내 눈에는 매우 아름답게 비쳤다. 그게 이집트 상형문자와의 첫 만남이었다. 글자는 일종의 유혹이라 말해도 좋을 만큼 내 시선을 빼앗아 갔다. 아는 사람 하나 없고 쉴 새 없이 계속되는 고단한 노예 생활 중에서도, 보디발 장군 집의 벽이며 기둥에서 심심치 않게 마주치는 이집트 상형문자들을 보는 일은 거의 유일한 취미였고 문화생활이었다.

노예 생활이 익숙해 갈 무렵, 나는 보디발 장군의 총지배인이었던 아샤가 팔림프세스트라는 재생 파피루스에 직접 글씨를 쓰는 신기한 장면을 보았다. 궁금증이 한없이 발동했지만, 숫기도 없고 그런 걸 물어 볼 처지가 못 된다고 생각한 나는 말 한마디 꺼내 보지도 못하고 그 자리를 물러 나왔다.

그 궁금증을 푼 것은 나에 대한 보디발 장군의 총애가 우리 저택의 화젯거리가 될 무렵이었다. 그날도 아샤 지배인은 자신의 집무실에서 매우 심각한 태도로 상형문자를 베끼고 있었다.

"총지배인님. 방해를 해서 매우 죄송한데, 지금 무엇을 하시는 거죠?"

"어이구 깜짝이야! 발소리를 듣지 못했는데 언제 들어왔느냐? 그건 그렇고, 정말 너는 내가 무엇을 하는지 모른단 말이냐?"

"송구스럽습니다. 솔직히 저는 총지배인님이 무엇을 하시는지 모릅니다."

"글씨를 쓰는 것이다. 보디발 장군이 왕궁에서 돌아오시기 전에 이 보고서를 끝내야 하거든."

"그런데 '글씨'가 무엇이죠?"

"……."

이렇게 해서 나는 이집트 상형문자 공부를 시작하게 되었다. 그 일을 도맡아 준 이는 맘씨 좋은 아샤 총지배인님이었고.

지금은 그것이 상형문자라고 부를 수도 없을 정도의 초보적인 공부였음을 안다. 그가 쓸 수 있는 상형문자는 자신의 직책과 관련한 초급 산수와 아주 간단한 정도의 보고서가 전부였다. 그럴 수밖에 없었을 것이다. 왜냐하면 아샤 총지배인은 상형문자를 제대로 배울 수 있는 귀족이 아니었으니까. 매우 초보적인 것이긴 하지만, 그가 그나마 상형문자를 읽고 쓸 수 있었던 것은 보디발 경호대장 저택의 총지배인이라는 특권이 있었기에 가능했다.

그렇더라도 그 어른을 통해 저택 안에 있는 각종 장식품과 기념비에 새겨진 글씨 하나하나를 알아 간다는 것은 여간 즐거운 일이 아니었다. 그건 비록 노예이긴 하지만 내가 삶을 이어 가야 할 이유를 실제적으로 제공해 주는 몇 안 되는 요인이었다. 가나안에서 겪은 쓰라린 과거를 잊게 해 주는 데도 그만이었다. 그럴수록 나는 글자 공부에 매달렸다. 나의 이런 열심은 아샤 총지배인에게 더욱 신임과 사랑을 받는 계기가 되었다. 처음으로 석회 조각에다 내 이름을 써 보던 그날의 감격을 나는 평생 잊지 않고 살아왔다.

그러나 글공부가 많은 진전을 볼 수 있었던 것은 역설적이게도 보디발 장군의 지하감옥 덕택이었다. 공부에 도움이 되는 환경이 조성되었고, 비교적 자유로웠기 때문이다. 그렇다 해도 파라오의 술 맡은 시종장관과 빵 굽는 시종장관이 남겨 놓고 간 책들이 없었다면 상형문자 공부는 별 진전이 없었으리라. 나는 그 책들을 통하여 이집트의 역사와 지리, 그리고 이집트의 온갖 신들에 대해 조금씩이나마 공부할 수 있었다. 그것은 무척 꺼림칙한 공부였고, 죄를 짓는 것이 아닌가 하는 두려움을 가져다주기도 했다. 야훼 하나님이 아니라 이방 신을 찬양하는 글을 쓰고 외운다는 것을 꿈에서도 생각하지 않았던 나로서는 어쩔 수 없는 일이었다.

그래서 나는 《사자(死者)의 서(書)》라는 책을 계속 공부해야 할지 말아야 할지를 놓고 하나님께 그리고 고향에 계신 아버지께 마음속으로 꽤나 진지하게 묻기도 했고 기도도 했다. 하나님은 우리 아버지 야곱이나 아브라함 증조할아버지에게 언제나 그랬던 것처럼 분명한 응답은 해 주시지 않았다. 이 기도에 관해 나는 그분의 어떠한 음성도, 이상도, 꿈도 듣거나 보질 못했으니까. 그러나 기도 덕분이었는지 그 책을 들고 있을 때의 불안한 감정들은 어느 틈엔가 사라졌다. 마음에 평정이 찾아온 것이다. 그것이 충분한 답이 되었던 것은 아니나, 나는 그 평안에 기대어 그 책의 모든 페이지를 익숙하게 공부할 수 있었다.

지금 와서 생각하니, 장관들이 남기고 간 책을 통한 공부는 총리가 되는 일에 매우 중요한 준비였다. 그렇다. 나는 그곳에서 닥치는 대로 읽었던 상형문자들을 통해 이집트의 많은 것을 이해할 수 있었다. 특히 그들이 서기관을 왜 그토록 귀히 여기는지도 알 수 있었다. 그들은 그들이 믿는 토드 신이 문자를 발명한 뒤 인간에게 선물로 주었다고 굳게 믿고 있었다. 그래서 그들에게 '글자'는 매우 신성하다는 것도 알게 되었다.

특히 《사자의 서》는 매우 이교적이면서도 흥미로운 책이었다. 이 책은 문자가 마법을 가지고 있어서 죽은 이가 크눔 신 앞으로 가는 동안 만나게 되는 괴물과 뱀을 물리치고 벌레에게 파먹히지 않도록 한다는 내용도 들어 있었다.

그렇다. 그들과 같은 이유로 이렇게 주장하는 것은 아니지만, 문자에는 대단한 영향력이 있다는 사실과, 그 문자를 만들거나 익힐 수 있는 능력이 하나님으로부터 왔으며, 그 선물은 야훼께서 우리에게 주신 그 어떤 선물보다 귀하고 값진 것임을 의심하지 않는다.

정말이지 이집트 제국이 이처럼 강대해질 수 있었던 것은 지금으로부터 무려 1,200~1,300년 전에 그들이 고안한 상형문자 때문이었다고 나는 확신한다. 물론 나일강의 혜택을 누구보다 잘 알고 있지만, 그보다도 이집트의 강성(强盛)함은 상형문자를 계속해서 발전시키고, 그것을 통하여 중요한 역사를 기록하고, 과학·수학·법률·문학 등을 끊임없이 발전시킨 덕이라고 생각한다. 그들이 어떻게 파라오를 중심으로 강력한 정부를 세울 수 있었을까? 글을 통하여 그들의 이상을 분명하고도 널리 교육하고 전파할 수 있었기 때문이라고 주장한다면 지나친 것일까?

총리가 되고 나서부터 거의 평생을 계속해 온 일이 있다. 일기 쓰기가 그것이다. 매일 일기를 썼다는 말은 아니다. 대 이집트 제국의 총리가 그만큼 한가하지는 않으니까. 그러나 나는 가능한 한 계속 일기를 썼다. 그 일은 그 무엇보다도 즐거웠다. 글씨를 쓰는 일이었으니까.

그렇지만 일기를 쓰는 데는 매우 많은 시간이 필요했다. 파피루스 서판에 상형문자를 그리는 일은 상당한 기술과 인내가 필요한 작업이기 때문이다. 그토록 정교한 기호와 그림 등을 이용하여 글씨를 쓰는 것은 서기관이 아닌 사람들에게는 결코 녹록한 일이 아니다. 그래서 이집트는 필경(筆耕)을 일생의 업으로 하는 관리가 필요했던 것인지 모른다.

나중에 안 일이지만, 이런 불편을 덜기 위하여 그들은 상형문자를 좀 더 빨리 쓸 수 있도록 글자를 고안해서 사용하고 있었다. 그들은 이 필기체의 상형문자를 신관문자(神官文字, hieratie) 또는 사제들이 이 글자를 최초로 고안하여 사용했다고 하여 성직문자(聖職文

字)라 불렀다. 어깨 너머로 상형문자를 깨우친 내가, 이런 글이 귀족들 사이에 통용되고 있다는 것을 어찌 알 수 있었겠는가.

어찌 되었든, 내가 이 죽음 앞에서의 글쓰기를 이렇게 오랫동안 계속할 수 있었던 것은 일기를 쓰고 신관문자를 익힌 덕분이다. 이제는 나도 백열 살이다 보니 건강도 기억력도 예전만 못하다. 만약 신관문자를 익히지 못했다면 나는 이 글을 쓸 엄두도 못 냈을 것이다. 그렇더라도 이 나이에 장시간 파피루스에 글을 쓰는 일에 몹시 피곤을 느낀다. 시므온 형님에게 짧지 않은 글을 쓰고는 사흘을 앓으며 몸져누워야 했으니까. 그렇기 때문에 나는 이 글쓰기에 더욱 열심을 내고자 한다. 건강에 매우 유의하면서 말이다. 왜냐하면 연약한 나를 들어 온 세상 사람들의 생명을 살리는 큰일을 하게 하신 고마우신 하나님께 그리고 후손들에게 마지막으로 할 수 있는 유일한 봉사가 이것이라 생각하기 때문이나.

그런 목적으로 쓰는 이 글이 미완으로 끝나게 할 수는 없다. 물론 내 생명은 하나님이 주관하시기에 내 뜻대로는 안 될 것이다. 하지만 적어도 게으름을 피우거나 건강을 잘못 관리하여 이 거룩한 일을 중도에 포기하는 일은 없어야겠다고 나는 재삼재사 다짐하며 간절히 기도한다.

시므온 형님에게 편지를 쓰고 난 후 내 생각은 하나뿐인 아우 베냐민과 르우벤 형님에게 가 있었다. 왜냐하면 그 두 사람은 나를 이집트의 노예로 파는 일에 다른 형님들처럼 직접적인 관계가 없었음에도, 아니 그것을 막아 보고자 애썼음에도, 원인을 제공한 아버지나 다른 형님들과 도매금으로 묶여 고통을 당했기 때문이다. 그래서 나는 두 사람이 무고하게 당한 고통을 늦게나마 편지로 위로하고 싶었다. 르우벤 형님은 이미 세상에 안 계시니 조카들에게라도 내 마음을 표현할 계획을 하였다. 편지를 쓰면서 나는 하나님이 우리 가족 거의 모두가 연루된 이 사건을 다루시면서 베냐민과 르우벤 형님을 어떻게 대하시는지를 묵상하고 싶었다. 그것을 통하여 좀 더 하나님의 섭리를 깊게 이해하고 싶었다.

그러나 나는 전에 써 놓은 글들을 뒤적이다가 그만 뜻밖의 복병을 만났다. 내 인생의 한때 그토록 즐거움을 주던, 글을 읽고 쓰는 일이 어느새 타성에 젖어 있다는 것을 발견한 것이다. 이건 한마디로 충격이었다. 그러니까 나는 이 글쓰기를 하기 위해 책상다리를 하고 앉아서 정신을 집중하고 무엇을 쓸 것인지는 꽤나 깊게 생각했지만, 글쓰기가 주는 즐거움은 놓치고 있었던 것이다. 또 이런 글쓰기가 가능하도록, 그리고 이런 글을 발명하고 기호를 응용하여 인간의 거의 모든 사건과 사실, 심지어 추상적인 개념이나 상상의 세계까지 다 기록할 수 있도록 거의 무한에 가까운 창의력을 주신 하나님에 대해서 아무런 생각도 하지 못한 나를 발견한 것이다.

다시 말하지만 그건 너무 큰 충격이었고 놀라운 발견이었다. 어떻게 평생토록 거의 매일 글을 읽고 쓰는 일을 해 오면서, 더군다나 그 일을 즐겁게 해 왔다고 자부하면서, 글이 만들어 낼 수 있는 무한한 가능성과 위험성 그리고 그것을 주신 하나님께 대한 합당한 감사에 그토록 무감각할 수 있단 말인가.

나는 이 사실을 발견하고는 더 이상 서판을 넘길 수가 없었다. 너무도 많은 생각이 순식간에 내 머릿속으로 몰려들었기 때문이다. 그 생각들은 부끄러운 감정을 한없이 자극했다. 하나님께서 자신의 형상대로, 자신처럼 위대한 일을 할 수 있도록 우리를 창의적인 존재로 지으신 사실에 관해, 평생을 하나님의 은총 아래 살았다고 자부하는 나마저도 그토록 무감각했으니, 그분이 우리 인생들에게 얼마나 서운하셨을까? 이런 생각을 하니 정말 기가 막혔다. 나는 이런 내 모습을 보면서 다시 한번 무한하신 하나님 앞에서 유한한 인간이란 존재가 얼마나 보잘것없고 또 어리석은지를 몸으로 느꼈다. 그 겸허함의 심정으로 나는 요즈음을 보내고 있었다.

이런 충격과 낮아진 마음은 나의 생각을 아직도 글자가 없는 히브리인, 그중에서도 영원토록 하나님의 선택을 받은 우리 아브라함 패밀리의 당혹스러운 현실로 밀어내어 그 상황 앞에 서게 한다.

왜 문자는 하나님의 선민인 우리가 아니라 메소포타미아와 이집트에서 먼저 발명되었을까? 문자를 가진 이집트는 그토록 발전했는데, 왜 우리는 하나님을 모시고도 낙후된 문화 속에서 살고 있는가? 그렇다면 문명의 발전과 그로 인한 힘의 축적은 신의 축복인가, 아니면 저주인가? 같은 논리를 다른 각도에서 적용해 보자. 그렇다면 그 많은 재물을 얻었으면서도 이제까지 정처 없이 떠돌면서 장막 생활을 하는 우리 패밀리의 현실을, 부끄러워해야 하는가 아니면 긍지로 여겨야 하는가?

다시 한번 차분히 물어 보자. 이집트인들이 주장하는 것처럼 상형문자를 토드 신이 발명했고 그것을 사용함이 이집트의 종교와 무관하지 않다면, 우리는 그 문자와 그 문자가 이룩한 모든 형태의 발전을 죄악으로 간주하고 내다 버려야 하는가? 다시 말해 계속 장막에 사는 불편한 삶을 고집하면서 문명의 혜택을 거부해야 하는가, 아니면 그 문자를 이용하여 농업과 수학과 의학과 법전을 계속 발전시켜 나가야 하는가? 아브라함 증조할아버지에게 약속하신 하나님의 예언이 실현되는 나라는 문명의 발전과 무관한 세계인가, 아니면 이방적이고 우상적인 요소를 제거한 정화되고 발전된 문화의 나라인가?

이런 하나 마나 한 질문을 계속해서 던지는 분명한 이유는, 영원하신 하나님의 선택을 받은 우리 후손들에 대한 몇 가지 바람 때문이다.

첫째, 저들이 하나님의 섭리와 도우심 속에 내가 이집트에서 한 일들과 그 일들의 의미를 정확하게 헤아리게 되기를 소망한다.

둘째, 위에서 말한 고민과 염려가 너무 지나쳐 모든 이집트의 문명을 거부하고 시대와 완벽하게 불화하는 분리주의자가 되지 않기를 기도한다. 그렇게 함으로써 하나님께서 세상 속에서 우리에게 주신 많은 복을 걷어차지 않기를 바란다. 그건 삶의 부정이요 신앙을 제멋대로 해석하는 일일 테니까. 한 걸음 더 나아가 그 신앙이 주는 결과인 축복을 거부하는 처사일 테니까. 그리고 그런 신앙을 가지고는 세상을 덮치는 대기근에서 아무런 생명도 구할 수 없기 때문이다.

셋째, 이런 나의 우려를 오해하여 이집트의 것이라면 무조건 사족을 못 쓰는 못난 후손들이 안 되기를 또한 소망한다. 전적인 거부가 옳지 않다면 전적인 수용도 틀린 것이다. 그렇다. 나는 하나님의 지혜를 힘입어 후손들이 이집트의 최첨단을 걷는 문화와 과학과 의학과 농업, 법률 등에 들어 있는 두 가지를 꿰뚫어 보기를 희망한다. 버리고 경계해야 할 이교적이며 우상적인 요소와, 배우고 발전시켜야 할 학문을 잘 분별할 수 있게 되기를 바란다. 그리고 죽음 앞에서 온 힘을 다하여 쓰는 이 조그마한 기록이 그 지혜를 얻는 데 사용되기를 바랄 뿐이다. 그 길을 앞서 걸은 나는 언젠가 이 글을 볼 사랑하는 후손들을 위하여, 다시 한번 노파심으로 다음의 몇 가지 사실을 여기에 적어 둔다.

제일 먼저, 내 후손들은 내가 안식일이 없고, 번제가 없고, 가족이 없고, 신앙적인 모든 도움에서 차단되었을 뿐 아니라 우상과 범죄가 득실대는 타국에, 그것도 어린 나이로 노예가 되었다는 사실을 통해 더 많은 것을 배우게 되길 바란다.

그곳에서는 정상적인 의미의 신앙생활이 불가능했다. 히브리인의 시각에서 볼 때 나는 이미 더러워질 대로 더러워진 몸이다. 따라서 감히 하나님을 부르거나 가까이 나아갈 수 없는 존재였다. 그러나 그것은 하나님께서 나를 버리셨다는 의미가 아니며, 진정한 의미에서 거룩함을 상실한 것도 아니었다. 그것이 안식일과 율법을 어겼다는 찜찜하고 불안한 감정까지 잠재운 것은 아니지만 말이다. 그러니 거룩한 히브리의 선민들이여! 부디 의식 상의 정결이니 안식일이니 하는 것으로 이웃을 정죄하고, 그것으로 서로를 미워하며, 그게 신앙생활의 전부인 것처럼 과장하거나 극단에 치우치지 않도록 부디 조심해 주길 바란다. 그리고 이 말을 정상적인 신앙의 일상성을 부인하자는 쪽으로 해석하여 또 다른 쪽으로 치우치는 빌미로 이용하지 않기를 바란다.

한 걸음 더 나아가 보자. 나는 아브라함 증조할아버지 때부터 터부시하던 이방 여인과의 혼인을 하였고, 그로부터 두 아들을 낳았다. 장인은 이집트에서 가장 신령할 뿐 아니라 가장 영향력 있는 이방 신의 제사장이었다. 오랜 시간을 사브넷바네아라는 이방 신의 이름을 가지고 살았다. 또한 가뭄 때는 파라오를 위하여 대운하를 건설하였고, 모든 이집트 사람들의 땅을 사서 왕께 바쳐 그들을 파라오의 종으로 만들었다. 이런 것들 하나하나가 모두 나를 두렵게 만들었다. 그리고 이런 것을 받아들이는 것이 선민 됨과 그 선민 됨의 축복에서 멀어지는 것이 아닌가 해서 나는 수없이 많은 밤을 뜬눈으로 지새웠다. 그러나 이것들이 나를 하나님의 약속으로부터 끊을 수는 없었다. 안식일을 한 번도 어기지 않은 우리 형들의 신앙이 그들의 마음속 깊은 곳의 미움과 분노를 잠재우지 못하고 나를 죽이려 했던 것처럼 말이다.

그렇다. 가장 무서운 적은 외부에 있는 상황이나 사람이나 제도가 아니라 내부에서 속삭이는 사탄의 유혹이란 사실을 마음에 단단히 새기고 인지하는 것이 무엇보다도 중요하다. 그렇다면 참된 신앙생활을 좌우하는 것은 현실이 아니다. 상황이나 핍박이나 사람이나 제도도 아니다. 그것들이 우리의 신앙에 아무런 영향을 주지 못한다고 주장하는 것은 아니지만 말이다.

율법을 지켰느냐 못 지켰느냐도 최종적인 신앙의 척도는 아니다. 핵심은 살아 있는 신앙이다. 경우에 따라서는 일상적인 율법이나 제도의 순종을 통해 나타나기도 하지만, 참된 신앙은 거기에 얽매이지도 않는다. 이것이 나의 110년의 삶이 보여 주는 신앙의 핵심이라고 나는 감히 단언한다. 이것이 모든 사람에게 그리고 언제나 통용되는 신앙의 '만능열쇠'인지는 모르겠지만.

추가할 것이 한 가지 더 있다. 오늘 하나님이 나에게 왜 이런 일을 시키셨는지 또 나에게 어떤 계획을 가지고 계신지 모른다는 사실도, 내가 지금 잘못 사는 것에 대한 면죄부가 될 수 없다는 점이다. 내 삶에서는 그랬다. 하나님이 내게 객관적이고도 확실한 방법으로 자신을 계시하신 것은 열일곱 살 때 꾸었던 꿈이 전부이다. 그 후 그토록 많은 위험 속에 던져졌지만, 그리고 중요하고 돌이킬 수 없는 결정을 많이 해야 했지만, 하나님은 아버지 야곱에게 보이셨던 친절을 내게는 베풀지 않으셨다. 그것이 더 큰 축복이라는 얘기도 아니고, 그렇다고 내가 하나님의 사랑을 덜 받았다는 얘기도 아니다. 다만 나는, 하나님이 환난과 억울한 일이라는 먹구름 속에 숨어 계시는 때에라도 참된 신앙인은 신앙의 정절을 더럽히지 않고 곧은 길을 걸어갈 수 있다는 사실을 힘주어 간증하려고 한다.

하나님은 아버지 야곱 때처럼 아주 명백하고 세밀한 음성이나 환상을 통해 우리를 이끌어 가실 수도 있고, 내 경우처럼 보디발 장군이나 파라오의 입을 통하여 나와 함께하심을 간접적으로 나타내 보이기도 하신다. 내가 믿는 하나님은 그런 분이시다. 그러므로 이런 하나님의 자유를 제한하는 것은 신앙이 아니고 우리가 할 행동도 아니다. 하나님은 우리를 가장 잘 아시며, 누구의 간섭도 받지 않으시고, 그분 자신이 선택한 방법으로 우리 각자를 약속으로 또는 성숙으로 이끌어 가신다.

언젠가도 썼지만, 노인의 망령은 내가 받은 하나님의 은총으로도 어쩔 수 없는 것인가 보다. 여기까지 다시 읽으면서 젊은 시절 내가 그토록 싫어하던, '한 소리 또 하고 또다시 덧붙이는' 주접을 많이도 떨었다는 사실을 발견할 수 있었다. 그러나 다시 쓰는 것보다 조금은 불편하지만 그대로 두는 것이 더 편안하니 이 일을 도대체 어찌하면 좋단 말인가. 어허, 이 요셉도 늙음을 이제 현실로 받아들이는 수밖에, 정녕 다른 도리가 없단 말인가.

글의 후반부를 쓰면서 나는 젊은 시절에 했던 자랑으로 인해 얼굴이 뜨뜻해짐을 느꼈다. 나는 형님들에게 내가 바로 요셉임을 밝힌 후 이렇게 말했다.

"형님들! 이렇게 말하는 제가 바로 요셉이라는 것을 똑똑히 보셨지요? 아우 베냐민아! 너도 분명히 보았지. 그러니 형님들, 제가 이집트 제국에서 어떤 위치에 있으며 또 어떻게 명예를 누리며 살고 있는지 형님들이 직접 두 눈으로 보신 대로 아버님께 말씀해 주십시오."

110세의 나이에 다시 돌아보는, 내가 누렸던 이집트의 영화나 풍성함은, 우리 생에서 그렇게 자랑할 것이 못 된다. 나는 오히려 델타 지방에 흔하게 피어 있는 아름다운 작은 꽃 한 송이가 내가 평생 입었던 총리의 옷보다 더 아름답고 영화로운 것임을 느낀다. 그건 하나님이 손수 지으신 것이 아니던가.

같은 이유에서 나는, 지금 글로 쓰고 있는 수많은 삶의 체험이나 교훈의 내용보다, 이렇게 글자를 만들고 그 글자를 통하여 과학과 역사와 문학을 만들 수 있는 창의력을 우리의 잠재력 안에 넣어 주신 하나님의 능력과 긍휼에 더 많이 감탄한다. 어떻게 이런 신비가 가능한지, 그리고 어떻게 이런 영광을 하나님께서 미천한 우리 인간에게 주셨는지, 감사하고 감격할 따름이다.

그러나 유감스럽게도 나는 이 내용을 이집트 문자로 기록하고 있다. 우리에게는 아직도 우리 글이 없기 때문이다. 그래서 나는 다짐한다. 그리고 기도하며 부탁하려고 한다. 내가 사랑하는 므낫세와 에브라임에게 말이다.

"상형문자를 열심히 공부하기 바란다. 그리고 우리 말을 우리 글로 쓸 수 있을 때까지 연구해 주기 바란다. 그것을 통해 하나님께서 우리를 통하여 이루고자 하시는 바를 이루어 주기 바란다."

아, 모국어로 이 글을 쓸 수 있었다면 얼마나 더 행복했을까.

19.
야곱의 예언적 축복,
그 이후

언젠가도 썼듯이 내 어린 시절의 즐거움은 옛날이야기를 듣는 것이었다. 아버지 야곱 품에서 듣던, 노아와 에녹과 같이 앞서간 신앙인들의 이야기는 듣고 또 들어도 싫증 나지 않았다. 그중에서 제일 재미있었던 이야기는 아버지의 꿈 이야기였다. 다음은 고조와 증조 할아버지의 인생살이 이야기였고. 재미로 치면야 우리 아버지나 할아버지들의 이야기가 그만이었지만, 그것이 내게 가장 큰 영향을 끼친 이야기는 아니었다. 뭐니 뭐니 해도 내 신앙과 인격 형성에 가장 큰 영향을 끼친 이야기는 태초의 창조에 관한 이야기였지 싶다.

그렇다. 에덴동산 이야기는 언제나 내 상상력을 자극했다. 창조 이야기를 듣다가 질문이 생기면 그날 이야기는 늘 거기서 끝이 났다. 내가 쏟아 내는 많은 질문은 이야기가 앞으로 나아갈 수가 없게 만들었고, 내 엉뚱한 질문은 급기야 아버지의 비위를 건드리고 나서야 잠잠해졌다.

"아버지, 선악과는 어떤 색깔이었어요?"

"보지 못해서 모른다."

"그러면, 아버지! 선악과는 사과를 닮았을까요, 아니면 무화과를 닮았을까요?"

"요셉, 넌 오늘도 쓸데없는 일에만 관심을 쏟는구나. 그건 알아서 무엇하게!"

"궁금한 걸 어떡해요! 에이, 아버지 그러지 말고 말씀 좀 해 주세요. 선악과는 맛이 시지 않고 달콤했겠죠?"

"너는 몇 번이나 말해야 알아들을래? 그건 몰라도 되는 거야. 몰라서 선악과를 따 먹고, 알아서 안 따 먹을 수 있는 줄 아니? 문제는 마음이야, 마음! 이야기를 계속하자꾸나."

"아버지, 죄송해요. 그러면 한 가지만 더 물을게요. 뱀이 어떻게 말을 해요?"

"아니, 요놈의 자식이 그래도 정신을 못 차리네. 그만두지 못하겠니?"

이처럼 내가 정작 알고 싶은 건 질문을 꺼내 보지도 못하고 이야기가 끝나 버릴 때가 다반사였다.

내가 궁금해했던 것은 이런 것이었다. 하와 할머니에게 뱀이 말을 했다면, 그 뱀은 지금과 똑같은 뱀이었을까? 같은 뱀이라면 오늘날의 뱀은 왜 말을 못 하는 것일까? 혹시 지금도 사람이 안 보는 데서만 말하거나, 사람을 유혹할 때만 사람으로 둔갑하는 건 아닐까? 만약 그 뱀이 오늘날과 똑같은 뱀이었다면, 그 뱀은 독사였을까 아니면 방울뱀이었을까? 뱀이 했다는 그 말은 히브리 말이었을까, 아니면 알아들을 수 없는 천국의 언어였을까? 선악과를 먹고 눈이 밝아졌다고 했는데, 그것은 어떤 것을 말하는 것일까…….

열 살 안팎의 아이에게 이런 질문은 꽤 심각한 것이었다. 궁금증이 시작되면 나는 울고 나서야 끝을 낼 수가 있었다. 엉킨 실타래를 풀다가 더 엉켜서 나중에는 어디가 시작이고 끝인 줄을 몰라 끝내는 울음을 터트리곤 했다.

창조 이야기가 궁금증만 자극한 것은 아니었다. 나는 아버지의 이야기를 들으며 하나님에 대해 많이 놀랐다. 특히 짐승들에게까지 복을 주셨다는 대목에서 말이다. 하나님께서 동물들에게 복 주셨다는 이야기를 들으며 나는 아버지에게 몇 번씩이나 되물었다. 하나님이 동물들에게도 복을 주신 게 분명한지, 혹시 아버지가 할아버지께 잘못 들으신 것이 아닌지를 말이다. 그러나 그것은 틀림없는 사실이었다. 아버지의 답변은 언제나 정확하게 '그렇다'였으니까.

이 사실은 내가 하나님을 아주 따뜻하게 느끼게 했다. 왜냐하면 나는 동물들을 사랑했으니까. 어린 나이였지만, 나는 동물들을 사랑할 뿐 아니라 동물들에게 복을 주시는 분이라면 좋은 분일 수밖에 없다는 확신이 들었다. 하나님이 에덴동산에서부터 동물들을 축복했다는 사실은 나에게 세상과 세상에 있는 온갖 동물들에게 이전에 느껴 보지 못한 새로운 감정을 느끼게 했다. 갑자기 동물들이 귀하게 보이기 시작한 것이다. 그 마음은 동물들을 더욱 사랑하는 계기가 되기도 했다.

그러나 그것도 오래 가지는 못했다. 나로 인해 우리 가정에 화평이 깨지기 시작했기 때문이다. 아버지의 편애와 차별 대우가 형들에게서 미움을 낳고 두 번에 걸친 나의 꿈이 증오와 속임을 불러들이는 와중에, 동물을 축복하시는 하나님은 별로 주목받지를 못했다. 아니, 그런 하나님은 아무도 원하지 않았을지도 모르겠다. 동물을 축복하시는 하나님은 나뿐 아니라 그 말씀을 들려주신 아버지에게서도 잊힌 것이 분명하다.

완전히 잊은 줄로만 알았던 그 따뜻한 하나님을 나는 보디발 장군의 집에서 다시 만났다. 나는 장군이 나를 총지배인으로 세우면서 했던 말을 아직도 기억한다 거의 90년 전 일이라고는 하나, 어찌 그 감격의 순간을 잊거나 기억이 희미해질 수 있겠는가?

"요셉, 나는 너를 오늘부터 우리 집의 총지배인으로 임명하려고 한다. 왜냐고? 네가 들어온 후로 우리 집의 모든 일이 잘되니까. 물론 아무도 못 말리는 너의 그 열심을 모르는 바는 아니다. 그런데 가만히 지켜보니까 그게 전부가 아니더구나. 너는 내가 이름을 모르는 신에게서 도움을 받는 게 분명해. 그렇지 않고서야 어떻게 네가 하는 일이 모두 잘될 수가 있겠느냐 이 말이다. 나는 네 덕분에 네가 믿는 신에게서 복을 받는다고 생각한다. 그게 내가 너를 총지배인으로 세우는 진짜 이유다. 어허 참, 대 이집트 경호대장인 내가 히브리 신에게 복을 받다니! 이거 우리 프타 신이 노하지는 않으시려나 모르겠다. 그런데 요셉, 네가 우리 집으로 온 지 얼마나 되었지?"

"네, 이제 석 달 있으면 3년이 됩니다."

"벌써 그렇게 되었느냐? 거봐라. 내 말이 맞지? 내가 거의 3년 동안을 네가 믿는 신에게 복을 받았는데도 아직 프타 신에게 노여움을 사지 않은 것을 보니 네가 믿는 신이 더 높은 양반인 게로구나. 어쨌든 나는 너와 네 신에게 고마운 마음을 가지고 있다. 더 열심히 우리 집을 위해 일하고 네가 믿는 신이 더 큰 복을 내리도록 해주기 바란다."

물론 보디발 장군은 그때나 지금이나 내게 잊을 수 없는 고마운 분이다. 그러나 내게 잘해 주었다고 해서 그가 야훼 하나님에게 복을 받을 수 있으리라고는 꿈에도 생각해 보지 못했다. 나는 그 순간 보디발 장군에게 기습당한 것이다. 아니, 더 정확히 말하자면 동물에게까지 복을 아끼지 않으심으로 어린 시절의 나를 감동시킨, 내 기억 속에 갇혀 있던 그 하나님께 기습을 당한 것이다.

그전까지 내가 생각할 수 있었던 것의 전부는 우상을 버리고 하나님께 나아가야 한다는 것, 그래야 하나님의 복을 받을 자격이 주어진다는 것이었다. 나는 그것이 신앙이요 하나님께서 가르쳐 주신 교리의 핵심이라고 믿었다. 그러나 그것은 하나님을 오해한 것이었다. 천지를 창조하신 하나님은 그런 하나님이 아니었다. 그런 생각은 신앙의 기초가 되는 창조의 하나님마저도 이해하지 못한 유치하고 위험한 발상이었다. 다시 한번 말하지만, 동물에게 축복하신 하나님을 생각할 때 나는 신앙의 따뜻함을 느낀다. 그걸 통해 좋으신 하나님을 알게 된다.

그렇다면 보디발 장군을 축복하신 하나님의 행동에서 나는 무엇을 배웠던가? 나는 하나님이 어떤 사람이 가진 신앙이나 행위 때문에만 축복하는 분이 아니라는 사실을 확인했다. 90년 전 보디발 장군의 말이 옳다면 하나님은 나를 통해 이방 사람, 더구나 하나님을 알지도 못하고 아직까지 이방 신을 섬기는 사람을 축복하신 그런 분이다.

하나님께서 어떤 보상을 생각하고 동물을 축복하신 것은 아닌 것 같다. 그분은 축복하는 것이 자신의 즐거움이고 성품이기에, 그리고 조건 없이 동물까지도 사랑하시는 분이기에 치타나 타조에게까지 복을 주신다.

같은 원리는 나의 삶에서도 발견된다. 하나님은 나를 사랑하셔서, 아니 아브라함을 택하시고 그에게 약속하신 일을 이루기 위해서 보디발 장군에게 복을 내리신 게 분명히다. 그걸 통하여 나는 하나님을 알게 될 뿐 아니라, 오늘 내게 주어진 일에 성실해야 하는 이유를 발견하게 된다.

그렇다. 하나님은 아브라함 할아버지를 사랑하셨고 그분과 맺은 약속을 지키기 위해 나를 뽑으셨다. 그렇더라도 내가 불성실했다면 어떻게 보디발 장군이 내 뒤에 계시는 하나님을 보았겠으며, 자신의 형통함이 하나님께서 복 주신 결과라고 확신할 수 있었겠는가?

창조 이야기를 통하여 그토록 많은 의문과 상상력의 자극을 받았음에도, 하나님께서 안식일에 복을 주셨다는 사실은 아주 오랫동안 나와 무관한 이야기였다. 내 눈에는 가려져 있었기 때문이다.

만약 내가 안식일이 없는 이집트에서 평생을 살지 않았더라면 나는 아마도 이 땅을 떠나가면서까지도 안식일에 복을 주신 하나님의 의미와 그분의 성품을 끝내 이해하지 못했을지 모르겠다. 그래서 더욱 감사한다.

그러나 이 감사를 느끼기까지 얼마나 많은 시간과 사색이 필요했던가? 이집트에서 지난 90여 년 동안 나는 안식일로 인하여 또 얼마나 많이 울었던가. 어떤 때는 내가 가진 그 모든 것들이 아무런 의미도 없는 듯 보였다. 나에게 안식일이 없었기 때문이다. 단 한 번만이라도 안식일에 마음 놓고 번제를 드릴 수 있다면 이집트의 모든 영화를 기꺼이 포기할 수도 있을 것 같은 순간이 한두 번이 아니었다. 안식일이 그렇게 소중하게 느껴진 것은 하나님께서 안식일에 복을 주셨기 때문이다.

그러나 그것은 또한 얼마나 뜻밖이던가? 인간에게 복을 주셨다는 것은 그리 어렵지 않게 납득할 수 있다. 왜냐하면 인간이 비록 타락했다고는 하지만 하나님의 형상대로 지으심을 받은 존재이니까. 동물을 인간과 단순 비교 할 수는 없으나, 하나님의 축복이 필요한 존재임은 어렵지 않게 발견할 수 있다. 말하지 못하고 들을 수도 없는 무형의 안식일에 비한다면 말이다.

이처럼 하나님은 하나님의 형상인 사람과 살아 움직이는 존재인 동물, 그리고 우상을 섬기는 이방인과 무형의 안식일에 이르기까지 전 우주에 복을 베푸시는 분이다. 그래서 내가 믿는 하나님은 복을 주시는 하나님이다. 찬양 받기에 합당한 분이시다.

다시 한번 말하지만, 불행하게도 나는 할아버지의 임종을 볼 수 없었다. 이집트에 있었기 때문이다. 할아버님은 내가 스물아홉, 그러니까 보디발 장군의 지하감옥에 있을 때 임종하셨다 한다. 1년만 더 사셨더라면 손자가 이집트의 총리가 된 것을 보실 수 있었을 것이고, 11년만 더 사셨으면 당신의 아들과 함께 이 손자의 큰절을 받으셨을 것이다. 그걸 생각하면 80년이 지난 지금도 아쉽다. 아직도 내가 할아버지의 임종을 지켜보지 못한 것을 아쉬워하는 것은 단순히 그분이 총리 손자를 못 보셨기 때문은 아니다.

되풀이해서 말하지만, 우리 아브라함 패밀리는 임종에 관해서 매우 독특하고 엄숙한 전통을 가지고 있다. 하나님께로 돌아가시는 어른은 일생에 단 한 번뿐인 축복을 하신다. 그 순간 그분은 자신이 하나님의 대리자임을 강하게 의식하신다. 그 느낌은 축복하는 아버지에게서 온 가족에게로 전달된다. 우리는 그분의 모습 속에서 하나님의 충만한 임재를 본다. 그 얼굴에는 꽃망울보다 더 빛나는 눈물이 폭포를 이룬다. 마침내 그분이 후손들의 머리에 손을 얹고 입을 열어 축복하실 때, 우리 몸은 불덩이가 된다. 순간이기는 하나 우리는 그때 열린 영안을 통해 자신의 장래는 물론 온 우주의 비밀을 꿰뚫어 보는 것이다. 그 감격과 신비는 어떤 것보다 강력하여 지금까지 보거나 들은 그 어떤 영적 체험도 거기에 견줄 수 없다고 느낀다.

여기서 중요한 것은 떠나시는 어른이 비는 복이 하나님의 것이라는 점이다. 그분은 자기가 아니라 신령하신 하나님의 것으로 축복하신다. 우리도 그걸 잘 알고 있다! 그래서 우리는 할아버지나 아버지의 임종을 두려워하지 않는다. 마냥 슬퍼하거나 낙담하지도 않는다. 오히려 그 시간을 사모하며 기다린다. 아버지가 빨리 죽기를 기다리는 불효자라서가 아니다. 아버지의 재산에 눈이 멀어서도 아니다. 우리는 떳떳하고 정직하게 그 순간을 준비하며 기다리는 것이다. 우리는 조상의 임종을 지켜보면서, 죽음은 절망이 아니라 새로운 시작이며, 슬픔이 아니라 거룩하신 하나님의 임재와 축복이고, 또한 영원한 세계로 들어가는 통로임을 배운다. 이 경험을 통하여 우리는 비로소 선민 됨의 진정한 의미를 몸으로 배운다. 바로 이 체험이 죽음을 이기게 하는 우리 원동력인 것이다.

  이렇게 의미심장한 할아버지의 임종 순간에 참여하지 못했는데, 어떻게 내가 태연할 수 있겠는가. 할아버지의 임종을 지켜볼 수 없었던 것은 나 요셉에게는 엄청난 영적 손실이었다. 또한 내 가슴속 깊이 묻어 둔 콤플렉스였다. 적어도 아버지의 임종을 지켜보았던 쉰여섯 살 전까지는 그랬다. 그래서 나는 아버지의 임종을 기다리고 기다렸던 것이다.

  벌써 54년이나 지났건만 아버지의 임종은 내가 예상하며 기다린 것보다 훨씬 강렬했다. 아버지를 통하여, 말로만 들었던 아브라함 증조할아버지의 임종 때도 없었던 색다른 광경이 바로 내 눈앞에서 펼쳐진 것이다. 그것은 민망하게도 내게는 당혹스러움으로 다가왔다. 그 당혹스러움은 나만의 것은 아니었다. 거기에 모인 우리 열두 형제뿐 아니라 형수님, 조카들 모두가 그렇게 느꼈으니까. 그 당혹스러움을 어떻게 표현해야 할까.

  그렇다. 아버지의 마지막 축복은 내용에서부터 형식에 이르기까지 우리의 예상을 완전히 뒤엎는 파격 그 자체였다. 아버지는 번제가 끝난 후 드디어 르우벤 형님부터 축복 안수기도를 시작하셨다. 그러나 그 장소에 있던 우리 모두는 아버지의 축복이 축복으로 들리지 않았다.

야곱의 아들들아, 모여서 들어라.
너희 아버지
이스라엘의 말을 들어라.

르우벤아,
너는 내 장남이요
나의 능력이며
내 정력의 첫 열매이다.
너는 위엄이 있고
능력이 있지마는
물이 소용돌이치는 것 같아서
네가 가장 뛰어나지는 못할 것이다.
너는 내 첩과 잠자리를 같이하여
네 아버지를 욕되게 하였다.

더 이상 무슨 설명이 더 필요하겠는가. 얼어붙은 것은 르우벤 형만이 아니었다. 우리 형제들은 너무나 고통스러워 서로의 얼굴만 쳐다보았다. 그리고 조카들을 바라보았다. 특히 르우벤 형님의 아들인 하녹과 발루와 헤스론과 갈미의 얼굴을 말이다.

그들의 얼굴은 충격과 수치로 일그러져 있었다. 혹시라도 르우벤 형의 어린것들이 그 사실을 알까 봐 집안 종들의 입을 얼마나 단속했던가. 그렇게 애썼기에 그 순간 우리의 당혹스러움은 가늠할 수가 없을 정도였다.

그러나 한가하게 서로의 얼굴만을 쳐다볼 수가 없었다. 이해할 수 없는 아버지의 축복이 계속되었으니까. 이젠 한가하게 남 걱정을 할 때가 아니었다. 모두가 먼저 자기 발등에 붙은 불부터 꺼야 했다.

시므온과 레위 형님을 축복할 때, 우리는 모두 아버지를 조심스럽게 쳐다보기 시작했다 그토록 인격적으로나 영적으로 투명하게만 늙어 가던 아버님이 혹시라도 정신에 문제가 생긴 것이 아닌가 하는 우려가 앞섰기 때문이다. 아버지의 입에서는 우리 귀를 의심해야 할 '저주'라는 단어가 흘러나왔다.

> 시므온과 레위는 형제이며
> 그들의 칼은 폭력의 도구이다.
> 내 영혼아,
> 그들의 모의에 가담하지 말아라.
> 내가 그들의 집회에
> 참여하지 않으리라.
> 그들은 분노로 사람을 죽이고
> 재미로 소의 발목 힘줄을 끊었다.

그들의 분노가 맹렬하니
저주를 받을 것이며
그들의 저주가 잔인하니
저주를 받을 것이다.
내가 그들을 이스라엘 땅에서
사방으로 흩어 버리며
그 백성 가운데서 흩으리라.

아니나 다를까, 여기저기서 소리 없는 훌쩍임이 느껴졌다. 형수님들은 소리를 죽이며 울고 있었다. 반은 당혹스러움에서 나온 눈물이었고 반은 참회의 눈물이었으리라. 그러나 우리들의 우려와 눈물을 아시는지 모르시는지, 듣는지 못 듣는 척 하시는지, 아버지는 축복을 계속 이어 가셨다. 잇사갈 형님은 게으름이 지적되었다.

예상을 뛰어넘는 일은 또 있었다. 내가 장자 몫으로 물질의 복을 더 받은 것은 충분히 예상되는 일이었다. 그러나 유다 형님에게 장자의 지도권이 돌아간 것은, 더군다나 아브라함 할아버지에게 예언된 것처럼 유다 형님의 후손 중에서 '대적의 문'을 얻을 자가 탄생하리라는 축복은 또 하나의 사건이었다. 그러한 충격과 어수선함이 그래도 봉합된 것은 아버지의 마지막 기도 덕분이었다.

이상은 나 이스라엘이 하나님의 영에 사로잡혀 열두 지파의 우두머리들에게 예언으로 축복하는 것이다. 사랑하는 아들들이여! 하나님께서 각자에게 적합한 말로 너희를 축복하는 것이니 너희들은 이 말을 잘 듣고 순종해야 하느니라.

아버지는 지상에서 열두 아들을 이렇게 축복하시고 열조에게로 돌아가셨다. 가신 분은 그렇게 가셨지만, 그분이 남긴 임종 시의 축복은 우리 열두 형제에게 참 많은 숙제를 남겼다. 우선, 우리는 아버님이 남기신 말씀이 저주가 아니라, 그리고 단순한 제언이 아니라, 우리 선조들이 그러했듯이 후손들에게 남기신 축복이라는 사실을 받아들여야 했다. 그건 쉽지 않은 일이었다. 누구보다 축복을 많이 받은 나도 어려웠으니, 기도 내용에 책망과 저주가 있던 형님들은 또 얼마나 어려웠겠는가? 그러나 아버님이 남기신 과제는 그보다도 훨씬 더 많았다.

나는 알고 싶었다. 그래서 기도하고 묵상했다. 왜 아버지의 축복은 그렇게 예언과 저주가 가미된 것이어야 했을까? 그리고 하나님은 왜 우리 모두가 숨기고 덮어 주며 다시 생각조차 하고 싶지 않던, 그것도 아주 오래된 과거의 일들을 공개적인 자리에서 들추어 내셨을까? 이건 결코 간단한 문제가 아니었다. 나름대로는 하나님의 축복에 대하여 많은 체험을 했다고 자부하는 내게도 어렵기는 마찬가지였다. 물론 아버지의 임종 시에 제기된 모든 문제가 똑같이 풀리지는 않았다. 아버님의 장례식을 끝내고 형님들이 내 보복들 두려워하여 나를 찾아와 용서를 구했을 때, 나는 하나님과 아버님의 깊은 뜻에 무릎을 꿇었다.

그렇다. 이집트에 동생을 판 형님들이나 당사자인 나까지도 그 문제가 끝난 줄 알고 있었지만, 하나님이나 아버님은 생각이 다르셨다. 그분들의 불꽃같은 눈은 속일 수가 없었다. 그러므로 임종의 자리에서 우리가 받은 축복은 회개의 촉구이자 경고였던 것이다. 동생을 팔아넘긴 문제만은 아니었던 것 같다. 아마도 세겜 성에서 일어난 살인도, 르우벤 형님의 간통도 해결되지 않은 채로 덮여 있었나 보다. 실마리가 풀리니 다른 문제들은 저절로 풀리는 듯했다.

나는 이 과정에서 다시 한번 감탄했다. 하나님의 축복도 예언도 아버지를 통해 온다는 사실에 감탄했고, 인간적인 요소가 무시되는 것이 아니라, 하나님이 그것까지 선하게 사용하신다는 사실에 감탄했다. 그렇다. 아버지는 우리의 성품은 물론 우리 속의 죄까지 놓치지 않으셨다. 하나님의 성령과 아비지의 통찰은 제각각 따로가 아니었다. 우리를 축복하는 자리에서 하나님은 아버지의 성품과 세심한 관찰력, 심지어는 아버지의 유머와 풍부한 언어까지 사용하셨다. 그분이 그렇게 야곱의 눈과 귀와 판단력을 빌려서 성령으로 우리를 축복하고 예언의 말씀을 주신 것이다. 어디까지가 야곱이고 어디까지가 하나님이신지……!

그래서 나는 하나님께서 내게 그리고 우리 패밀리에게 주신 복들보다, 한 인간에 지나지 않는 아브라함이나 야곱이나 나를 사용해서 자신의 일을 이루시는 하나님이시란 데서 더 큰 감격을 맛보았다. 내가 믿는 하나님께서는 인간과 동역하기를 즐거워하시며, 그것을 통해 자신의 뜻을 이루시고, 또한 우리 손을 통하여 세상을 축복하시는 분이다.

'나를 통해 보디발을 축복하시고, 아브라함을 통해 우리 자손을, 아니 우리 히브리인을, 나중에는 온 인류를 축복하실 전능의 하나님이여. 찬양을 받으소서!'

20.
집착

내가 아는 이들 가운데 우리 아버지 야곱보다 늦게 결혼한 사람은 없다. 여든네 살에 첫 결혼을 했으니까. 물론 조상들 가운데에서 아버지보다 훨씬 퀴퀴한 냄새가 풀풀 나는 노총각이 없는 건 아니다. 금방 떠오르는 이름만도 일곱이다.

역사상 가장 지독한 노총각은 노아였다. 그 어른이 몇 살에 결혼하셨는지는 알려지지 않았다. 그러니 몇 살까지 '노총각' 딱지를 달고 다녔는지는 확인할 길이 없다. 오백 살에 첫아들을 얻었다는 사실로 미루어 추측할 뿐이다. 그 어른이 결혼한 후 250년 만에 첫아들을 얻었다고 가정해도(그게 현실적으로 가능한 추론인지는 모르겠지만) 이백오십 살까지는 총각이었다는 계산이 나온다. 이백오십 살 먹은 노총각이라? 나로서는 도무지 상상이 안 간다. 그저 멍할 뿐.

노아에는 훨씬 못 미치지만 므두셀라도 만만치 않다. 백여든일곱 살에 라멕을 낳았으니까. 라멕도 장난이 아니다. 백여든두 살에 노아를 얻었으니까. '대홍수' 이전에는 이런 '파파 노총각들'이 거대한 숲을 이루고 있었다고 하니, 백예순다섯 살에 에녹을 낳은 야렛은 상대적으로 젊게 느껴진다. 요즘 애들 말로 젊은 오빠 같다고나 할까…….

아참, 그러고 보니 홍수 후에 살았던, 야곱과 쌍벽을 이루는 노총각 한 사람이 더 떠오른다. 노아의 맏아들이었던 셈. 그도 매우 나이 많은 노총각이었다. 백 살에 첫아들을 얻었다니까. 그러나 결혼만큼은 우리 아버지보다 빨랐을지 모른다. 하나님이 방주를 지으라고 명령하실 때 그 안에는 며느리들에 관한 명령이 포함되어 있었기 때문이다. 그 언급이 예언일 가능성도 배제할 수는 없지만.

사실이 이러함에도 나는 아버지 야곱이 역사상 가장 나이 많은 노총각이었고 주장하고 싶다. 단순한 수치가 중요한 게 아니기 때문이다. 구백 살 이상 사신 분들하고 백마흔일곱 살을 일기로 세상을 뜨신 아버지의 나이를 단순 비교 하는 것은 불공정하다. 그렇다. 수치로만 따진다면 여든네 살의 결혼이 갖는 역사적 가치는 별로 없다. 훨씬 많은 나이에 장가를 든 조상들이 즐비하기 때문이다.

그러나 아버지의 늦깎이 결혼은 나이를 떠나서 주목받아야 할 충분한 이유가 있다. 그러지 않고서는 아버지 삶의 이야기가 풀리지 않는다. 그렇게 자주, 그리고 결정적으로 아버지의 삶에 간섭하신 하나님께서 유독 결혼 문제만큼은 모든 걸 아버지에게 맡기신 걸까? 그런 거라고는 상상도 할 수 없다. 그래서 나는 아버지의 결혼이 그렇게 늦어질 수밖에 없었던 그럴 만한 이유를 밝혀내고 싶었다.

사실 나는 아버지의 삶을 반추(反芻)할 때마다 결혼 전의 아버지를 어떻게 불러야 할지 난감했다. 아무리 미혼이라지만 여든이 넘은 노인에게, '노' 자가 붙었다고는 하나 총각이란 단어를 붙이기가 민망했기 때문이다. 노총각들이 의식된 것도 물론이다. 결혼 이전의 아버지를 노총각으로 부르자니 요즘 노총각들에게 여간 미안한 게 아니다. '미혼'이란 단 하나의 기준으로 팔팔한 젊은이들과 팔십이 넘은 노인을 한 그룹으로 묶는 것이, 혹시나 저들의 처지고 위축된 어깨를 더 기운 없게 만들지 않을까 걱정되기 때문이다.

별 쓸데 없는 긱징도 다 한다고, 늙으면 어쩔 수 없다고 핀잔할 생각일랑은 말기를 바란다. 이것이 창조주께서 만들어 놓으신 자연스러운 늙음의 현상이 아니겠는가. 어린이가 어린이다워야 하듯이 늙은이가 늙은이다운 것이 왜 웃음거리가 되어야 한단 말인가? 하여 나는 나의 이런 노파심 앞에서 당당해지려고 한다. 바로 이것이 진정한 노인의 참 멋이 아니겠는가?

아버지가 내게 그랬던 것처럼 나 또한 사랑하는 아들 므낫세와 에브라임에게는 물론이고 손주들에게 아브라함 패밀리의 이야기를 비롯하여 하나님의 천지창조부터 바벨탑 사건에 이르기까지의 이야기를 때때로 들려주었다. 그분처럼 자주도 아니고 그분처럼 오랜 시간 그렇게 하지도 못했지만. 아버지 야곱의 이야기를 들려줄 때마다 어린 저들이 항상 신기해 한 대목이 있었다. 바로 팔십이 넘는 야곱 할아버지께서 사춘기 소년처럼 불같은 연정을 품어 라헬 할머니를 사랑하셨다는 대목이다.

그들은 끝내 이해가 되지 않는 모양이었다. 나 또한 저들만 한 때는 그랬으니까. 아버지가 어머니에게 첫눈에 반해 7년을 수일 같이 보냈다는 대목을 들을 때까지는 그래도 이해할 만했다. 그럴 수 있으리라고 생각했다. 그러나 외삼촌에 속아 사랑하는 사람을 얻기 위하여 다시 7년의 수고를 기꺼이 받아들였다는 이야기를 들으면서는 무척 놀랐던 기억이 난다. 아버지의 사랑은 분명 보통 이상이었다. 매우 열정적인 사랑 이야기였다. 그러나 그 사랑은 불행하게도 비극적이었다. 그 사랑이 우리 가정에서 대를 이은 가정 불화의 가장 큰 원인이 되었으니까.

이미 벌거벗은 듯이 다 드러낸 얘기지만, 7년간의 불같은 열애 끝에 결혼한 두 분의 사랑은 수많은 고통과 불행을 불러들였다. 어머니의 불행은 여자들이 일생 가장 행복한 날로 손꼽는 결혼식 날 시작되었다! 7년을 손꼽아 기다렸던 바로 그날에 신랑을 다른 사람도 아닌 언니에게 빼앗겼으니까. 바로 그런 상처가 남편을 독점하여 언니는 침실 근처에도 얼씬하지 못하게 하는 집착을 낳았으리라.

어머니의 상처는 가만히 있지 않았다. 주변 사람들을 찌르고 후벼파고 괴롭혔다. 충분히 예상할 수 있는 일이었고 당연한 결과였다. 그런 사단(事端)의 발단은 아이였다. 유독 어머니에게만 아이가 없었다. 단순히 아이가 없는 신혼 7년이 아니었다. 그것도 아이를 낳을 수 없는 이유가 여자 쪽에 있다는 사실이 너무도 명백한 7년 세월이었다. 어머니의 정신 건강은 극도로 나빠지기 시작했다.

어머니가 타인에게 낸 상처는 이랬다. 먼저 어머니의 주된 공격 대상은 언니인 레아였다. 착하디착한 큰어머니 레아가 어머니의 덫에 걸린 것이다. 본의 아니게 동생의 남편을 가로챈 모양새가 되었지만, 큰어머니 레아는 참 좋은 사람이었다. 어찌 되었든 신앙으로 살려던 사람이기도 했다. 그러나 아무리 시간이 흘러도 우리 어머니가 받은 상처는 아물지 않았다. 다른 여인들에게서 아버지의 아들들이 속속 태어나자 상처는 오히려 악화되었다. 어머니는 아이들을 보는 것은 물론 아이가 우는 소리만 들어도 이성을 잃으셨다고 한다. 그리고 그런 히스테리를 주로 큰어머니에게 퍼부으셨다.

문제는 맨날 그렇게 당하고만 사는 큰어머니의 편이 아무도 없었다는 점이다. 동생한테는 아무것도 기대하지 않았지만, 적어도 남편만큼은 자신의 편이 되어 주기를 바라셨을 텐데 말이다. 큰어머니는 자신의 불쌍하고 억울한 처지만이라도 이해받기를 원했지만 그런 일은 끝내 일어나지 않았다. 자신을 바라보는 남편의 냉대나 무관심은 결코 변하지 않았다니까.

이 두 여인 사이에서, 그리고 이 두 여인의 갈등이 있을 때마다 아버지는 어머니 편이었다. 처음엔 라헬에 대한 사랑의 표현으로 어머니 쪽에 손을 들어 주었다고 한다. 시간이 지나면서는 라헬에 대한 미안한 마음으로 그렇게 되더라고, 아버지는 내게 말씀하셨더랬다. 그러나 그 미안함의 표현도 오래 가지 못했다. 어머니가 상상 이상으로 매우 거칠어졌고, 그 결과 집안에는 하루도 그칠 줄 모르는 가정불화가 계속되었기 때문이다.

어머니가 그러면 그럴수록 아버지는 맹목적으로 어머니에게 집착하셨다. 아버지 가슴속에서 불안이 누적되고 가장 사랑하는 이에게서 사랑받지 못하고 있다는 공허함이 눈덩이처럼 불어나는데도 달리 손을 쓸 수가 없었나 보다. 그래서 조용한 성향의 아버지도 신경질이 늘어나기 시작했고 성격 또한 거칠어졌다고 한다. 급기야 아버지도 어머니의 상처와 불안한 가정 분위기 때문에 그 안에서 서서히 망가져 갔다. 그러면 그럴수록 아버지는 무엇인가를 더 강하게 붙들었다.

불행하게도 아버지가 의지한 대상은, 형의 낯을 피하여 도망치던 때에 벧엘에서 나타나셨던 하나님, 당신의 뜻을 이루기 전에는 떠나지도 않고 버리지도 않겠다고 굳게 약속해 주신 전능한 하나님이 아니었다. 아버지는 점점 더 망가져 가기만 하는 불쌍한 어머니를 더 많이 사랑해 주면 문제가 해결되리라고 굳게 믿었던 것 같다.

어찌 보면 아버지의 해결책에 일리가 없는 것도 아니다. 어머니의 상처가 근본적으로 해결될 수는 없더라도 남편의 극진한 사랑이 아내의 사나워진 마음을 돌릴 수 있을 것이란 생각이 잘못된 것만은 아닐 테니까. 그렇기 때문에 아버지의 사랑은 날로 더 적극적이었다.

그러나 그것은 진정한 사랑이 아니었다. 아내를 사랑하는 올바른 방법 또한 아니었다. 그건 문제 해결에 아무런 도움도 주지 못하는 신기루에 불과했다. 아버지는 그렇게 하는 것이 어머니를 사랑하는 것이라는 잘못된 생각에서 벗어났어야 했다. 자기가 아내를 매우 사랑하고 있다는 그 착각에서 눈을 떠야 했다. 그건 사랑이 아니라 사랑을 가장한 집착이 아니던가!

처음엔 이런 아버지가 얼마나 어리석어 보였는지 모른다. 어머니 라헬을 내가 그렇게도 오랫동안 수치스러워했듯이, 한때 나는 아버지와 그분의 실수도 이해할 수가 없었다. 아브라함 증조할아버지나 이삭 할아버지보다 매우 늦기는 했지만, 그래도 아버지는 일흔일곱 살에 벧엘에서 하나님의 음성을 듣고, 하늘 위에 계시는 하나님의 모습과 하늘에 맞닿은 사다리를 밤새 오르락내리락하는 천사들을 보지 않았던가? 언제 들어도 큰 힘과 용기가 되는 하나님의 약속을 듣지 않았던가.

"나는 여호와다. 네 할아버지 아브라함의 하나님이요, 네 아버지 이삭의 하나님이다. 네가 지금 누워 있는 이 땅을 내가 네게 그리고 네 후손에게 주리라. 네 후손이 엄청나게 불어나 땅의 먼지만큼 많아지리라. 동서남북 어디를 가든지 네 후손들이 그곳에서 가득하게 되리라. 또한 너와 네 후손으로 말미암아 뭇 나라들이 복을 받으리라. 나는 늘 너와 함께 있을 것이다. 네가 어디를 가든지 지켜 주리라. 분명히 말한다만, 이리저리 돌아다니더라도 너를 다시 이곳으로 돌아오게 하리라. 내가 네게 약속한 것을 다 이루기 전까지는 내가 절대로 네 곁을 떠나지 않으리라."

누가 이토록 구체적인 하나님의 동행하심과 인도하심, 그리고 이처럼 큰 축복의 말씀을 들었던가. 아무도 없었다. 그런데 어떻게 사내대장부로 태어나, 그것도 약속을 받은 아브라함 패밀리의 일원으로 태어나, 여자에게 그리고 사랑에 자기를 그렇게 내맡길 수 있는지 나는 그것을 알 수가 없었다.

그게 다가 아니다. 내가 매우 어렸기 때문에 기억나지 않고 잘 알지도 못하는 이야기지만, 하나님은 두 번이나 결정적인 상황에서 아버지의 목숨을 살리셨다. 그것도 재수나 운명 때문에 살아났다는 말을 할 수 없는, 누가 보더라도 하나님이 직접 개입하셨음을 부인할 수 없는 명백한 상황에서 말이다. 그렇지 않은가. 하나님께서 개입하시지 않고서야 어떻게 도망친 야곱을 잡기 위해 군대나 다름없는 무리를 이끌고 추격하는 라반이 스스로 이런 말을 할 수 있었겠는가.

"이보게 사위, 도대체 이게 무슨 짓인가? 내 손자들과 딸들에게 작별 인사조차 못 하게 해도 되는 건가? 나는 자네를 해칠 힘이 있지만 그러지는 않을걸세. 엊저녁 꿈속에서 자네 아버지의 하나님께서 내게 나타나셔서 '뭘 잘하였느니 잘못하였느니 하며 자네와 시비를 가리지 말라'고 말씀하시더군."

어디 그뿐인가. 얍복 강나루를 향해 400명을 거느리고 친히 칼을 차고 출정한, 그러니까 20년 원한을 풀기 위해 성난 모습으로 진군해 오던 에서 큰아버지 손에서도 하나님은 아버지의 목숨을 극적으로 구해 주셨다. 그것도 결코 평생 잊을 수 없는 일이었으리라.

그러나 아버지의 인생에서 좀 더 특별한 의미를 갖는 일은 또다시 하나님의 사자를 대면한 것이 아닐까? 하나님으로부터 이스라엘이라는, 영원토록 영광스럽고 축복이 되는 새 이름을 받았다는 사실이 아니었을까? 비록 그 대가로 넓적다리가 부러져 평생 다리에 장애를 가지고 불편하게 살아가게 되기는 했지만.

그러나 그렇게 오랫동안을 불구의 몸으로 지내면서도 아버지는 왜 자신이 평생을 그런 몸으로 사셔야만 했는지를 깨닫지 못했다. 내가 이집트로 팔려 왔을 때, 그러니까 요셉이 악한 짐승의 밥이 되었다는 비보가 전해진 바로 그때가 하나님께서 아버지에게 호의를 한 번 더 베푸신 때였다. 하나님 아닌 것에 집착하는 아버지를 변화시키기 위해서 말이다. 그러나 아버지는 그걸 기회로 선용하지 못하셨다. 내가 없어지고 난 빈 공간을 이번에는 베냐민으로 채우셨으니까. 자신의 거의 모든 것을 걸고서. 내가 알기로는, 적어도 우리가 이집트에서 다시 만날 때까지 베냐민은 아버지의 모든 것이었다. 아버지는 그렇게 22년 동안을 하나님이 아니라 베냐민을 움켜잡고 사신 것이다.

아버지는 끊임없이 하나님을 향해 또한 신앙의 성숙을 위해 나아가면서도 결정적인 순간에는 하나님 아닌 것에 자기 몸을 맡겼다. 진정한 평안이나 문제 해결에 도움을 줄 수 없는 대상에게 그토록 오래 빠져 있었던 것이다. 솔직히 나는 나를 잃고도 하나님께로 돌아가지 못한 아버지에게 놀랐다. 자기 집착에서 단 한 발도 벗어나지 못했단 사실이 의아하다. 밥 먹듯이 하나님의 음성이나 꿈이나 환상을 보았던 아버지의 영적 감수성이 그 정도였다는 사실로 인해 경악하는 것이다. 그렇다면 60여 년이라는 길고 긴 세월 동안 꽁꽁 묶어 두었던 자기 집착에서 무엇이 그분을 해방하였던가?

나는 사람들이 우리 아버지 야곱을 말할 때마다 벧엘에서의 영적 체험과 얍복 강나루 사건에 지나치게 매달리는 것이 의아하다. 그 사건이 아버지의 삶에서 중요하지 않았다는 것은 물론 아니다. 그러나 내가 볼 때 그 사건들은 하나님께서 야곱의 삶에 결정적으로 개입하셨다는, 에서가 아니라 우리 아버지를 택하고 사랑하셨다는 의미 그 이상은 아니다.

아버지의 삶에 결정적인 영향을 끼친 사건은 따로 있었다. 하나님께서 당신 자신을 스스로 야곱의 하나님이라고 부르기를 주저하지 않을 만큼 사랑하셨음을 유감없이 보여 준 것은, 열 아들이 가나안이 보낸 첩자라는 혐의를 뒤집어쓰고 이곳 이집트의 지하감옥에 갇힌 때였다. 이집트 총리인 나를 통해 아버지의 품에서 시므온과 베냐민의 목숨을 졸지에 빼앗기던 바로 그때였다. 그들을 감옥에 가두는 나나 갇힌 형님들 그리고 아버지는 그 사실을 전혀 눈치채지 못했겠지만, 나는 아버지가 당신의 입을 통해 이렇게 말씀하시던 순간이 그분의 생애에서 가장 중요한 시점이었다고 생각한다.

"할 수 없구나. 그렇게 해야만 한다면 막내를 데리고 가도록 하여라. 우리 땅에서 나는 가장 좋은 토산물을 가지고 가서 이집트 총리에게 선물로 드려라. 그리고 돈을 갑절로 가져가거라. 막내 베냐민을 데리고 그 사람을 찾아가라. 전능하신 하나님께서 너희를 잘 돌봐 주셔서 그 사람이 너희를 잘 봐주면 좋겠다. 그래서 베냐민뿐 아니라 거기에 남아 있는 아이까지 다시 돌려보내 주면 얼마나 좋겠느냐. 내 걱정은 마라. 자식들을 잃는다 해도 어쩔 수 없는 일이지. 체념해야지 별 수 있겠느냐. 그러니 걱정하지 말고 빨리 다녀오너라."

포기하지 않으시는 하나님의 사랑은 마침내 그렇게 결실을 거두었다.

아버지가 곡식을 사러 형님들을 이집트로 보낼 때, 혹시라도 불미스러운 일이 일어날까 봐 베냐민을 형님들과 함께 보내지 않았다는 사실을 알고 있다면, 베냐민을 이집트로 데려가야 한다고 말하는 형님들에게 그 아이가 죽는다면 나도 따라 죽을 것이라고 절규하셨던 사실 또한 알고 있다면, 그리고 요셉에 이어 시므온까지 없어졌는데 베냐민까지 앗아 가려느냐고 역정을 내신 분이었음을 알고 있다면, 당신은 우리 아버지의 입에서 나온 '자식을 잃더라도 할 수 없는 일'이라는, '전능하신 하나님께서 돌보아 주실 것'이라는 말씀이 얼마나 엄청난 변화인지를 충분히 짐작하고도 남으리라.

그렇다. 그것은 정말 엄청난 변화요 성숙이었다. 아버지는 하나님으로부터 이번에도 네가 자기 집착을 포기하고 회개하지 않는다면 네 모든 아들을 빼앗아 버리겠다는 협박을 받고 나서야 자기를 완전히 포기하셨다. 자신이 가장 아끼는 것을 스스로 버렸을 때 하나님은 그 소중한 아들 베냐민과 시므온과 함께 아버지 자신도 돌려주셨다. 하나님은 그렇게 야곱에게 참된 해방을 맛보게 하셨던 것이다.

그래서 나는 아버지가 완전한 자유인으로 사신 기간은 그분의 147년 생애 중 이곳 이집트에서 사셨던 17년 동안이라고 생각한다. 짧은 기간이었으나 너무 의미 있고 소중한 시간이었다. 왜냐하면 하나님이 개입하실 때 아버지처럼 고집 센 사람도 결국은 변한다는 사실을 배울 수 있기 때문이다. 또한 하나님의 사랑과 함께 하는 것은 하나도 땅에 떨어지지 않고 반드시 그 뜻이 이루어진다는 것이 확증되기 때문이기도 하다.

그래서 나는 모든 시험을 다 통과하였을 때 마치 그 사실을 확인이라도 해 주듯 아버지에게 환상 중에 나타나셨던 그 하나님을 좋아한다. 당신이 선택한 사람을 마침내 성화시키고 이후에 그가 어떻게 살아야 할지를 친절하게 일러 주신 그 환상이 나는 너무 좋다. 그 환상은 내가 살아 있다는 사실을 확인한 아버지께서 이집트 총리가 된 아들이 보낸 마차와 온갖 예물들을 보면서, 서둘러 브엘세바를 출발한 직후에 보셨다. 그렇기에 이 환상이 한층 더 극적인 면을 갖는 것이다.

"야곱아, 야곱아! 나는 네 아버지가 섬기던 하나님이다. 너는 이집트로 내려가기를 두려워하지 마라. 내가 너를 이집트에서 큰 무리를 이루게 하리라. 엄청나게 불어나게 하리라. 내가 너와 함께 내려가리라. 또한 네 후손을 인도하여 다시 그곳에서 나오게 할 것이다. 그리고 요셉의 품에서 네 눈을 감게 할 것이다."

아버지 편에서 볼 때 당신 생애에서 이보다 더 좋은 일이 또 있었을까. 그 환상은 죽은 줄만 알았던 아들을 다시 만날 뿐 아니라 바로 그 아들의 품 안에서 평안히 하나님께로 돌아갈 것을 미리 보여 주었다. 하나님은 그렇게 오랫동안 금단의 땅이었던 곳으로 들어가도록 허락하실 뿐 아니라 당신이 함께 이집트로 내려가겠다고 말씀하신다. 이 놀라운 말씀을 어떻게 벧엘에도 하나님께서 계신다는 사실을 알고 났을 때의 감동과 비교할 수 있겠는가. 하나님이 이집트로 내려가신다니, 이것이 도대체 꿈인가 생시인가!

그러나 이 환상의 좀 더 깊은 뜻은 다른 데 있다. 요셉의 초청을 받고 이집트로 내려가는 이 여행이 실은 일찍이 아브라함에게 예언하신 것을 이루기 위하여 하나님께서 야곱을 부르시는 것이라는 사실이 진짜 중요하다. 그곳에서 아브라함 패밀리가 하늘의 별처럼 또는 바닷가의 모래알처럼 창성해질 것이라는 약속된 축복이 이 환상의 핵심이었다.

그 환상은 좀 더 분명하게 아버지와 내가 할 일이 무엇인지를 가르쳐 주기도 한다. 그런 이유로 아버지는 죽을 때까지 이 환상을 늘 기억하고 계셨다. 그러기에 자기에게 허락하신 축복을 모두 자녀에게 빌어 준 후 자기 시신을 가나안 땅 마므레 동쪽에 있는 막벨라 밭, 그러니까 아브라함과 사라, 이삭과 리브가가 묻혀 있는 그곳에 묻어 줄 것을 유언으로 당부하신 것이다.

아버지의 장례는 대단히 성대했다. 히브리인 중의 히브리인인 아버지 장례를 이집트 국장으로 치렀다는 것, 파라오보다 불과 이틀이 짧은 70일장으로 치렀다는 것은 결코 우연한 일이 아니다.

온 이집트의 장로들과 관리들이 모두 아버지의 장례식에 참석하여 머리를 조아렸다는 것은, 세상에서 그분의 삶이 어떠했는지를 보여 주는 극적인 상징이 아니었을까.

나도 처음에는 아버지의 장례 인파에 놀랐고, 파라오를 비롯해 온 이집트 사람들의 호의에 감사했다. 그러나 오랫동안 가슴속에 긴 여운을 남긴 것은 그게 아니었다. 그 사실을 생각할 때마다 나를 묵상하게 하고 하늘의 하나님께 감사하게 만드는 것이 있다. 바로 아버지가 베들레헴에 있는 어머니의 묘에 함께 묻어 주기를 바란 것이 아니라, 아브라함과 이삭이 누워 있는 그곳에 묻어 주기를 유언하셨다는 것이다.

아버지가 어머니를 얼마나 끔찍하게 사랑하셨던가. 그 사실을 너무 잘 아는 식구들에게, 아버지가 베들레헴이 아니라 마므레 땅을 선택하셨다는 것은 참 많은 것을 생각하게 만들었다. 아버지 야곱은 그렇게 자기가 자신으로부터 또는 라헬로부터 자유로워졌음을 자손들에게 보여 주고 떠나셨다. 하나님에게 온전히 자신을 헌신한 하나님의 사람임을 보여 주고 눈을 감으신 것이다.

이것이 내가 아는 아버지고 아버지의 신앙이었다. 아버지는 오늘도 내 귀에 대고 이렇게 말씀하신다.

"너 자신을 빼놓고 다른 무엇을 바치든 나는 그것을 돌아보지 않을 것이다. 내가 바라는 것은 너의 선물이 아니라 너 자신이다."

21.
사막의 신기루, 영원의 신기루
: 나의 피라미드 순례기

어느덧 이집트 땅에서 94년을 살았다. 거의 100년을 태양이 작열하는 이 땅에서 살다 보니 이집트어가 모국어처럼 느껴진다. 이젠 즉흥적인 감정 표현도 자연스럽게 이집트말이 먼저 튀어나올 정도다.

히브리어로 말하는 것은 일상생활을 하는 데는 별문제가 없다. 하지만 형님들과의 깊은 대화는 언제나 나를 긴장시킨다. 모국어를 거의 잊어버렸다는 사실을 드러내 놓고 말할 수 없는 나로서는, 그런 대화가 여간 곤혹스럽지 않다. 단어가 금방 떠오르지 않는 것은 물론이고, 단어의 정확한 쓰임새도 자신이 없어 늘 더듬게 되니까.

음식 맛도 그랬다. 어린 시절을 생각하며 내가 좋아하던 가나안의 음식을 먹어 보았지만 그때 그 맛이 아니었다. 그러나 그게 어찌 언어와 음식만의 문제겠는가. 나의 생활 습관이나 사고방식은 내가 인지하는 것보다 훨씬 빠른 속도로 이집트화되었다. 그 사실을 확인하는 데는 그렇게 오랜 시간이 필요치 않았다. 이집트에서의 80여 년 세월에 나는 거반 이집트 사람이 되어 있었으니까.

그 사실에 대한 첫 확인은 아버지의 임종이었다. 그 어른이 우리 조상들에게로 돌아갈 때 마지막 눈을 감겨 드린 것은 나였다. 나는 눈물로 범벅이 된 채 주치의에게 이렇게 명령했다. 즉흥적으로, 그리고 별생각 없이!

"나의 사랑이고 우리 조상의 영광이신 부친 야곱이 이제 하나님의 품에 안기셨네. 지체하지 말고 아버님의 시신에 제일 좋은 향료와 향유를 넣고 미라를 만들도록! 조금이라도 빈틈이 있어서는 안 될 것이야."

그때는 슬픔이 너무 컸기 때문에 내가 주치의에게 무슨 말을 했는지 몰랐다. 그게 이곳의 관습이었고, 귀족들은 의당 그렇게 했으니 자연스럽게 나온 말이었다. 그런 이집트식 장례 절차가 나에게는 당연한 일이었다. 그래서 아무런 고민 없이 그렇게 명령했고, 나는 아버지의 시신이 미라로 만들어지는지 과정을 볼 수 있었다.

의사들은 아버지의 콧구멍으로 갈고리 모양의 칼을 집어넣어 뇌수를 모두 끄집어냈다. 이렇게 두개골을 비운 후, 그들은 아버지의 옆구리를 예리한 돌로 절개하여 조심스럽게 내장을 꺼냈다. 야자수로 깨끗하게 내장 세척을 끝내고는 육계나무 열매와 향료로 복강(腹腔)을 가득 채웠다. 이 일은 무려 40일이나 걸리는, 대단히 정교하고 까다로운 작업이었다. 이 일을 맡은 의사들의 정성은 이루 표현할 수 없을 정도로 엄숙하고 진지했다. 나는 아직 그토록 경건하게 제 일을 하는 사람들을 이집트에서는 보지 못했다. 그들의 일은 분명 그들 나름의 신앙의 표현이었다. 그렇지 않고서야 가족도 아닌 사람의 시신을 어떻게 그리도 정성을 다해 다루었겠는가. 그래도 그들은 아버지의 심장만큼은 건드리지 않았다. 생각과 영혼이 머무는 곳이라고 생각하기 때문이다. 이 일이 끝나자 의사들은 나트론 용액에 재운 아버지의 시신을 밀봉한 채로 장례식 직전까지 보관하였다. 이 모든 과정은 무려 70일이나 걸리는 대 역사였다.

그럼에도 불구하고 나는 히브리인 중의 히브리인인 아버지가 이교도의 장례 절차에 따라 미라로 만들어지는 게 어떤 의미인지를 단 한 번도 곱씹지 못했다. 이게 나였다. 이것이 하나님께서 아브라함과 맺은 언약을 이루시기 위해 이집트 총리로 뽑아 세운 나의 당시 모습이었다. 그토록 명백하고 극적인 하나님의 보호하심과 높여 주심을 경험했지만, 30여 년이라는 세월의 풍화 앞에서는 속수무책이었다. 목숨을 내걸고 보디발 장군집 안주인의 유혹에서 나를 지켰지만, 그리고 비록 죄수의 몸이라고는 하나 대 이집트 제국의 장관들과 태양왕 파라오 앞에서도 할 말을 다 했지만, 그랬던 나도 시간의 흐름 앞에서는 저항도 해 보지 못하고 무기력하게 주저앉고 있었다.

아버지의 시신을 미라로 만들어 막벨라 굴에 묻었다는 사실이 하나님을 믿는 신앙과 크게 상반된다고 깨달은 건 장례를 치르고도 한참 후의 일이다. 그 일이 얼마나 불신앙적이고 비히브리적인가를 깨달으면서 받았던 충격은 또 얼마나 컸던지⋯⋯.

이집트인들은 왜 미라를 만드는가. 미라는 무엇보다 그들이 믿는 신앙의 표현이며, 영원한 내세와 부활에 대한 확신의 표시였다. 창조 이야기와 그 신은 달랐지만 그들도 우리 히브리인들처럼 창조를 믿었다. 또한 우리가 확신하는 부활과는 매우 다르지만, 그들 역시 부활을 믿었고 간절히 염원했다.

이집트인들은 영생을 얻기 위해서는 죽은 자의 시신이 약 3천 년 동안 부패하거나 훼손되지 않도록 해야 한다고 믿었다. 부활의 날에 만약 시신이 썩어 있거나 훼손되어 있다면 부활은 불가능하다 했다. 특히 얼굴의 훼손은 영혼이 그 시신에 영원히 돌아올 수 없도록 만드는 치명적인 일로 여기고 시신의 얼굴이 훼손되는 것을 매우 두려워했다.

그들이 두려워하던 이 일이 실제로 이집트 전역에서 많이 벌어졌다. 매우 불경건한 자들이 미라가 만병통치라는 풍설을 믿고 무덤에서 미라를 꺼내 갈아 마셨기 때문이다. 그래서 그들은 미라를 만드는 것에 만족하지 않고 화강암으로 흉상을 만들어 석관 속에 함께 묻었다.

바로 이런 목적에서 만드는 미라를, 다름 아닌 내가, 남이 하니 당연히 나도 한다는 식으로 따라 했으니 어찌 놀라운 일이 아니겠는가. 내가 얼마나 이집트에 동화(同化)되었는지를 이보다 더 확연히 느러내는 사건이 또 있을까.

지금까지 써 온 회상을 되읽으며, 나는 다시 한번 하나님의 방법이 사람임을 확신하게 된다. 천지를 창조하신 온 우주의 주인이면서, 이집트의 파라오보다 몇십 배, 아니 몇백 배 높으신 분이면서도 하나님은 가나안의 촌로(村老)에 불과한 아브라함을 부르셨고 극진히 사랑하여 "나의 벗"이라 불러 주셨다! 그뿐만 아니라 소돔, 고모라를 멸망시킬 때는 아브라함에게 당신의 계획을 먼저 털어놓은 후에 그 일을 시행하셨다. 바로 이분이 내가 일평생 섬겨 온 하나님이시다. 나는 내가 이집트로 끌려온 것도, 보디발 장군 집에 팔린 것도, 장군의 총애를 받아 총지배인이 된 것도 그리고 태양왕 파라오의 꿈을 해몽해 이집트의 총리가 된 것도 바로 그 하나님이 계셨기 때문에 가능한 일이라 확신한다. 이처럼 하나님께서는 당신이 만든 사람을 좋아하셨을 뿐 아니라 그 사람을 보내 우리 조상들과 나를 도우셨다. 그렇게 볼 때 나의 회상이 사건이 아니라 사람에 집중된 것은 참으로 옳았다.

그럼에도 나는 이곳 이집트에 살며 내가 보고 느낀 것의 중요성을 말하지 않을 수 없다. 그렇다. 내가 만약 죽음의 땅에서 100년 세월을 살지 않았더라면 신앙과 세계를 보는 나의 눈은 매우 달랐으리라. 내가 하나님의 섭리와 역사에 그리고 이집트가 아니라 하나님이 장차 지으실 영원한 대제국에 그토록 많은 관심을 쏟을 수 있었던 것은, 역설적이게도 내가 이집트에서 살았기 때문에 가능했다. 물론 내가 이집트가 아니라 가나안에 살았더라도 결과는 마찬가지였으리라. 가나안은 가나안대로 그곳에 사는 사람들에게 하나님과 역사와 영원한 삶에 대하여 어떤 내용으로든 가르치셨을 테니까.

여기서 내가 말하고 싶은 것은, 사람뿐 아니라 나라나 풍습, 심지어 역사마저도 어떤 모양으로든지 우리의 신앙과 삶에 결정적인 영향을 준다는 사실이다. 나는 나의 후손들이 사람뿐 아니라 전통과 풍습과 제도들을 통해서도 풍성한 교훈을 얻기를 바란다.

아브라함을 비롯한 신앙의 열조들에게, 하나님은 왜 그들이 이집트로 내려가서는 안 되는지를 말씀하셨다. 이 대목에 대해 하나님은 나를 통해 우리 히브리 후손들에게 분명하게 하실 말씀이 있으신 듯하다. 어쩌면 하나님은 내 이집트 생활 100여 년의 경험을 통하여 이집트로 가서는 안 되는 이유를 모두가 알아들을 수 있도록 말하고 싶으셨는지 모르겠다. 그것이 해결되면 미래의 어느 날 우리가 왜 이 땅을 버리고 다시 가나안으로 돌아가야만 하는지 그 이유도 명백해지리라 믿는다.

정녕 우리를 무너뜨리는 것은 무엇인가. 거짓말이나 간음이나 살인이나 시기심인가, 아니면 보디발 아내와 같은 탐욕이나 편애인가. 아마 이런 것일 테지. 그러나 나는 더욱 무서운 악한 신들의 음흉한 저의를 안다. 그것은 이 모든 것을 가능하게 만드는 뿌리다. 아니, 살인, 탐욕, 우상숭배 등 모든 죄악은 모두 이 뿌리로부터 자라나는 독버섯들이다. 이 뿌리가 무서운 것은 다른 개별적인 죄악들과는 달리 자신의 정체를 좀체 드러내지 않는다는 데 있다.

사실 살인이나 간음 따위의 충동은 그 유혹을 쉽게 뿌리칠 수 없다는 공통점이 있기는 하지만, 누구나 그게 죄란 사실을 인정하기 때문에 오히려 쉽다. 반면에 풍습이나 제도나 사고방식이라는 거대한 뿌리는 이런 놈들과는 차원이 다르다. 차원이 다르니 그 유혹 또한 훨씬 교묘하고 본질적이다. 이런 것들은 옳고 그름에 대한 우리의 근본적인 생각을 슬쩍 바꿔치기한다. 그놈은 몸체도 너무 커서 도무지 우리의 지성과 육안으로는 그 실체가 좀처럼 포착되지 않는다.

아버지의 임종을 통해 나는 내가 살고 있는 이집트와 이곳의 일상생활이 나의 사고방식과 신앙에 얼마나 큰 영향을 끼치는지에 대해 눈을 떴다. 그 사실을 알고 난 뒤부터 내 삶의 차원은 달라졌다. 비로소 세계와 역사에 눈을 떴다고나 할까. 역설적이게도 나의 감사는 죽음의 땅에 살았기에 풍성해졌다.

한편으로 이곳 이집트 생활은 긴장의 연속이었다. 눈을 부릅뜨고 우상의 문화로부터 나를 지켜 내야 했으니까. 그러나 이곳 이집트의 죽음에 대한 집착과 영원한 삶에 대한 갈망은 나의 관심을 우주적인 하나님과 그분이 역사 속에서 이루시는 일로 몰아갔다. 그 바라봄의 과정은 언제나 인내를 요구했지만, 그 결과는 항상 기쁨과 확신으로 보상 받았다. 우주의 먼지보다도 나약한 존재인 내가 역사를 통치하시는 하나님의 뜻을 이해하며 기꺼이 그분의 사역에 동참한다는 사실이 얼마나 큰 감격을 가져다주던지……. 그것은 내 삶의 이유였고 노래였다. 또한 무한한 자랑이요 기쁨이었다.

앞서 말한 아버지의 장례식은 내 삶에서 정말 중요하고도 무서운 적의 실체를 명백히 드러내 주었다. 이에 더해 단순히 놀람과 바라봄의 차원이었던 피라미드에 관해서 계속해서 많은 생각과 연구를 하게 만들었다. 아버지의 장례식을 계기로 나는 미라에 관하여 공부하였고, 자연히 이집트 의술에도 관심이 생겼다. 그러나 내 평생에 가장 많은 사색과 연구를 하게 만든 것은 피라미드였다. 그리고 하나님이 나에게 주신 이집트 총리라는 직책은 피라미드를 통해 이집트의 종교와 생활과 과학과 건축을 알고 이해하는 데 결정적인 역할을 했다.

나는 피라미드 공부를 이집트 역사 공부에서부터 시작했다. 처음 총리 직책을 받고 전국을 순회하며 피라미드를 둘러볼 때도 그저 보는 정도로 만족하지 못했다. 언젠가는 체계적인 연구로 이집트의 뿌리를 캐내어 보리라고 기대한 것이다. 그래서 업무를 위해 전국을 순회하는 도중에 들러 피라미드의 겉모습을 바라보며 그 위용에 감탄하고, 그 속에 들어 있는 각종 보화로 신기해하는 정도의 유치한 행동은 안 하기로 작정했다. 내 목표는 피라미드의 근원을 파헤치는 것이었다. 피라미드가 이집트의 모든 것을 말해 줄 거라는, 막연하나마 나름의 확신이 있었기 때문이다.

이 일에는 하나님께서 내게 허락하신 아내의 도움이 매우 컸다. 나의 장인어른이 이집트를 대표하는 온(헬리오폴리스)의 대제사장 아니던가. 이집트 제사장의 중요 임무는 모든 피라미드에 있는 왕에게 바쳐진 제례 사원에 빈틈없이 봉사하는 것이다. 그렇기에 피라미드에 관해서라면 신전에서 봉사하는 일을 주관하는 제사장보다 많이 아는 사람이 없었다.

내가 신경이 거슬릴 정도로 이집트를 죽음의 땅이라고 부르는 데는 그만한 이유가 있다. 이집트에는 지금으로부터 이미 900년이 훨씬 넘는 기원전 2723년에 피라미드가 세워졌다. 처음에 세워진 피라미드의 높이가 60미터이고 바닥의 가로와 세로가 각각 140, 118미터였으니, 그 옛날 사람들이 위엄에 찬 피라미드를 보며 얼마나 두려워했을지 충분히 상상이 간다. 이것이 바로 이집트의 역대 대왕 중 가장 뛰어난 왕으로 추앙받는 제3왕조의 2대 왕 조세르가 재상 임호텝으로 하여금 건축하게 한 첫 피라미드다.

이 피라미드가 세워지는 곳에는 돌이 없었기 때문에 2천 킬로미터가 넘는 남쪽의 아스완에서부터 화강암을 채석해 왔다. 지금보다 모든 면에서 열악했던 그 시대에 남쪽에서 돌을 채석하고 운반하기 위해, 그리고 크게는 가로와 세로가 몇 미터가 넘는 돌에서 작게는 60센티미터 크기의 돌을 60미터 높이로 쌓기 위하여 또 얼마나 많은 사람들이 죽고 다치며 고된 노역에 시달렸겠는가. 그런데 이보다 훨씬 더 큰 대형 피라미드가 전 이집트의 14개 지역에 70개 이상 만들어졌으니, 어찌 무덤의 나라라 하지 않을 수 있겠는가.

그러나 이 글을 읽는 후손들이여, 놀라기에는 아직 이르다. 지금으로부터 약 800년 전에 스네프루 대왕과 쿠푸 대왕 부자가 기자에 건축한 대피라미드에 비하면 조세르 왕의 것은 명함도 못 내밀 정도니까. 그중 쿠푸 대왕의 피라미드는 모든 걸 다 제쳐 놓고 크기만으로도 역사적 가치가 매우 큰 건축물이다. 내 생각에는 오랜 역사가 흘러도 이 피라미드보다 높은 건축물은 지어질 수 없을 것 같다. 그런 건축은 국력만 가지고 되는 것도 아니고 기술만으로는 더더욱 안 될 테니까. 이 무덤의 높이는 146미터이고 바닥은 가로세로 공히 230미터이다! 무게가 무려 2,300킬로그램이나 되는 돌

260만 개가 사용되었다고 들었다. 그저 할 말을 잃을 뿐이다. 그것도 전 국토 면적 중 겨우 3퍼센트만이 사람이 살 수 있는 사막의 나라에서, 수십 년의 공사 끝에, 수많은 사람을 죽이고 불행하게 한 대가로 이런 무덤을 건축했으니, 이 나라가 어찌 사람 사는 나라겠는가, 죽음의 땅이지!

그렇다면 왜 역대 파라오들은 그토록 피라미드 건설에 집착했던가? 신앙 때문이다. 삶의 시간은 짧고 죽음 뒤의 시간은 영원하다는 믿음 때문이기도 했다. 그러나 그렇게 단순한 논리만으로 이런 건축이 계속될 수 없는 법! 신앙에 더해 거기에는 정치가 숨어 있다. 그렇더라도 나로서는 이곳 이집트에서 정치 논리와 종교 논리가 어떻게 다른지 구분이 안 된다. 피라미드는 처음부터 파라오의 권위를 상징하기 위하여 왕과 왕족들이 함께 묻힐 수 있는 거대한 왕릉으로 설계되어 만들어졌다. 그러던 것이 세월이 흐르는 동안 점점 종교적인 염원이 강해지고 건축 기술이 세련되게 발전하면서, 무덤의 역할은 축소되고 거대한 제정일치적 의미의 건축물로 변질되었다.

피라미드를 연구하고 피라미드에 담긴 의미를 추적하면서 깨달은 사실이 하나 있다. 피라미드의 발달과 이집트의 국력이 정확히 일치했다는 점이다. 이집트의 왕권이 약화될 때는 피라미드의 크기와 위엄노 낮아셨다.

피라미드의 크기가 커지면서 파라오는 인간에서 마침내 신의 위치에 올랐다. 그러나 피라미드가 쇠퇴하자 파라오도 신의 자리를 물려주고 슬그머니 인간의 위치로 내려앉았다. 나는 내 후손들이 이 대목을 주목해 주길 바란다.

지난 천 년 동안 이집트는 왜 죽음의 땅으로 변해 갔던가. 대개가 파라오 때문이라고 대답할지 모르겠다. 그 답은 맞기도 하지만 틀린 답이기도 하다. 나는 똑똑히 보았다! 이 피라미드를 통하여 그 옛날 하와가 죄를 짓게 만들어 죽게 한 '옛 뱀'이 어떻게 이집트인을 죽이고 땅을 폐허로 만드는지를. 그리고 피라미드를 통해 어떻게 인생을 죽음의 노예로 만들어 그들이 평생 공포 속에서 살게 하는지를.

히브리인들은 왜 이집트로 들어가면 안 되었던가. 이집트가 사람을 죽이고, 사람 사는 땅을 죽음의 땅으로, 풀 한 포기 안 나는 사막으로 황폐하게 하는 곳이기 때문이 아니면 무엇이겠는가. 왜 또 허니님은 장차 이집트를 심판하시고, 우리 히브리 백성을 가나안으로 돌려보내려 하시는가. 그것은 이집트의 신들이 인간들을 이생에서뿐 아니라 영원한 세계에서도 피라미드와 미라를 통해 멸망하게 하기 때문이 아닐까. 고대 이집트 통일왕국의 영광이었던 수도 멤피스를 비롯한 수많은 도시가 왜 그토록 흔적도 없이 폐허가 되었던가. 나는 고대 이집트 왕국이 삶이 아니라 죽음에 모든 것을 투자하도록 채찍질했기 때문이라 생각한다. 철저하게 옛 뱀의 지배에 유린당했기 때문이리라.

지난 이집트의 역사 1천 년 중 아직까지 남아 있는 것이라고는 사막 건너편 서쪽 지방에 공룡처럼 우뚝 솟아 있는 피라미드뿐이다. 그도 그럴 것이 이집트인들은 오로지 피라미드와 신전에만 돌을 사용했다. 귀족들의 집은 물론이고 심지어 왕궁도 햇볕에 말린

진흙 벽돌만을 사용한다. 따라서 삶의 흔적으로서의 그들의 집과 왕궁과 삶의 터전은 오랜 세월의 비바람에 흔적도 없이 사라져 버렸다.

내가 아는 한 이 피라미드는 창세 이후 인간이 만든 무덤 중 가장 견고하고 크다. 피라미드는 인간의 부활과 영생, 이집트의 무한한 영광을 위해 세워졌다. 그 결과는 어떠한가. 인간을 가장 높은 꼭대기에 올릴 것 같았지만, 반대로 가장 낮은 영원한 지하감옥에 처넣었다. 영원과 부활을 보장할 것 같았지만, 3천 년은 고사하고 인간의 탐욕에 의해 대부분이 파헤쳐졌다. 이렇게 볼 때 목조와 흙벽돌로 된 무덤을 허물고 더욱 웅장한 무덤을 건축하라는 조세르 대왕의 명령만큼, 결과적으로 이집트의 전 역사를 불행하게 만든 사건은 없었다.

사막 여행 중에 만나는 신기루가 얼마나 위험한 것인지를 나는 잘 안다. 이집트의 젖줄 나일강을 벗어나면 양쪽으로 한없이 이어지는 사막을 만나게 된다. 얼마나 많은 사람들이 이 사막에서 신기루를 좇다가 목숨을 잃었는지 모른다. 그러나 이집트로 여행하는 사람들은 사막 한가운데 있는 신기루보다 그 신기루를 뚫고 도착한 이집트 땅에서 여행객들을 기다리고 있는 거대한 신기루를 더 경계해야 옳다!

나의 후손들이여. 아니, 하나님의 택하심을 입은 히브리인들이여. 이집트 어디에서든 만날 수 있는 이 영원의 신기루라는 존재를 늘 주목하길 바란다. 하나님께서 왜 그렇게 이집트로 내려가는 길을 막았는지를 깊이 헤아리길 바란다. 그러나 나의 아버지 야곱이 식구 모두를 이끌고 이곳으로 내려올 때 그를 만나서 하나님이 주셨던 말씀을 기억하면서 너무 두려워하지는 말기를 바란다. 하나님이 우리 아브라함 패밀리와 함께 이곳에 내려오셨으니까.

"야곱아, 야곱아. 나는 네 아버지와 할아버지가 섬기던 하나님이다. 너는 이집트로 내려가기를 두려워하지 말아라. 내가 너와 함께 이집트로 내려가리라. 또한 네 후손을 인도하여 다시 그곳에서 나오게 할 것이다."

22.
실패한 지도력
: 이집트의 종교 부패

　요즘 들어 건망증이 도졌다. 오늘도 퇴청하다 말고 집무실로 되돌아갔다. 중요한 공관 서류를 두고 나왔기 때문이다. 그래도 오늘은 나은 편이다. 엿새 전에는 무엇을 가지러 다시 갔는지조차 잊고 끙끙대다 헛걸음질만 쳤으니까.

　문제는 물건만을 흘리고 다니는 게 아니라는 것이다. 이름을 불러 주어야 할 상황에서 손자는 물론 조카들의 이름까지도 생각이 잘 안 난다. 그저 노인들이 그 정도의 일은 다 겪으며 살겠거니 싶어 마음을 편히 가지려 할 뿐이다. 하지만 불과 며칠 전까지 기억하던 유다 형의 생일을, 정작 당일에는 감쪽같이 잊어버린 어제 일은 경우가 다르다.

　레위와 스불론 형님을 1년 사이에 잃었을 때 제일 먼저 생각난 건 형님들의 생일 한번 제대로 챙겨 드리지 못했다는 것이다. 그래서 올해부터는 공무가 아무리 바쁘더라도 직접 형님들의 생일을 챙겨야겠다고 마음을 먹었고, 그 다짐 이후 제일 먼저 맞는 것이 유다 형의 생일이었다. 그런데 그걸 잊어버리다니……. 정말 큰일이지 싶다.

힘겹고 곤혹스럽던 3개월이 끝나 가고 있다. 이제 3일 후면 이집트 제국의 국론을 분열시키면서 전국을 뒤흔들어 놓은, 에프라임 대제사장의 비리 연루 사건이 어떻게든 결말이 날 것이다. 본래 재판은 판관의 몫이다. 그러나 이번 사건은 사안의 중대성과 그것이 끼칠 파장 때문에 태양왕 파라오는 직접 그 재판을 내게 맡겼다. 사실 이 재판은 누가 맡아도 뾰족한 수가 없는, 그러니까 세칭 '잘해야 본전'인 재판이다.

에프라임 대제사장이 누구인가. 현 태양왕의 부왕인 세소스트리스 2세의 외척(外戚)이자, 제국 내에서 가장 큰 종단 스미토위의 원로가 아니던가. 사정이 이렇다 보니 종교계는 종파를 초월해 이 사건은 사법부가 관여할 사안이 아니라는 반응을 보였다. 따라서 이 재판을 누가 맡을지가 대단지 중요했다. 누가 보더라도 공정한 사람이어야 하고, 또한 연륜도 갖춘 법관이어야 했다. 그러지 않고서는 종교계가 이 재판 절차와 결과에 승복하지 않을 테니까.

이런 전후 사정을 누구보다도 잘 아는 현명한 파라오께서는 전례가 없다는 내관들의 제지에도 불구하고 총리인 나를 재판장으로 세웠다. 이것만 보더라도 태양왕 세소스트리스 3세가 나를 얼마나 신뢰하는지를 분명하게 알 수 있다. 사실 나는 파라오의 부왕에 의해 입궐한 각료가 아니던가. 총리의 자리에 머무는 것만으로도 성은(聖恩)을 입은 것이 분명하다. 그런데 이토록 신임해 주시니 그저 감사할 따름이다. 그런 만큼 재판에 대한 나의 부담은 클 수밖에 없었다.

그러나 더욱 곤혹스러웠던 것은 이 사건은 라 종단과 무관하지 않은 크레타인 제사장이 사직 당국에 고발했다는 사실이다. 크레타인이 누구인가. 그가 스마토위 종단의 촉망받는 젊은 제사장이라고는 하지만, 돌아가신 장인어른의 조카이다. 게다가 아직도 처남들을 비롯한 아내 아스낫의 가문은 라 종단의 주도적인 제사장 그룹이다. 그로 인해 이 사건은 보는 사람의 입장에 따라 종단 내부의 비리에 환멸을 느껴 개혁의 깃발을 높이 든 젊은 제사장의 고뇌에 찬 결단으로 추켜세워지기도 하고, 스마토위의 독주를 못마땅해하는 라 종단이 크레타인을 사주한 비열한 책략으로 매도되기도 했다.

고발을 접한 사법부가 얼마나 당황했을지 짐작이 간다. 지금껏 사법 당국에 종교 내부의 비리를 자발적으로 고발한 전례가 없었고, 정식으로 고발된 사건이라서 유야무야할 수도 없는, 실로 난감한 사안이었기 때문이다. 이 사실은 지체 없이 파라오에게 보고되었다. 파라오의 외척 중 한 분이며 이집트에서 가장 영향력 있는 종단의 수장이 고발된 민감한 사안이 아니던가. 그래서 처음부터 이번 사건은 사법부가 독자적으로 처리할 수 없는 사건이었다. 자칫 잘못하면 이집트 종교계 전체가 들고 일어나는, 실로 걷잡을 수 없는 소요 사태로 번질 수도 있기 때문이다.

내가 파악한 이번 사건의 전말은 이렇다. 파라오 세소스트리스

3세는 이집트를 재통일하고 인근의 누비아와 시리아와 시나이를 정복하여 태평성대를 가져다준 멘투호테프 1세의 업적을 기리기 위해 피라미드와 신전 건립을 추진하였다. 최소한으로 잡아도 30년이나 걸리는 막중한 역사(役事)를 스마토위 종단이 맡았다. 국고에서 어마어마한 공사비가 지원되었다.

이때 장래가 촉망되는 크레타인 제사장도 자연스럽게 이 공사에 파견되었다. 그러나 그는 공사에 참여한 대가로 못 볼 것을 보고야 말았다. 공사와 관련된 제사장들의 온갖 비리와 탈법을 보아야 했고, 종단, 특히 에프라임 대제사장의 전횡과 축재 그리고 상상을 초월하는 성적 타락을 알게 되었다. 그들의 신 스마토위를 위한다는 명분 아래 자행되는 비행과 폭력을 낱낱이 목도한 것이다.

재판정에서, 젊고 현명한 그는 도리어 내게 물었다.

"총리 각하! 신전의 건립이 멘투호테프 대왕을 위한 것은 아니라는 게 제 생각입니다. 인간과 제국의 안녕을 강화하고 불행은 줄여 주는 것이 우리가 신을 믿고 신전을 건축하는 궁극적 목적 아니겠습니까?"

"젊은 제사장! 그 질문에 대한 답은 나보다 자네가 더 잘 알고 있지 않은가?"

"무례함을 무릅쓰고 한번 더 아룁니다. 총리 각하의 나라에서는 신전을 어떻게 건축하는지요. 알고 싶습니다."

"우리에게는 신전이 없다네. 우리가 믿는 하나님은 온 우주의 창조주이시기 때문에 인간의 손으로 만든 신전 안에는 머무실 필요가 없네. 하늘이 그분의 보좌고 땅이 그분의 발등상 아니던가. 그래서 신전 따위는 원초적으로 필요치 않지."

길고 깊은 고뇌 끝에 크레타인 제사장은 살신성인의 자세로 종단의 비리를 고발했다. 신을 섬기며 복을 빌어 주는 거룩한 종단이 아니라 나라를 파국으로 몰고 가는 악의 세력이라고 판단했기 때문이다. 그 결과 그는 수뇌부는 물론이고 제사장 대다수에게 철저하게 매도당했다. 크레타인만 매도당한 것이 아니다. 그가 속한 개혁적인 소장파 모두가 무지막지한 탄압과 회유를 경험했다고 한다.

고발장에 적힌 범죄 사실은 정말 믿기지 않았다. 그러나 은밀한 내사를 통하여 하나둘 사실로 드러나기 시작했고, 재판을 더 이상 미룰 수가 없었다. 그렇다고 현재 파악한 정도로 현직 대제사장을 체포한다는 것은 가능하지도 효과적이지도 않았다. 그래서 관련된 측근들을 은밀하게 소환할 수밖에 없었다. 그러면서 사실과 진실에 조금씩 접근하고 있었다.

그런데 체포 계획을 진행하는 중에 기밀이 누설되었다. 그 바람에 이번 수사가 에프라임 제사장을 체포하기 위한 수순이란 것을 종단의 수뇌부가 감지하고 말았다. 그들은 밀고자 색출에 혈안이 되어 조사하다가 마침내 크레타인 제사장이 밀고자라는 사실을 밝혀냈다. 그러나 저들은 즉시 크레타인을 종교 재판에 넘기지는 않았다. 그가 속한 그룹, 그러니까 종단의 일에 사사건건 시비를 걸던 소장파 그룹을 한꺼번에 제거하기 위해서. 그들은 소장파 그룹을 은밀히 체포하여 고문하면서 기어이 범죄 사실을 만들어 냈다.

그러던 중 돌이킬 수 없는 실책을 저질렀다. 제사장을 체포하는 과정에서 실수로 왕실 경비대원을 살해한 것이다. 그것도 왕비의 사가 근처에서 말이다. 자충수 중의 자충수를 둔 것이다. 덕분에 나는 이 사건을 더는 은밀하게 진행하지 않아도 되었다. 왕실에서 급파된 정예 군사들이 종단 본부를 급습했을 때는 고문에 못 이겨 제사장 두 명이 이미 목숨을 잃은 상태였다. 그렇게 하여 나의 심리 아래 재판이 지난 3개월 동안 진행된 것이다.

사법부는 이미 드러난 명백한 범죄들이 있으니 재판이 쉽게 끝나리라고 판단했다. 그러나 재판이 진행되는 동안 스마토위 종단의 반격은 예상보다 강하고 집요했다. 그들은 이 사건이 종교 비리에 관한 재판이 아니라 정권을 유지하기 위해 왕실이 민족종교를 탄압하는 것이라는 쪽으로 방향을 몰고 갔다. 나와 함께 재판을 맡은 판관들의 비리를 밝혀내는가 하면, 심지어 내가 크레타인과 친척이며 라 종단과 사적인 관계가 있음을 말하며 재판장을 교체해 달라고 주장했다. 그들은 또한 자신들의 뇌물을 받은 고위 관리들을 움직여 파라오에게 상소를 올리며 저항했다. 정말 말 그대로 스마토위 종단의 총공세가 시작된 것이었다.

그들의 힘은 예상보다 훨씬 강했다. 사건의 내막을 자세히 알 수 없는 평민들과 하위 관리들이 종단의 제사장들이 전파하는 내용에 귀를 더 기울인다는 보고가 전국에서 올라왔다. 이렇듯 사건이 크게 확산되자 이제 젊은 파라오도 흔들리기 시작했다. 왕으로 즉위하고 나서 처음으로 맞는 국난 앞에서 왕은 충격과 함께 두려움을 느끼기 시작했다.

이 과정에서 매우 신기한 일이 하나 벌어졌다. 평소 그렇게 물과 기름 같던 각 종단들이 한목소리를 내기 시작했다는 점이다. 그들 모두에게 중요한 것은, 법 앞에서 만인이 평등해야 한다든지 마아트 즉 진리가 바로 세워지는 것이 아니었다. 그들에게 중요한 것은 종단뿐이었다. 아니, 종단의 등 뒤에 숨어 자신들의 기득권을 지키는 것이었다.

그들은 에프라임을 지키기 위해서라면 무슨 짓이든 했다. 종단을 지키기 위해 배반자인 크레타인 일가를 죽이기 전에는 밥을 먹지 않겠다는 광신자들이 속속 나타나기 시작했고, 종단은 그 광신자들을 신앙 영웅으로 전국에 알리는 데 여념이 없었다. 그것이 신을 위한 가장 큰 봉사이며 헌신이라고 부추기면서.

그러는 저들을 나는 정말 이해할 수가 없었다. 어찌 아무 고민도 없이 종단을 위해서라면 거짓말과 살인도 할 수 있다고 생각할 수 있으며, 어떻게 자신들의 '참'을 지키기 위하여 '거짓'을 끌어들인단 말인가. 진리를 위한다는 명분 아래 사람이 무고하게 희생되어야 한다면, 도대체 그 진리란 누구를 위한 것인가. 무엇을 위한 진리란 말인가. 그것도 진리인가!

누가 보더라도 범죄임이 명백한 살인이나 뇌물 수수 따위에 어떻게 종단이 진리의 이름으로 면죄부를 줄 수 있는가. 제정신으로 그게 가능하기나 한가. 아무리 그가 종단을 대표하는 원로 제사장이라 할지라도 말이다. 그런 이유로 당초 이번 사건의 시시비비를 정확히 가리키기만 하면 된다고 생각했던 나의 계획을 수정했다.

그렇다. 이것은 진리와, 진리를 가장한 거짓 세력의 싸움이다. 아니, 진리를 빙자하여 온갖 특혜와 범죄를 일삼는 이집트의 모든 종교와, 한 사람을 온 우주보다 귀하게 여기는 히브리 종교의 한 판 대결이다. 나에게 재판을 맡긴 분은 태양왕 세소스트리스 3세가 아니라 그의 뒤에 서 계시는 야훼 하나님이시다. 바로 이런 깨달음이 재판에 임하는 내 태도를 근본적으로 바꾸었다.

숨 막히게 재판이 진행된 3개월. 그 기간 내내 가장 많이 생각났던 것은 유다 형이었다. 아니, 형의 눈물이었다. 그 눈물은 자신의 모든 것을 기꺼이 포기하겠노라던 호소였다. 평생을 살아오면서 나는 아직 그때 보았던 형님의 눈물같이 뜨거운 남자의 눈물을 본 적이 없다. 그 자리에서 들었던 형님의 감동적인 연설 또한 마찬가지다. 그게 벌써 71년 전이나, 엊그제의 일처럼 느껴진다.

왜 그렇게도 형 생각이 나는지, 처음엔 나도 그 이유를 몰랐다. 그 이유를 가르쳐 준 것은 역설적이게도 에프라임 대제사장이었다. 그에 대한 조서를 읽으면서 그리고 그를 대면하여 심문하면서, 나는 비로소 왜 그렇게 자주 유다 형 생각에 사로잡히는지를 알 수 있었다.

이 재판 기간 중 유다 형에 대해 골몰한 것은 에프라임에 대한 분노 때문이었던 것 같다. 내 앞에서 보여 준 그의 태도와 생각은 원로의 모습이 아니었다. 일생을 민족의 어른으로 칭송받은 제사장의 모습은 더욱이 아니었다. 금방 드러날 거짓말을 밥 먹듯 했고, 명백하게 드러난 범죄 사실에 대해서도 막무가내로 버텼다. 자기 하나 살자고 많은 측근을 희생양으로 삼았고, 판관들을 협박하고 회유하려 들었다. 크레타인이나 개혁 세력에 대한 그의 미움과 살기는 소름이 끼칠 정도였다. 그들에 대한 이야기를 할 때면 가릴 의지조차 없이 드러내는 광기 어린 두 눈과 저주를 가득 문 입! 나는 저렇게 상식 이하의 인간이 제사장으로 평생을 살았다는 것이 정말 정말 믿기지 않았다. 그에게서 신과 진리에 대한 사랑이란 어디에서도 찾을 수 없었다. 하물며 백성과 민족에 대한 사랑이랴.

그에게 없는 것은 그뿐이 아니었다. 뉘우침이나 겸허함은 그와는 너무도 무관한 단어였다. 지도자로서의 도덕적 책임도 그에게는 웃기는 얘기일 뿐이었다. 그러면서도 입만 열면 백성과 민족과 신의 뜻을 위한다는 위선이 그칠 새 없이 튀어나왔다. 그가 사랑한 것은 오로지 돈이었고 명예였으며, 성에 대한 지나친 탐닉뿐이었다.

역겨웠다. 그 앞에서 나는 종종 인내의 한계를 느꼈다. 정말 침이라도 뱉어 주고 싶었고, 내 책상 앞의 집기를 얼굴에 던지고 싶다는 충동을 느낀 게 한두 번이 아니었다. 인간이 아니라 짐승에게 내가 해 줄 수 있는 일이 그것 외에 무엇이 더 있겠나 싶었다.

그러나 재판이 계속되면서 나는 조금씩 평정을 되찾아 갔다. 고래고래 소리를 지르며 저항하는 모습을 보며, 나는 그에 대한 깊은 연민을 품었다. 차라리 그를 불쌍히 여겨 주고 싶었다. 나는 그에게서도 유다 형에게서 보았던 뜨거운 눈물을 보고 싶었다. 그리고 그 참회의 눈물을 기다리는 심정으로 재판을 계속해 나갔다. 그 바람이 커지면 커질수록 71년 전의 유다 형이 더 많이 떠올랐다…….

유다 형님.

아직 생존해 계신 그 어른에게 매우 죄송한 말씀이지만, 파렴치로 따지면 그분이 저지른 죄도 에프라임 대제사장 못지않다. 물론 그 내용은 매우 달랐지만. 그러나 형님과 에프라임 대제사장 사이에는 매우 다른 점도 있다. 우선 형님에게는 철저한 뉘우침이 있었다. 또 두 아들을 잃고 아내까지 먼저 보냈으면서도 그분에겐 여전히 눈물이 있었다. 비록 사창가를 들락거리다 며느리를 윤락녀로 알아 임신을 시키고 사식을 낳았지만, 그럼에도 불구하고 그분의 눈물은 용케도 마르지 않았다.

그러나 그보다 다행스러운 것은 그분의 뉘우침의 감정이 의지로 승화되었다는 점이다. 형님은 자기가 스스로 버렸던 집으로 돌아왔다. 그 일이 수치를 얼마나 감수해야 하는지를 알면서도 말이다. 평생을 부모에게는 물론 형제들과 이웃들에게 손가락질당할 것을 알면서도 형님은 돌아왔다! 형님은 모든 것을 다 잃는다 해도 더 이상 잃거나 빼앗겨서는 안 될 것을 선택했다. 그렇게 값비싼 대가를 치르면서라도 형님은 과거를 되풀이하고 싶지 않았던 것이다.

더는 수치스러운 삶을 되풀이해서 살지 않겠다는, 그렇게 사는 것보다는 차라리 죽는 게 낫다는 형님의 결연한 의지와 변화 앞에서 주변 사람들이 달라지기 시작했다고 한다. 그럴 수밖에 없었으리라. 죽음을 두려워하지 않는 사람을 어떻게 당해 낸단 말인가.

이것이 형님과 에프라임의 근본적 차이였다. 이런 형님이 단순히 주변으로부터 용납되는 정도를 넘어 그들 모두가 기꺼이 인정하고 추대하는 지도자로 세워진 것은 우리 가족이 당한 위기 가운데서였다. 내가 의도한 시험이고 연단이었지만 그것을 모르는 형님들과 우리 아브라함 패밀리 전체는, 이집트 총리가 자신들을 첩자로 몰면서 시므온과 베냐민의 목숨을 빼앗으려고 한다고 생각하여 크나큰 절망에 사로잡혔다. 그들은 18년 전에 아우에게 저지른 살인 미수죄와 인신매매 죄를 통회하면서 어쩔 줄을 몰라 했다. 일가족 몰살의 위협 앞에서 온몸을 떨었다. 그때 베냐민을 데려가려면 차라리 날 죽이고 데려가라는 아버님의 절규 앞에서, 유다 형님은 자신을 자식과 형제로 받아들여 준 가족들에게 자신의 몸을 던져 이렇게 말했다고 한다.

"총리께서 우리에게 경고했습니다. 동생을 데려오지 않으면 당신의 얼굴을 볼 수 없으리라고 말입니다. 아버님, 아시겠어요? 포로로 잡힌 시므온은 물론 우리 모두가 죽어요. 이렇게 해도 죽고 저렇게 해도 죽는 것이라면, 아버님, 제 간곡한 부탁을 좀 들어주세요. 베냐민을 제게 맡기고 저희들과 함께 가도록 허락해 주십시오. 제가 베냐민을 책임지겠습니다. 만일 저 애를 다시 아버지께 데리고 돌아오지 못한다면 저는 평생 아버지께 죄인으로 살 것입니다."

이런 형의 다짐은 공허한 말장난이 아니었다. 말만 하고 실천이 없는 비겁하고 가증스러운 입발림이 아니었다.

베냐민의 곡식 자루에서 점치는 은잔이 나왔을 때, 그에 앞서 '만약 형제들의 짐 속에서 은잔이 나오면 그게 누구든 그를 죽이고 우리 모두를 총리의 종으로 삼아도 좋다'라고 스스로 장담한 것이 올무가 되어 목숨을 옥죄어 올 때, 유다 형은 앞으로 나서며 말했다.

"총리 각하, 우리가 무슨 말을 할 수 있겠습니까. 어찌 입을 함부로 놀릴 수가 있겠습니까! 하나님께서 소인들의 죄를 들추어내셨습니다. 총리 각하께서는 잔이 나오는 사람만 종이 되고 다른 사람은 돌아가라고 하시오나 제게 그럴 수 없는 사정이 있습니다. 은잔이 나온 베냐민이란 아이는 고향에 계시는 아버님의 목숨과 진배없는 자식입니다. 아버님께서 그토록 애지중지하던, 저 아이의 하나뿐인 형은 짐승의 밥이 되었습니다. 더군다나 네 명의 아내 중 아버님이 가장 사랑하던 저 아이의 어머니도 저 아이를 낳다가 돌아가셨습니다. 그랬기에 아버님은 저 아이를 이집트로 절대 보내지 못한다고 버티셨습니다. 그래서 저희들이 이렇게 늦게 도착한 것이구요. 저는 아버님과 단단히 약조하였습니다. 저 애를 데려가지 못한다면 아버님께 평생 죄를 짓는 것이라고 말입니다. 그러니 무례함을 용서하시고 저의 청을 거절하지 말아 주시기 바랍니다. 저 애만큼은 아버님에게 돌려보내 주시고, 그 대신 부디 소인을 종으로 삼아 주십시오."

눈물이 범벅이 되어 간청하는 형의 모습을 보면서, 그리고 자신의 안녕과 행복을 버리고 동생과 아버님을 위해 기꺼이 이집트의 노예로 살겠다고 다짐하는 형을 보면서 나는 울지 않을 수 없었다. 총리로서의 위엄과 체통을 지키기 위해서, 나의 정체를 형님들에게 일찍 드러내지 않기 위해서 얼마나 참고 또 참았던 눈물이던가! 그러나 더 이상은 억누를 수가 없었다. 아니, 억누르고 싶지 않았다. 그 순간 나에게 더 중요한 것은 아무것도 없었다. 총리로서의 체신, 아니 총리라는 자리까지도 아무런 미련이 없었다. 그 순간만큼은 형의 참회와 눈물에 감격하고 싶었다. 나 또한 눈물로 형의 진심을 받아들이고 싶었다.

이제 판결의 날이 불과 사흘 앞으로 다가왔다. 지금까지 밝혀진 것만 가지고도 대제사장을 단죄하는 데는 아무런 문제가 없다. 그러나 나는 아직도 기다리고 있다. 대제사장이 심경의 변화를 일으켜 역사와 국가와 많은 증인이 보는 앞에서 잘못을 깊이 뉘우치고 유다 형이 보여 주었던 눈물을 보여 주기를, 자신의 죄를 솔직하고 겸허하게 인정하기를 말이다. 조금 전에도 말했지만, 나로서는 내가 맡은 직책 내에서 최선을 다했다. 이젠 그가 화답할 차례다. 그리고 하나님께서 그를 불쌍히 여기시기만을 바랄 뿐이다.

나는 판결을 내리는 자리에서 에프라임 대제사장에게 우리 가족 이야기를 하려고 한다. 아직 이집트 사람 누구에게도 하지 않은, 우리 형제들의 부끄러운 잘못과 화해의 이야기를 말이다. 나는 특별히 유다 형 이야기를 그에게 들려주며, 그것을 통하여 진정한 용기와 지도력에 대해 그에게 말하려고 한다.

그리고 이야기 하나를 덧붙이려고 한다. 이미 고인이 된 분 이야기를 하는 것이 나로서는 못 할 짓이지만 그래도 에프라임을 위해서 그 얘기만큼은 꼭 하고 싶다. 르우벤 형님의 얘기다. 우리 열두 형제 중 장남이고 법정 상속인이었을 뿐 아니라 탁월한 능력과 여러 가지 장점이 있었으나, 그 모든 것을 다 잃어버린 가슴 아픈 우리 르우벤 형님의 이야기. 나는 그에게 이 이야기를 통해 마지막 경고를 하고 싶다.

나는 다시 한번 간절히 염원한다. 대제사장을 위하여 하나님께 기도드린다. 아무쪼록 나는 그가 유다 형님의 이야기를 통해 감화를 받아 깊이 뉘우치고 새사람이 되기를, 만약 그렇지 않다면 르우벤 형님의 이야기를 통해 죄악의 결과가 얼마나 두렵고 비극적인가를 깨닫고 경고를 받아들여 스스로 돌이키기를 바란다.

스마토위 종단과 존경받던 에프라임 대세사장이 저지른 지금까지의 죄악이 낱낱이 밝혀질 때, 그것이 이집트 전역에 몰고 올 큰 파장이 어떨지를 나는 잘 알고 있다. 그러나 이것 또한 알고 있다. 그 진통이 아무리 클지라도 덮는 것보다는 드러내는 것이 진정한 문제 해결에 도움이 됨을. 진실은 위대한 것이며, 아직까지 죄악과 어둠이 빛과 진리를 이겨 본 적이 없음을 말이다.

"야훼 하나님이여, 도우소서……."

23.
우리가 부를 희망의 노래

하나님의 부름을 받아 한평생을 정직과 성실로 사셨고, 수천만 명을 7년 대기근으로부터 구했으며, 아브라함의 자손을 가나안에서 이집트로 이주시키는 시대적 사명에 쓰임을 받았고, 이집트의 진정한 희망이었던 총리 요셉이 지난 니산월 초하루 승하(昇遐)하셨다. 3개월간 강행된 에프라임 대제사장의 재판으로 잃은 건강을 끝내 회복하지 못하고 20일간의 투병 끝에 눈을 감으신 것이다.

 조문 행렬은 인산인해를 이루었고, 국정은 마비되다시피 했다. 파라오의 명으로 총리의 장례는 100일장(葬)으로 치러졌다. 기록으로만 본다면 역사상 가장 긴 장례였다. 파라오들의 장례도 72일을 넘은 적이 없지 않았던가. 전례가 없는 파격이었으나 세소스트리스 3세의 제안에 궁내 대신들이 만장일치로 화답했다고 한다. 이집트인들은 그렇게 해서라도 마지막 가는 요셉과 더 오래 함께 있고 싶어 했다. 지위 고하를 막론하고 말이다.

이제 장례는 끝났고, 모두 일상으로 복귀한 것처럼 보인다. 그러나 아직 이집트는 깊은 슬픔에서 깨어나지 못한 듯하다. 장례가 끝난 지 보름이 넘었는데도 조문객을 접대하느라 거의 일손을 놓고 있는 우리의 모습이 그걸 증명하고 있지 않은가.

그분의 유언을 받들어 이 글을 쓰는 나는 차남 에브라임이다. 나는 이 일의 적임자가 아님을 알기에 큰아버님들께서 이 일을 맡아 주실 것을 여러 번 청해 올렸다. 하지만 번번이 정중한 거절을 당해야 했다. 이집트말을 자유롭게 읽고 쓸 수 없음을 내세워 거듭 고사(固辭)하셨다.

므낫세 형님도 아버님의 유언을 받드는 것이 자식 된 도리임을 내세워 한사코 사양하셨다. 어찌 보면 당연할 수도 있는 자신들의 권리까지 기꺼이 포기하면서 그분들은 나를 믿어 주셨다. 이 자리를 빌어 감사, 또 감사할 따름이다. 그분들의 배려와 격려가 아니었다면 나는 아버지를 중심으로 기록된 우리 패밀리의 실패와 성공의 역사를 쓸 엄두도 못 냈을 것이다.

아버님이 지난 1년 3개월 동안 써 오신 이 글의 존재를 처음 밝히신 것은 임종 이틀 전이었다. 자신의 죽음이 확실해지자 아버지는 제일 먼저 내게 이 글의 완성을 부탁하셨다. 집무실에서 이 일을 계속해 오셨기 때문에 우리는 장례가 모두 끝난 연후에야 아버님의 기록들을 볼 수 있었다.

우리가 이 글을 찾는 데 적극적이지 않았던 것은, 바쁘기도 했지만 대수롭지 않게 여겼기 때문이다. 하지만 그런 우리의 예상은 완전히 빗나갔다. 집무실 서가(書架)의 한편을 가득 메우고 있는 아버님의 기록을 발견하고야 우린 아차 싶었으니까.

엄청난 분량의 책이었다. 기록들을 조심스럽게 집으로 옮겼다. 생의 마지막 날들을 불살라 남기신 작품이 아니던가. 생을 단축하면서 써내려 가신 그 책을 만지며 우리는 오열했다.

아버님이 남기신 글을 읽고 듣기 위해 우리는 무려 3개월을 매일 저녁 모였다. 양 떼를 치는 우리들이 매일같이 한자리에 모이는 것은 쉬운 일이 아니다. 고센 땅으로 내려온 후 단 한 번도 없던 일이기도 하고. 목동들이란 자기는 못 먹어도 짐승만은 굶기지 못하는 자들이 아니던가. 그럼에도 아무도 이 모임을 귀찮아하지 않았다. 고단해하거나 싫증을 내는 사람도 없었다. 도리어 시간이 흐를수록 모임에는 의욕이 넘쳐흘렀다. 야훼 하나님을 찬양하는 목소리도 달라졌다. 매일 밤 우리들의 힘찬 찬양 소리는 고센 지방을 넘어 이집트인들의 땅에까지 들릴 정도였다.

삶에서 의욕이 넘치고 찬양이 달라지자 연로한 큰아버님들은 아예 눈물을 달고 사셨다. 좋아서 어쩔 줄을 몰라 흘리는 눈물이었다. 동기 간에 사이도 좋아졌다. 그만큼 아버님의 기록은 우리 모두의 신앙과 타인과의 관계를 선하게 변화시키고 있었다. 이제야 비로소 어떻게 살아가야 할지를 깨달은 사람처럼 모두의 눈동자는 투명하게 타올랐다.

그뿐이 아니다. 나를 통해 전해지는 아버지의 이야기는 늘 궁금증을 유발하였다. 다음을 안 듣고는 못 배기게 만들었다. 교훈도 교훈이지만 아버님의 글은 무척이나 재미있었다. 사실 나는 아버님에게 그런 재능이 있는 줄은 꿈에도 몰랐다. 경건한 줄만 알았던 아버님에게 그렇게 사람을 웃기는 재주가 많을 줄이야! 우리는 아버지의 영적이면서도 재미있는 이야기를 따라가며 박수를 치며 좋아했다.

　이 글의 낭독과 통역을 맡았던 내가 한 가지 덧붙일 말이 있다. 아버지 요셉의 글은 어린아이들도 알아들을 정도로 쉽고 생생한 표현으로 넘쳐났다는 것이다. 그분을 대신하여 이 글을 써 나가야 할 나는 이 대목에서 깊은 인상을 받았다. 아버지는 이 글이 장차 어린아이들의 교육을 위해 사용될 것을 미리 내다보셨던 게 분명하다. 그렇지 않고서야 어떻게 이토록 세심한 배려를 할 수 있단 말인가. 그러나 뭐니 뭐니 해도 아버지의 글이 우리 패밀리에게 선사한 가장 큰 선물은 웃음이었다.

　웃음.

　우리는 결단코 잘 웃는다고는 볼 수 없는 집안이다. 언제나 심각하고 표정이 굳어 있었다. 내 기억으로 우리 패밀리 전체가 한 자리에 모여 파안대소해 본 적은 없다. 장담컨대 그렇다. 아브라함 패밀리의 전통이 마치 웃지 않는 것이라도 되는 듯 우리의 지난날은 늘 경직되었다. 만성적인 가정불화에 시달리던 우리에게 웃음은 순간이었고 근심은 길었다. 그렇기 때문에 우리 패밀리가 되찾은 웃음이 내 눈에는 무척 소중해 보인다.

　지난 3개월 동안의 모임을 그저 아버님의 이야기를 단순히 듣고 헤어지는 것으로 짐작했다면 큰 오산이다. 자신이 나오는 대목에서 큰아버님들은 기꺼이 즉석 해설자가 되어 주셨다. 대부분 자신의 과오를 밝혀야 하는, 매우 용기가 필요한 대목이었는데 말이다. 그분들은 자기 아들들과 손주들이 보는 자리에서 부끄러운 자신의 과거사를 생생하게 들려주셨다. 때로는 깊은 참회의 눈물을 흘렸고, 때로는 함께하셨던 하나님을 찬양하면서 말이다.

그로 말미암아 우리의 모임은 뜨거워져서 예정 시간을 넘기기 일쑤였다. 처음엔 글 읽기로 시작하지만, 언제나 풍성한 대화와 기도 그리고 찬양으로 끝이 났다.

그러나 무엇보다 나를 고무시킨 것은 큰아버님들의 변화였다. 이집트 것이라면 옷 하나에도 경계심을 풀지 않던 그 어른들께서 상형문자에 관심을 보이셨다. 자신들은 너무 늦어 어쩔 수 없지만 자식들은, 그러니까 나의 사촌들은 이집트말을 배워야 하지 않겠느냐는 것이다. 얼마나 기뻤는지 모른다. 아버지가 염두에 두고 계셨음직한 변화가 이토록 빨리 꿈틀대리라고 과연 누가 짐작했겠는가.

이렇게 하여 고센 땅은 때아닌 상형문자 열기로 서서히 고조되고 있다. 이 열기가 거품으로 끝나지 않기를 바란다. 이집트가 지금까지 축적해 온 수많은 삶의 지혜들을 습득할 때까지 이집트어 공부가 계속되었으면 좋겠다. 더 나아가, 우리 히브리말의 문자를 만드는 데도 사촌들이 앞장서 주었으면 좋겠다. 하나님께서 이 세상과 우리 패밀리를 어떻게 사랑하며 다스리셨는지, 또한 아브라함과 이삭과 야곱에게 주신 예언을 통하여 우리가 어떻게 장래를 준비해야 하는지를 일깨워 주었으면 좋겠다.

앞서도 말했듯, 아버지께서 이 기록을 밝히신 시점과 유언 사이에는 이틀의 공백이 있다. 임종을 앞두고 아버지는 머리맡의 나를 눈짓으로 부르셨다. 베개 밑에 두었던 파피루스 몇 장을 내 손에 쥐어 주시기 위해서. 그 파피루스에 적힌 사연들은 지난 이틀에 걸쳐 기록하신 것이 분명해 보였다. 글씨는 엉망이었고 그나마 제대로 된 문장은 하나도 없었다. 아버지는 가쁜 숨을 내쉬며 혼신을 다해 마지막 글자들을 새기신 것이다.

나는 그 쪽지를 받아 드는 순간 그것이 무슨 의미인지를 직감했다. 예상대로 그 쪽지에는 미완으로 남기신 책의 끝맺음과 관련된, 아주 간단한 메모 수준의 내용이 적혀 있었다. 아버지는 유언의 내용을 직접 못 쓰고 이 땅을 떠나게 됨을 안타까워하시는 듯했다. 그러나 아무리 읽고 또 읽어도 무슨 뜻인지 모를 단어도 있었다. 그 단어가 아버지의 뜻을 왜곡시킬 만큼 중요하거나 내용을 크게 좌우하지 않아 보이는 것이 그나마 불행 중 다행이었다.

아버지의 부탁은 그렇게 복잡한 것이 아니었다. 에브라임이 이 기록을 완성해 달라는 것, 유언의 내용을 기록에 넣고 비문에다 유언 중 일부, 그러니까 먼 훗날 다시 이집트를 떠나 가나안으로 민족 대이동 길에 오를 때 당신의 유골도 함께 가지고 가야 한다는 내용을 새길 것, 그리고 아버님의 글을 후손들에게 계속해서 읽히라는 게 전부였으니까.

두 번째에서 네 번째까지의 부탁은 어려운 것이 아니었다. 그대로 시행만 하면 되었으니까. 그러나 이 기록을 완성해 달라는 부탁은 쉽지 않아 보였다. 이 막중한 임무를 맡은 나에게는 더욱.

무엇보다도 이 기록을 완성해 달라는 아버님의 의도가 정확히 무엇인지가 분명하지 않았다. 유언과 아버님의 네 가지 부탁만을 쓰라는 것인지, 아니면 좀 더 보완하라는 것인지…….

큰아버님들과 우리 두 형제는 이 문제를 놓고 여러 번 토론하였다. 그러나 좀처럼 의견이 같아지지는 않았다. 그래서 우리는 일단 아버님의 기록을 패밀리 전체 앞에서 읽어 가기로 결정했다. 함께 읽으면서 아버님께서 우리에게 부탁한 의도를 찾아보자는 것이었다.

그러니까 아버지께서 쓰신 이야기를 듣기 위해 모였던 우리의 모임은 단순한 모임이 아니었다. 우리는 아버지의 뜻을 헤아리고 싶었다. 아버지께서 우리에게 넘기신 이 시대의 사명을 찾고 싶었던 것이다.

만 3개월 6일 만에 우리는 그 책을 모두 읽었다. 누구에게나 그랬겠지만, 특히 내게 지난 3개월은 나를 발견해 가는 시간이었다. 아니, 내가 믿는, 아브라함과 이삭과 야곱 그리고 아버님이 섬겼던 하나님이 어떤 분인지를 알았던 시간이다. 표현을 바꾸고 싶다. 알았다는 것만으로는 성이 차지 않기에. 나는 '아브라함을 불러서 가나안으로 가게 하셨던 그 하나님을 만났다'라고 쓰고 싶다. '순종한 이삭 증조할아버지께 백 배나 축복하신 하나님의 음성 또한 들었다'라고 쓰고 싶다. 꿈속에 나타나서 모습을 보이며 야곱 할아버지에게 갈 길을 친히 보여 주시던 바로 그 하나님을 나도 보았노라 고백하고 싶다.

그러니까 지난 3개월은 내가 누구이며 왜 이곳 이집트에 있는지, 그리고 어떤 과정과 연원을 거쳐 이곳에 있게 되었는지를 나날이 알게 된 소중한 시간이었다. 문자를 쓰자면 나와 내 민족과 신앙의 정체성을 발견하고 확립했다고나 할까. 그뿐만이 아니다. 우리는 아브라함 패밀리의 전통이 늘 그러하듯 하나님의 사람 요셉의 임종을 통하여 우리의 장래에 대한 확실한 전망을 가질 수 있었다. 나와 므낫세 형님은 어려서 잘 몰랐지만, 야곱 할아버지께서 임종하실 때도 그랬다고 한다. 하나님께서 아브라함에게 예언하신 그때가 되면 우리가 이집트를 떠나 약속한 땅으로 다시 돌아가게 될 것임을 말이다.

"나는 이제 죽겠지만 하나님께서 너희를 보살펴 주시어 조상의 땅으로 다시 돌아가게 해 주실 것이다."

야곱 할아버지는 자신의 유언대로 가나안의 마므레 땅 막벨라 굴에 묻히셨다. 그러나 아버님은 그럴 수가 없었다. 일국의 총리가 다른 나라의 땅에 묻힌다는 것이 말이 안 됨을 당신이 더 잘 아셨기 때문이리라. 하지만 속으로는 누구보다 가나안 땅에 묻히고 싶으셨을 것이다. 열일곱 살에 떠난 고향에 다시 돌아가지 못하고 이국땅에 묻혀야 하는 신세가 아니셨던가.

아버지는 돌아가시면서까지 자기만을 위한 선택은 사양하셨다. 사실 그분의 유언이라면 무엇인들 불가능했겠는가. 하지만 아버님은 우리들과 이집트에 함께 있는 쪽을 택하셨다. 죽어서까지 자기의 무덤이 후손들에게 생생한 교육의 장이 되게 하고 싶으셨던 것 같다. 이렇게 말이다.

'너희는 누구이며, 왜 이곳에 살고 있느냐? 너희는 진정한 너희들의 거처를 아느냐? 이곳에서 너희의 삶이란 어떤 의미가 있으며, 사는 동안 힘써야 할 일이란 무엇이라 생각하느냐?'

우리 아버지였음에도 우린 요셉의 임종 순간을 독차지할 수는 없었다. 그분은 우리만의 어른이 아니라 이집트의 어른이기도 했기 때문이다. 아버님이 쓰러지셨다는 사실이 파라오의 궁에 알려지면서부터 주치의를 비롯해 많은 관료들이 집으로 몰려왔다. 상황을 파라오에게 상시로 보고하기 위해서였다.

임종을 피할 수 없다는 주치의의 진단이 내려지자 파라오는 많은 대신들을 거느리고 친히 행차하셨다. 연로한 아버님께 무리하게 에프라임 대제사장의 재판을 맡긴 것이 큰 부담이 되었나 보다. 아버님이 운명하시던 날은 하루 종일 아버님의 곁을 떠나지 않으셨다. '짐(朕)의 실수로 큰 인물을 잃게 되었도다'란 한탄을 되풀이하면서.

이렇게 하여 아버지의 임종은 이집트의 핵심 관료들에게 모두 공개되었다. 그 순간, 아브라함 패밀리의 임종에 관한 독특하고 엄숙한 전통이 처음으로 이방 세계로 넘어가고 있었던 것이다. 파라오를 비롯한 이집트인 모두는 하나님께로 돌아가시는 아버님이, 일생에 단 한 번뿐인 축복을 우리에게 빌어 주는 모습을 보았다. 단순한 인간이 아니라 하나님의 대리자로서 그렇게 하시는 모습을 그들도 목도한 것이다.

임종을 앞둔 아버지의 얼굴은, 언제나 그랬듯 하나님의 임재로 충만했다. 그것은 말로 형언키 어려운 신비였다. 태어나서 이제까지 단 한 번도 못 본 신비였다. 그걸 얼굴이 빛났다고 써야 할지, 천사의 얼굴 같다고 써야 할지, 나는 모르겠다. 우리 모두는 하나님 앞에서 그리고 하나님의 축복과 그분이 우리에게 주신 비전 아래서 한 몸이 되었다. 때로는 눈물범벅이 되고 때로는 해처럼 빛나면서!

파라오 세소스트리스 2세가 아버지를 이집트의 총리로 삼을 때 했다는 유명한 말을 모르는 사람은 이집트에 아무도 없었다. 그 일이 있고 나서 80년이나 지났음에도 말이다.

"하나님의 영이 충만한 이런 사람을 우리가 어디서 만날 수 있겠는가?"

만약 세소스트리스 2세가 살아서 아버지의 임종을 지켜보았더라면 하늘의 충만으로 가득 찬 하나님의 종 요셉을 위해 무슨 말을 하셨을까? 거침없이 흘러넘치는 축복의 말들을 들으면서는 어떤 감탄을 했을까? 아버지를 정점으로 영안이 열려 장래사를 내다보면서 야훼 하나님을 찬양하는 우리 가족들을 바라보며 무엇을 느꼈을까? '하나님의 영으로 충만한 사람'이란 표현은 바로 이 순간에 더 어울린다고 소리치시지 않았을까!

그럼에도 불구하고 파라오를 비롯한 이집트의 대신들이 그 자리에서 하나님을 찬양하지는 않았다. 그러나 나는 안다. 저들이 하나님께서 온 우주와 인류를 다스리고 지배하시는 진정한 왕이란 사실을 알게 되었음을. 히브리인에게 죽음은 두려움도 영원한 소멸도 아니란 사실 또한 알았음을. 그러므로 나는, 아니 우리 아브라함 패밀리는, 죽음이 끝이 아니라 시작이며 절망이 아니라 영원한 세계로 들어가는 관문임을 똑똑히 본 저들이 어떻게 살아가는지를 두고 보려 한다. 바로 이런 목적으로 하나님은 저들을 아버지의 임종에 부르신 것이 아니었을까.

아버지가 파피루스를 통해 우리에게 부탁한 것이 무엇인지를 이제야 알 것 같다. 단순히 자신이 쓰던 글이 완성되는 것만이 목적이 아니었음은 분명해졌다. 사실 아버지의 글은 완성이니 미완이니 하는 따위의 분류를 이미 넘어서 있었다. 그렇다면 그분은 우리도 나름의 기록을 가져야 한다는 것을 말하고 싶으셨던 것이 아니었을까.

그러므로 나는 이 글을 평생 써내려 가려고 한다. 나 또한 아버지가 그러셨던 것처럼 이 꼼꼼한 글쓰기를 통하여 이 땅에서 보내는 하루하루의 삶을 정리해 나갈 것이다. 그렇게 내 후손들을 위한 역사를 써내려 갈 것이다. 왜냐하면 이집트에서의 시간이 흐르면 흐를수록 이 글은 후손들에게 더욱더 유익할 테니까.

나는 하나님께서 아브라함을 통해 하신 예언을 언제나 상기하며 살고자 한다. 그리고 내가 사랑하는 후손들 또한 이 예언에서 눈을 떼지 못하도록 주의시키려고 한다. 내가 죽어 이 땅에 없을 때에라도 이 책이 저들의 위험 표지판이 되도록 늘 기도할 것이다. 어떤 경위를 통해서든 나의 후손들은 아브라함이 그랬던 것처럼 이 예언을 반드시 알아야 한다. 이 예언은 아브라함이 아니라 오늘을 사는 우리들을 위해 주어진 것이니까.

"똑똑히 알아 두어라. 네 자손이 남의 나라에 가서 그들의 종이 되어 얹혀살며 400년 동안 압제를 받을 것이다. 그러나 나는 네 자손을 부리던 민족을 심판하리라. 그런 다음, 네 자손에게 많은 재물을 들려 거기에서 나오게 하리라. 그러나 너는 네 명대로 살다가 고이 세상을 떠나 안장(安葬)될 것이다. 네 자손은 아모리족의 죄가 찰 만큼 찬 다음, 4대만에야 돌아올 것이다."

아브라함에게 주신 예언이 오늘 우리에게 주는 메시지는 무엇인가. 우리가 이집트인들의 종이 되어 압제를 받으며 산다는 이야기가 아닌가. 얼마나 압제가 심하면 하나님께서 이집트를 직접 심판하실 것을 호언장담하고 계신단 말인가. 그것도 압제의 기간이 4년도 아니고 40년도 아니고 400년 동안이라니!

야곱 할아버지의 뒤를 따라 우리가 이 땅에 들어온 지도 벌써 70년이 넘었다. 언제까지나 이집트를 다스릴 것만 같았던 아버님도 돌아가셨다. 이제부터 우리 민족의 장래가 어떻게 될지는 아무도 모르는 일이다. 어쩌면 나와 우리 사촌들의 대(代)에서는 평화의 날들이 계속될지도 모르겠다. 그러나 그 또한 누가 장담할 수 있단 말인가.

우리 모두가 주지하듯 아버지 요셉이 노예로 지낸 기간은 13년이었다. 그러나 우리의 노예 생활은 그것과는 비교할 수 없을 정도로 길 것이다. 우리가 낳은 자식들은 태어나면서부터 눈을 감을 때까지 노예로 생을 끝내게 될 게 분명하다. 나의 자식들은 비켜갈지 모르지만, 손주들의 운명은 그것을 피할 수 없으리라. 이것이 이 글을 계속 써내려 가야 할 명백한 이유이다.

그러하기에 나는 닥쳐올 재난을 철저하게 의식하면서 이 글을 써내려 가려 한다. 모두가 잠든 밤에도 예언의 등불을 높이높이 치켜들리라. 모든 환난에 동참하면서 구원을 베푸신 야곱의 하나님의 승리와 희망을 소리쳐 외치리라. 아비멜렉에게 끌려간 사라를 하나님께서 어떻게 극적으로 구출하셨는지, 소돔이 엘람을 위시한 연합군에게 패하여 롯과 그의 가족들이 포로로 잡혀갔을 때 어떻게 구원하셨는지, 소돔이 불 심판을 당할 때 천사가 어떻게 롯을 구원했는지, 그리고 아브라함의 목숨을 건 기도가 어떻게 하나님께 상달되었는지도 힘주어 말하리라.

어떻게 하룻밤 사이에 에서가 성난 사자에서 온순한 사슴으로 변하여 야곱을 맞게 되었는지, 하나님이 어떻게 외국인 노동자에 불과한 요셉을 이집트의 총리로 세우셨는지, 그리고 어떻게 7년 동안의 풍년과 기근을 정확하게 예언하게 했을 뿐 아니라 정확한 대비책까지 준비시키셨는지에 대해서도 쉬지 않고 말하리라. 그렇게 함으로 야곱 할아버지가 죽음 직전에 말씀하셨듯, 하나님께서 어떻게 우리의 모든 환난에 동참하시며 구원해 주셨는지를 이야기해 주려고 한다. 역사를 통한 희망, 아니 역사 속에 현존하시는 하나님으로부터 오는 위로만이 저들의 용기와 희망이 된다는 사실을 목이 터져라 노래하리라.

이 글을 구상하면서 나는 고센의 가장 높은 지대에 올랐다. 요단 건너, 그러니까 내 아버지가 그토록 묻히고 싶어 했던 가나안이 보고 싶었기 때문이다. 육안으로 보이지는 않지만, 가나안으로부터 불어오는 황사 바람이라도 느껴 보고 싶었다. 아버지는 어린 내 손을 이끌고 자주 이곳에 오르셨다. 나에게 가나안을 보여 주기 위해서, 아니 가나안에 대해 그리고 약속의 땅 가나안을 말해 주기 위해서.

이젠 내 차례다. 얼마 안 있으면 나의 손주들도 걸을 수 있게 된다. 그러면 나의 손주들과 이 언덕을 오르리라. 내 아버지가 그러셨던 것처럼 나 또한 저들을 무등 태워 가나안을 보여 주리라. 하나님의 눈이 세초(歲初)부터 세말(歲末)까지 주목하는 저 가나안 땅에 대하여, 그리고 신실하신 하나님의 약속에 대하여 말해 주리라. 또한 저들이 견뎌 내야 할 압제와 노예의 삶에 대하여 말해 주리라. 언젠가 이 할애비가 하는 말의 말귀를 알아들을 그날을 간절히 고대하면서 말이다.

오늘따라 하늘이 참 맑아 보인다.

에필로그

남은 과제를 아쉬워하며

《요셉의 회상》은 서울 청파동 소재 삼일교회 고등부를 지도하던 1991년 설교를 소설 형식으로 바꾼 것이다. 8년 동안 담당하던 청년부가 부흥하자 고등부도 맡아 부흥시키라는 명을 받았다. 당시 고등부는 학생보다 교사가 많을 정도로 침체돼 있었다. 청년부 말고 다른 부서 지도 경험이 없었기에 고등부 교역자 임명에 상당한 부담을 느꼈다. 부서를 부흥시키는 것은 그다음이고, 아이들과 의사소통이 더 걱정스러웠다. 요셉의 일생이 학생들과 그들에게 설교하는 내게 희망이 될 수 있기를 기도하는 심정으로 연속 설교를 하였다.

설교에서 소설로

설교를 소설 형식으로 풀기를 결정하면서 자유로운 상상보다는 주석과 관련한 역사 공부에 전념했다. 팩트 확인이 끝나면 선을 넘지 않는 범위에서 상상력을 동원했다. 총리가 된 요셉이 전국을 시찰하며 피라미드를 둘러보거나, 이집트 종교 부패 문제를 다루거나, 히브리어 문자와 이집트 상형 문자 비교를 통해 언어가 얼마나 값진 선물인지를 이야기한 것은 성경이 정면으로 다루지 않은 문제여서, 역사적 사실에 상상력을 추가해서 썼다. 어떤 순간에도 팩트 바깥을 제멋대로 벗어나는 상상은 자제했다. 인명이나 지명 사용은 가급적 우리 사회에서 통용되는 표현을 우선해 채택했다. 성경 구절을 인용해야 할 때는 《현대어성경》이나 《공동번역》 등 보다 쉽고 생생한 문장을 골랐다.

　1991년의 요셉 설교는 그다음 해에 청년부 주보 〈모퉁이 돌〉에 연재했다. 몇 장에 걸쳐 전개되는 요셉의 용서를 풀어낼 자신이 없어서 연재를 중단했지만 말이다. 그로부터 2년 후 왕성교회 청년4부를 지도하면서 미완으로 남았던 요셉의 회상 쓰기를 이어갔다. 형들에 대한 요셉의 용서를 제대로, 그리고 확실히 알고 싶었기 때문이다. 그러나 두 번째 시도조차도 만족스러운 결과를 얻지 못했다.

　마지막으로 1995년 봄부터 월간 〈복음과상황〉에 연재를 시작했지만 용서 문제는 이번에도 절반만 해결했다. 요셉 설교를 시작한 지 30여 년 만인 2024년에 들어서야 왜 그런 방식의 용서여야 했는지 고개를 끄덕일 수 있었다. 개정판도 2024년 9월과 2025년 1월에 서울 새길교회와 청주 쌍샘자연교회에서 행한 네 차례 설교가 밑바탕이 되었다.

개정판에도 담지 못한 빌하와 실바 이야기

야곱에게서 단과 납달리를 낳은 빌하는 라헬의 몸종이고, 갓과 아셀을 얻은 실바는 레아의 몸종이었다. 이 두 여종의 네 아들은 레아가 낳은 여섯 아들과 함께 아버지가 편애한 요셉을 죽이려고 했고, 작당해서 이집트 노예로 팔아 버렸다. 이를 통해 야곱의 아들들 사이에서 단, 납달리, 갓, 아셀은 여종의 아들이란 이유로 큰 차별을 받지 않았던 걸로 보인다. 그렇지 않았다면 어찌 감히 여종의 아들이 그 집에서 가장 귀한 요셉에게 해코지를 할 수 있단 말인가.

하지만 빌하와 실바는 아들을 둘씩 낳은 이후에도 창세기 저자가 여종 또는 시녀라는 표현을 붙인 걸 보면, 세겜에서 성폭행 당한 야곱의 딸 디나와 더불어 야곱 패밀리에서 가장 천한 취급을 받았던 게 아닌가 싶다.

요셉 이야기를 쓰면서 배제되거나 제대로 된 인간 취급을 받지 못하는 사람들을 따뜻한 시선으로 바라보려고 애를 썼다. 한국 교회가 요셉을 설교하거나 성경 공부를 할 때 좀처럼 언급하지 않는 보디발, 유다, 시므온, 라헬, 레아 등을 주목해 한 장을 할애했다. 하지만 초판에서 빌하와 실바를 다루지 못했다. 머리글에서 밝혔듯 이번 개정은 30대 감각으로 쓴 부분을 60대 감각으로 고치는 걸 최소화하겠다고 마음 먹었기에 저들 이야기를 새로 써넣을 수 없었다. 빌하와 실바 이야기를 추가하면 2002년 초판 이후 업데이트 된 내용을 모두 반영해야 하는, 그래서 이도 저도 아닌 잡탕이 될 것이 자명하기에 그만두어야 했다.

내 친구 요셉

요셉을 '띄엄띄엄 보면' 흠결 없음이 크게 보인다. 좋게 보면 정이 안 가고 삐딱하게 보면 재수가 없다. 완벽함 때문에 따르는 이들도 있겠으나 사람이 가끔 실수도 해야 친구 먹고 싶은 맘이 생기는 법이다. 그의 삶을 가까이서 들여다보기 전까지 나도 그랬다. 그런데 가만히 보면 요셉도 친구 삼고 싶은 구석이 없지 않다. 개신교 전문 용어로 방언을 못 할 거 같고, 기도를 세게 해서 병자를 낫게 하겠다고 나설 사람처럼 보이지도 않는다. 요셉이 현재 한국의 어떤 교회를 다니고 있다면 '주여 삼창'도 큰 소리로 못했을 것이다.

그러나 요셉의 이 점은 인정해 줘야 한다. 그는 술 맡은 관원장과 빵 굽는 관원장과 파라오에게 꿈 해몽 요구를 받았을 때 쫄지 않았다. 창세기 40장에서 두 왕실 관원장의 꿈 이야기를 다 들은 요셉은 즉시 해몽했다. 3일 뒤 저들의 삶과 죽음을 결정할 중대한 예언이었다. 창세기 41장은 더 극적이다. 요셉은 태어나 처음으로 당시 세계 최강의 이집트 왕궁으로 불려 나갔다. 입 한 번 잘못 놀렸다가는 목숨을 부지할 수 없는 자리였다. 파라오는 어마무시한 꿈 두 개의 해몽을 명령했다. 이집트 최고의 꿈 전문 관리들의 해몽 실패로 파라오는 이미 심기가 극도로 불편한 상태셨다. 그 앞에서 요셉은 거침 없이 꿈을 해몽했고, 곧 닥칠 7년 풍년과 이어질 7년 흉년의 대처 방안까지 제시했다.

내용도 내용이지만 이 절체절명의 순간에 요셉이 보여 준 당당함과 해몽에 대한 확신은 눈이 부시다. 요셉은 파라오 알현 이전에는 한 번도 꿈에서 자기를 드러내신 하나님을 만나지 못했다. 환상 가운데 어디로 가라거나 무슨 일을 하라는 지시도 마찬가지로 받은 바 없었다. 하나님은 모습이든 음성이든 요셉에게 자기를 드러낸 적이 없었다. 성경에는 그런 내용이 전혀 나오지 않는다. 그런데도 파라오의 꿈을 해몽하면서 어떻게 저렇게 확신에 찰 수 있었을까. 그 당당함과 확신이 얼마나 압권이었으면 약관 30세의 요셉에게 대제국 이집트의 '일인지하 만인지상'의 총리 자리를 덥석 맡겼을까.

이걸 4천 년 전 이집트에서 벌어진 일로만 생각하면, 그러니까 나와 무관한 사건일 때는 평심 유지가 가능하다. 그 일로 내게 닥칠 그 어떤 보복을 두려워할 필요가 없으니 말이다. 하지만 그 사건을 지금 여기로 가져와 직접 나와 연관시켜 본다면 정신이 번쩍 들 터이다. 요셉은 빵 굽는 관원장 면전에서 그의 머리가 3일 안에 나무에 달리고 새들이 그 머리를 뜯어 먹을 것이라는 살 떨리는 해몽을 말했다. 3일 뒤 빵 굽는 관원장이 죽지 않는다면 요셉은 가루가 됐을 것이다. 상상만으로도 등에 식은 땀이 흐른다. 내 친구 요셉은 이런 사람이었다.

창세기의 감동적인 마무리

야곱은 임종 직전 요셉을 불러 가나안 땅에 묻어 달라고 유언했다. 그 일은 이집트 총리가 나라 밖으로 행차해야 하는 일이니 쉽지 않았으리라. 그러나 파라오의 지원 아래 야곱의 장례 절차를 성공리에 마칠 수 있었다. 그로부터 56년이 지나 자기 임종이 다가오자 요셉은 아버지와 똑같은 유언을 남겼다. 하나님이 이스라엘 백성을 약속의 땅 가나안으로 되돌려 보내실 때 자기 유골을 갖고 가라고 명한 것이다.

창세기 49장과 50장에 기록된 야곱과 요셉의 장례는 극명한 대조를 이룬다. 창세기 49장 전체는 야곱의 유언과 죽음을 다룬다. 장례 절차는 50장에서 열네 절에 걸쳐 상세하게 소개된다. 우리말 성경은 간단히 야곱의 몸을 향으로 처리했다고 표현했지만, 이집트 의사들은 40일 동안이나 야곱의 뇌수와 내장을 꺼내 세척하고, 육계나무 열매와 향료로 복강(腹腔)을 채웠다. 그의 장례는 70일이나 걸렸다. 국장에 버금가는 야곱의 초대형 장례는 이집트 군대의 병서와 기병이 수행했고, 전국의 고관 대작이 모두 참여하였다.

반면에 요셉의 유언, 죽음 및 장례에 관한 기록은 창세기 50장 끄트머리의 총 세 절에 불과하다. 아버지와 아들의 죽음 관련 기록은 이처럼 묘하게 긴장을 불러일으킨다. 현실 정치의 셈법으로는 요셉의 기록이 압도적으로 긴 것이 자연스럽지만 창세기 저자는 이를 외면했다. 아브라함에서 야곱으로 이어지는 구약 족장사의 관점으로 기록했기에 이런 일이 발생했을까. 그럴 수 있겠다. 창세기 저자는 이집트 총리의 죽음과 장례를 믿기 힘들 만큼 단신으로 처리했다.

"요셉이 백십 세에 죽으매 그들이 그의 몸에 향 재료를 넣고 애굽에서 입관하였더라"(창 50:26).

"태초에 하나님이 천지를 창조하시니라"로 시작한 창세기는 이토록 뼈만 앙상한 요셉의 죽음과 장례 기록으로 끝난다.

30대 이후 요셉과 깊이 알고 지냈으나 창세기 마지막 장 끝 절을 눈여겨보지 못했다. 이 책 개정 작업을 시작하고 나서야 짧게 서술된 요셉의 유언과 죽음이 눈에 들어왔다. 큰 충격을 받았다. 아니, 긴 여운과 함께 진한 감동을 느꼈다.

20대 초반에 요한 제바스티안 바흐(1685~1750)의 〈마태 수난곡〉을 만났다. 1980년 3월 국립합창단 공연에서 주님의 시신 앞에 모여 편히 쉬시라고 노래하는 이 수난곡 마지막 합창에 전율했다. 모태 신앙으로 20년을 살면서 예수가 당한 조롱, 능욕, 창에 찔림, 십자가에 못 박히심 등에 대해서만 이야기를 들었다. 입관 예배에서처럼 우리 주님의 시신 앞에 서 본 경험이 없었고, 그와 관련된 음악도 듣지 못했다.

창세기 50장 26절에서 위대한 업적, 화려한 장례 절차, 그를 애도하는 수많은 군중을 모두 배제하고 그의 유언과 입관으로 끝나는 요셉의 장례 기록은 45년 전 장충동 국립극장에서 느꼈던 전율을 떠올리게 만들었다. 누구든 홀로 죽어 빈손으로 돌아간다는 이 평범한 진리를 너무 무겁고 생생하게 느끼게 만든 그 연주를 말한다.

지금도 요셉의 위엄 있고 화려한 생애를 모두 지운 이 무덤덤하고 짧은 장례 기록 앞에 서면 머리가 맑아진다. 이 서늘함이 우리 영성을 깊어지게 할 것이란 데 일말의 의심도 없다.

비상한 시기를 요셉에 기대어

2024년 12월 3일 비상계엄이 선포되던 날, 나는 40여 일 앞으로 다가온 청주 쌍샘자연교회 신앙 수련회 설교 준비에 박차를 가하고 있었다. 페이스북에서 '비상계엄 선포'라는 글을 봤을 때만 하더라도 설마 했다. 그때부터 자다가 깰 때마다 속보를 검색해야 했다. 설교 준비 기간은 허구한 날 글자가 눈에 들어오지 않아 괴로운 나날의 연속이었다. 신앙 수련회를 무사히 끝냈으나 불면의 밤은 헌법재판소에서 전원 일치로 탄핵 인용이 선고될 때까지, 아니, 에필로그를 쓰는 지금 이 순간까지 이어지고 있다.

지난해 9월 초 새길교회의 설교 요청을 받았을 때도 사정은 별반 다르지 않았다. 코로나 팬데믹이 전 세계를 강타했을 때만 하더라도 '눈 떠 보니 선진국'이라며 자긍심을 느끼는 목소리가 드높있으니, 한두 해 전부터는 '눈 떠 보니 도로 후진국'이라며 한숨 짓거나 절망하는 이들을 어렵지 않게 만날 수 있었다. 그래서 설교 요청을 받았을 때, 이런 시기에 어디에서 용기를 얻으며 무엇으로 이웃과 연대하며 희망을 나누어야 하는지 스스로 묻지 않을 수 없었다. 그때가 출판사와 개정판 계약을 하고 난 뒤였는데, 두 교회 모두 설교 준비를 충분히 하도록 미리 알려 줘서 요셉 공부를 조금 긴 호흡으로 할 수 있었다.

토마스 만의 장편 소설 《요셉과 그 형제들》 읽기에 꽤 많은 시간을 투자했다. 우리말로 3,000쪽이 넘는 총 6권 분량의 책인 데다 신화, 2차 대전 역사, 관련 문학론 등 복습해야 할 내용이 많았기 때문이다. 인류 역사상 가장 혹독하고 잔인한 히틀러의 제3제국이 파괴한 인간성 회복의 대안으로 토마스 만은 요셉을 붙잡았다. 한국 교회에서는 처절한 민족 현실이나 세계사적 문제에 요셉을 적용하는 일이 좀처럼 일어나지 않기에 토마스 만이 야만의 시대를 요셉에 기대어 돌파하는 모습에 깊은 감동을 받았다.

토마스 만은 히틀러가 집권한 1933년부터 10년에 걸쳐 장편 소설《요셉과 그 형제들》을 썼다. 노벨상 작가 토마스 만은 독일 사람이었으나 이 소설을 쓰던 중 망명을 선택할 수밖에 없었다. 강연 때문에 외국에 나가 있던 중 공산주의자란 혐의로 체포령이 떨어졌다. 그 사실을 안 자녀들은 외국에 있는 아버지에게 연락해 귀국을 만류했다. 히틀러 정권은 얼마 지나지 않아 토마스 만의 국적을 박탈하고 재산까지 몰수했다. 만약 장녀 에리카가 위험을 감수하고 출입이 통제된 집에 숨어 들어 아버지 육필 원고를 빼내지 못했다면《요셉과 그 형제들》을 비롯한 여러 권의 저서는 빛을 보지 못했을 것이다.

훗날 토마스 만은 68세에 네 권으로 완간한《요셉과 그 형제들》을 자기 최고 걸작으로 꼽았다. 이집트 답사와 자료 수집까지 포함하면 총 16년이 걸린 작품이었다. 그렇게 한 것은 모두 히틀러 때문이었다. 히틀러가《나의 투쟁》에서 말한 다음과 같은 생각이 토마스 만으로 하여금 이 소설 집필에 모든 걸 걸게 만들었다.

"혼혈과 그로 인해 일어나는 인종의 수준 저하는 모든 문화가 사라지는 유일한 원인이다. 왜냐하면 인간은 패전에 의해 멸망하는 것이 아니라 오직 순수한 피만이 가질 수 있는 저항력을 잃음으로 해서 망하는 것이기 때문이다." (히틀러, 황성모 옮김,《나의 투쟁》, 동서문화사, 2023, p.351)

요셉과 우리

히틀러로부터 제3제국 철학의 체계화를 위임 받은 알프레트 로젠베르크(Alfred Rosenberg, 1893~1946)는 1930년에 《20세기의 신화》를 썼다. 이 책은 히틀러의 《나의 투쟁》과 더불어 제3제국 사상 교육에 가장 중요한 텍스트였다. 아리안 종족 우월주의 신화에서 반유대주의, 반공산주의, 반자유주의를 뽑아내 행동 강령으로 구체화한 이 책은 제3제국 기간 동안 100만 권 넘게 팔렸다. 교재용으로 만든 당원 교육용 요약판도 15만 부 이상 나갔다.

토마스 만은 《20세기의 신화》가 오염시키고 파괴한 인간성 회복을 위해 《요셉과 그 형제들》을 썼다. 그가 이 책을 쓴 이유를 직접 밝힌 대목을 읽어 보자.

> "아시다시피 오늘날 '신화'라는 말은 지독한 악취를 풍기고 있습니다. ……저의 이 책은 파시즘의 손아귀에서 신화를 탈취하여 그것을 언어의 마지막 구석에 이르기까지 인간화하고 있습니다. 만약 후세 사람들이 《요셉과 그 형제들》에서 무엇인가 괄목할 만한 점을 발견하게 된다면 그것은 바로 이 점일 것입니다."

토마스 만은 히틀러 정권에 소설로 항거하는 데 그치지 않았다. 유럽을 떠돌다 미국으로 망명한 그는 독일 망명객 구출을 돕는 '긴급구조위원회'에 참여했다. 영국 BBC를 통해서도 1940년부터 히틀러 정권이 무너질 때까지 매달 1회씩 망명을 촉구하는 방송을 했다.

얼핏 생각하면 수천 년 전 사람인 요셉으로 히틀러에게 맞선다는 것이 다소 황당해 보인다. 토마스 만도 이런 우려를 모르지 않았는지 이런 말을 남겼다.

"유대 정신에 관한 한 소설을 쓰는 것은—그것이 시대에 적합하지 않은 것같이 보이는 바로 그 이유 때문에—시대에 적합할 수 있는 것이었습니다."

토마스 만은 세계적으로 가장 괴롭고 고통스러운 시기에 요셉이 있어서 힘든 상황을 이겨 낼 수 있었다고 고백했다. 히틀러의 파시즘에 요셉으로 맞서 인간 파괴를 회복하겠다는 토마스 만의 신념은 요셉을 전혀 다른 자세와 마음으로 다시 읽게 만들었다. 파시즘 광기의 시대에 무엇이 토마스 만으로 하여금 망명지를 떠돌며 이 소설을 완성하게 했을까. 위기의 시대를 만날 때 우리는 누구에게 기대어 난국을 헤쳐 나가야 할까. 요셉은 우리에게 무슨 말을 해 주고 싶을까.

요셉의 회상

초판 1쇄 펴낸날 2025년 7월 3일

지은이 지강유철
펴낸이 박종태

책임편집 옥명호
교열 이화정
디자인 스튜디오 아홉
제작처 예림인쇄 예림바인딩

펴낸곳 비전북
출판등록 2011년 2월 22일 (제 2022-000002호)
주소 10849 경기도 파주시 월롱산로 64 1층(야동동)
전화 031-907-3927 | **팩스** 031-905-3927
이메일 visionbooks@hanmail.net
페이스북 @visionbooks **인스타그램** vision_books_

마케팅 강한덕 박상진 박다혜 권희령
관리 정광석 박현석 김신근 조용희 이용주
경영지원 김태영 최영주

공급처 (주)비전북
　　　T.031-907-3927 F.031-905-3927

ⓒ 지강유철, 2025

ISBN 979-11-86387-65-8 03230

- 비전북은 몽당연필, 바이블하우스, 비전CNF와 함께합니다.
- 잘못된 책은 구입하신 서점에서 바꾸어드립니다.
- 책값은 뒤표지에 있습니다.